Klimaneutral
Verlag
ClimatePartner.com/53585-1805-1001

Bibliografische Information der Deutschen Nationalbibliothek:
Die Deutsche Nationalbibliothek verzeichnet diese Publikation in der Deutschen Nationalbibliografie; detaillierte bibliografische Daten sind im Internet über www.dnb.de abrufbar.

oekom – Gesellschaft für ökologische Kommunikation mbH,
Waltherstraße 29, 80337 München

Lektorat: Laura Kohlrausch, oekom verlag
Korrektorat: Petra Kienle
Typografie & Satz: Markus Miller, München
Umschlaggestaltung: Büro Jorge Schmidt
Umschlagabbildung: © marukopum / shutterstock

Druck: GGP Media GmbH

MIX
Papier aus verantwortungsvollen Quellen
FSC® C014496
FSC
www.fsc.org

ISBN 978-3-96238-368-8

Ulrich Grober

Die Sprache der Zuversicht

Inspirationen und Impulse für eine bessere Welt

oekom

Inhalt

Annäherungen

Die Zeit, so scheint es, ist aus den Fugen. Die Schocks der laufenden Ereignisse lösen Tag für Tag neues, lähmendes Entsetzen aus. Sie bringen uns dazu, die dunkelsten Bilder aus dem kollektiven Gedächtnis abzurufen. Etwas Kostbares droht hier und jetzt zu zerbrechen: der Glaube an die Zukunft. Dieses Buch möchte einladen, innezuhalten und einen Schritt zurückzutreten, um zu versuchen, aus der Distanz eine neue Perspektive zu gewinnen.

An jenem Wintermorgen 2022, als Russland den Angriffskrieg gegen die Ukraine begann, gab es das Gefühl, man sei in einer *anderen* Welt aufgewacht. Die Regierung rief eine *Zeitenwende* aus. Mit *anderer Welt* verband ich bis dahin – und verbinde ich immer noch – Bilder von jungen Menschen mit leuchtenden Augen. Ich höre ihre Sprechchöre auf den Klima-Demos: »Eine andere Welt ist möglich!« Mit *Zeitenwende* assoziierte ich die Einteilung der historischen Zeit in vor und nach Christi Geburt. Oder ich dachte an die »Gezeitenwende«, den Wechsel von Ebbe und Flut, wie er sich seit Ewigkeiten in stetem, majestätischem Rhythmus unter dem Einfluss der Mondenergie Tag für Tag und Nacht für Nacht an den Küsten der Ozeane abspielt. Kriege aber sind keine Naturgewalten. Sie sind menschengemacht. So wie Erderwärmung, Artensterben, Pandemien und andere Erscheinungsformen der multiplen Krise, die uns in ihrem Bann hält. Diese *Zeitenwende*, so scheint mir, ist überhaupt keine Wende. Sie bedeutet vielmehr ein »Weiter so« in alten Mustern, nämlich in der Logik imperialer Geopolitik des 19. und 20. Jahrhunderts. Diese ist heute zutiefst aus der Zeit gefallen. Im 21. Jahrhundert ist sie nicht nur – wie schon immer – zutiefst unethisch, sondern auch zutiefst irrational. Denn angesichts der existenziellen Herausforderungen der Zukunft können wir uns Kriege schlicht und einfach nicht mehr leisten. Es sei denn, wir wollten es tatsächlich auf eine »Endzeit« – Apokalypse – ankommen lassen.

*

Ich bin Wanderer und weiß: Wenn du merkst, dass du die Orientierung verloren hast, dich verirrt hast, ist der erste Impuls, einfach weiterzugehen. Entweder willst du dir aus Trotz und Stolz nicht eingestehen, dass du irgendwann, irgendwo einen Fehler gemacht hast. Oder du bist in eine Art Panik geraten und klammerst dich an die Hoffnung, dass vor dir im nächsten Moment doch wieder vertraute Landmarken in Sicht kommen. Erst jetzt machst du den entscheidenden Fehler. Je länger du dich nämlich in die falsche Richtung bewegst, desto weiter entfernst du dich von deinem Ziel. Kleine Kurskorrekturen helfen da nicht. Das Klügste, was du jetzt tun kannst, ist die *Umkehr*. Du musst zurückgehen bis zu dem manchmal weit zurückliegenden Punkt, zu der Weggabelung, wo du wieder auf sicherem Gelände bist. Erst von dort aus kannst du dir den richtigen Weg suchen, den du beim ersten Mal verpasst hast. Einen, der dich zum Ziel führt.

*

Mit den Wörtern *Wende* und *Wendezeit* verbindet sich eine radikale Hoffnung auf eine tatsächliche *Umkehr*. Eine solche Zeit nannten die alten Griechen* *Kairos*: der günstige Moment, das

---

* Dieses Buch richtet sich an alle Geschlechter gleichermaßen und bemüht sich um eine geschlechtsneutrale Sprache. Leider ist dies aus Gründen der Lesbarkeit nicht immer möglich, sodass in diesem Buch vorrangig die männliche Form benutzt wird. Sämtliche Personenbezeichnungen beziehen sich auf Personen jeglicher Geschlechtsidentität.

Zeitfenster, in dem sich neue Möglichkeitsräume auftun. Und damit alternative Pfade in ein unbekanntes Terrain – die Zukunft.

Ein solches Zeitfenster öffnete sich vor jetzt fünfzig Jahren. Es ist ein halbes Jahrhundert, zwei Generationen, her. Auf dem bis heute letzten bemannten Flug zum Mond, im Dezember 1972, kehrten die drei Astronauten ihren Blick um und sahen durch die Schwärze des Weltalls hindurch … »den schönsten Stern am Firmament«. In diesem Moment entstand das ikonische Foto des *blauen Planeten*. Es war ein epochales Bild: Zum ersten Mal in ihrer Geschichte sah die Menschheit die Erde, ihren *Heimatplaneten*, von außen. Die ganze Erde, in ihrer vollen Schönheit, Einzigartigkeit und Zerbrechlichkeit. Magischer Augenblick. *Wende* zu einer Großen Transformation?

Die *Umkehr* des Blicks erzeugte ein Wir-Gefühl, das nicht mehr nur auf den Nahraum begrenzt war, sondern die ganze Erde mit einschloss. Das Bild des scheinbar schwerelos im All schwebenden blauen Planeten vermittelte eine Art Flow-Gefühl. Man spürte etwas von der Leichtigkeit des Seins: »Das Leben ist gut.« Nur ein kurzer Satz. »Life is good« prangt in den USA auf T-Shirts und Baseballkappen. Ist das banal? »Wie es auch sei, das Leben, es ist gut«: Diesen Vers schrieb Goethe vor fast zwei Jahrhunderten in dem Gedicht *Der Bräutigam*. So bekommt die Aussage Tiefe: Das Leben ist es wert, gelebt zu werden. Es ist lebenswert, liebenswert, bejahenswert. Es ist von Bedeutung. Wie es auch sei! Auch mit den unvermeidbaren Anteilen von Leid, Schmerz und Verzweiflung.

Die Erde ist der schönste Stern am Firmament. Und: Das Leben ist gut. Das sind die beiden Setzungen, die dieses Buch vornimmt. Das ist der Rahmen, den dieses Buch vorschlägt. Es ist – unhintergehbar, nicht zu beweisen – der Nullpunkt, den es fruchtbar machen will. In diesen Grundannahmen und diesem Grundvertrauen, denke ich, liegen die Quellen aller positiven Energien. Die anderen Fragen schließen sich an: Was macht das Leben nachhaltig, verleiht ihm Bedeutung? Für was lohnt es sich, mit Hingabe zu arbeiten und manchmal alles einzusetzen, was man hat, kann und ist? Was gibt Zuversicht? Die Überzeugung von der Wirksamkeit des eigenen Tuns ist jedenfalls ein wichtiger Faktor. Eine alte Erfahrung: Erfolgreich kämpfst du nur *für* etwas, nicht bloß gegen etwas. Lässt sich in einen solchen Rahmen der tagtägliche Horror einordnen – und positiv verarbeiten?

*

Wir erleben gerade, was die Astronauten der Mondmissionen vor 50 Jahren beim Anblick des Planeten mit dem Wort *Zerbrechlichkeit* ausdrücken wollten: Das »Netz des Lebens«, die Biosphäre, diese hauchzarte Hülle, die alles Leben hält und trägt und immer wieder neu ermöglicht, droht an vitalen Knotenpunkten zu reißen. Lebensspendende Kräfte der Biosphäre wie Klima, Gewässer, Wälder, Böden und Biodiversität könnten bald »Kipp-Punkte« erreichen, von denen aus keine Umkehr mehr möglich ist. In unserer Lebenszeit, unter unseren Augen, *live* über die sozialen Medien gesendet, könnten lebenserhaltende Systeme kollabieren. Rette sich, wer kann?

Der russische Schriftsteller Daniil Granin zog aus seinen Erlebnissen als Soldat während der mörderischen Belagerung von Leningrad durch die deutsche Wehrmacht einen ganz anderen Schluss: »Diejenigen, die andere retteten, die sich um andere kümmerten, ihnen halfen, … die mit letzter Kraft ihre Pflicht erfüllten … sie überlebten häufiger.« Es stimmt, Horror und Verzweiflung, Gier und Egoismus sind ein Teil der Realität. Schönheit, Empathie, Nachhaltigkeit aber – die Möglichkeitsräume – sind eine mindestens ebenso starke Realität. Eine einfache Feststellung: Die Mehrzahl der Menschen überall auf der Welt ist freundlich, friedfertig und hilfsbereit. Oder?

»Rätta jorden« (Greta Thunberg), die Erde retten, ist möglich. Aber es erfordert das Vertrauen, dass es die Wege gibt, und die Kraft, umzukehren und sie zu betreten. Zuversicht ist eine

Ressource, mit der wir in diesem historischen Moment besonders achtsam umgehen, die wir nähren sollten. Denn wir brauchen sie für das, was kommt. Sie darf nicht illusionär sein. Leere Worte helfen nicht weiter. Ein nur gut gemeintes Bla, bla, bla stärkt niemanden. Basis von Zuversicht ist ein Grundvertrauen in die Güte der, wenn man so will, Schöpfung oder der Evolution, ein Grundvertrauen in die Güte des Lebens, in die eigene Kraft und die Kraft des »Wir«. Ein solches Vertrauen zu bilden, muss früh anfangen. Es ist der Kern von frühkindlicher Bildung. Selbst im tiefsten Zweifel, so scheint mir, wäre eine Haltung angebracht, die mittelalterliche Mönche mit dem Satz »*credo, quia absurdum*« umrissen: Ich glaube es, auch wenn es absurd ist.

*

»Die Zukunft ist ein unbetretener Pfad«, sagt ein tibetisches Sprichwort. Jeder und jede von uns verfügt über ein Navigationssystem, um sich auf diesem Terrain zu bewegen. Davon erzählt dieses Buch. Es handelt von der orientierenden Kraft der Sprache und der Energie ihrer Wörter. »Alle Menschen tragen einen Vorrat an Wörtern mit sich, den sie dazu einsetzen, ihre Handlungen, ihre Überzeugungen, ihr Leben zu rechtfertigen.« Es sind diejenigen Wörter, so der amerikanische Philosoph Richard Rorty, in denen wir »unsere Zukunftspläne, unsere tiefsten Selbstzweifel und höchsten Hoffnungen« formulieren.

Die Sphäre der zwischenmenschlichen Beziehungen lebt von der Sprache und vom Erzählen, von unseren Narrativen, unserem Storytelling. Es führt uns von der Ich-Du-Verbundenheit zum Wir. Von der Familie, der Nachbarschaft, dem lokalen Gemeinwesen bis zum »globalen Dorf«. Unsere Werte und Ideale bilden sich über die Sprache. Auch die Intimität zwischen Mensch und Natur entsteht über die Sprache. Unser Geist entfaltet sich an der lebendigen Natur, der wir zugehören. Selbst deren Stille ist beredt, wenn wir die »Signaturen«, die Zeichensprache der Lebewesen und der Dinge, neu wahrnehmen, deuten, davon erzählen können.

Sprache ist ein offenes System, ein Gemeingut, das Wichtigste, was wir haben. Unser Vokabular lenkt unser Denken. Der gesamte Wortschatz, über den wir aktiv und passiv verfügen, vor allem aber der kleine Vorrat an Wörtern, die man aus dem großen Ganzen im Laufe seines Lebens für sich auswählt und besonders wertschätzt. Lässt sich dieses Vokabular flexibel gestalten, zukunftsfähig machen? Denn was wir als Wegzehrung für die Reise in eine unsichere Zukunft besonders dringend brauchen, ist eine Sprache der Zuversicht, eine, die verbindet. In meinem Fokus stehen Wörter, Begriffe, Sprüche, Sinnbilder, ikonische Bilder, die uns befähigen, einen Bogen zu schlagen von unseren zartesten Empfindungen zu den großen Fragen des Menschseins im 21. Jahrhundert.

*

Ich möchte dazu anregen, die *konvivialen* Wörter im eigenen Wortschatz besonders wertzuschätzen. Convivium – das ist das Gastmahl der Antike, das unbeschwerte, offene Gespräch beim geselligen Zusammensein. Es schließt den Genuss von liebevoll zubereiteten Gaben der Natur, den Blickkontakt, die Augenhöhe mit ein. 1972, im Jahr des letzten Mondflugs, hat der Philosoph und Theologe Ivan Illich das alte Wort aufgenommen und seine Bedeutung erweitert. Er sprach von konvivialen Werkzeugen, die jedem, der sie benutzt, die Möglichkeit böten, »die Mitwelt mit den Ergebnissen seiner Visionen zu bereichern«. In diesem Sinne sprach er auch von der »Wiederherstellung der konvivialen Funktion der Sprache«. Finden wir in den Schockwellen der Gegenwart die Sprache wieder, die uns befähigt, uns eine *andere Welt* vorzustellen und daran zu arbeiten?

Unsere elementaren Wörter, Leitsprüche und ikonischen Bilder suchen wir uns im Laufe unseres Lebens zusammen. Sie schwirren durch unseren Alltag, wir »lesen« sie auf. Die Möglichkeiten dazu haben sich innerhalb einer Generation geradezu entgrenzt. Statt nur in den vertrauten Nahräumen und in ein paar verbindlich gemachten Schriften finden wir sie in den sozialen Medien, im Feuerwerk der globalisierten Popkultur und Reklamesprache. Auf Wikipedia und anderswo können wir ihre Bedeutungen erschließen. Das Netz speichert die Literaturen aller Zeiten und aller Sprachen. Stets in Gemengelage mit den allgegenwärtigen Botschaften des Kommerzes. Die Schwerkraft elementarer Wörter verwandelt sich in spielerische Leichtigkeit. »Bei Gott sind alle Dinge möglich« (Matthäus 19) – »Eine andere Welt ist möglich« (*Fridays for Future*) – »Nichts ist unmöglich« (Toyota). Schlüsselwörter erscheinen in neuer Vitalität, oft genug aber auch abgenutzt, verbraucht, entleert. Wer auf die Energie der Wörter vertraut, sucht nach Wegen, sie zu recyceln oder – besser noch – zu upcyceln, mit neuem Gebrauchswert für sich ins Spiel zu bringen.

*

Dazu will dieses Buch einladen: Wörter und Bilder der Zuversicht auf die Goldwaage zu legen, um ihre Bedeutungsschichten zu erkunden, zu vergegenwärtigen, ihnen neue Kraft zu geben. Zu diesem Zweck, nicht aus musealem Interesse, suche ich sie in ihren historischen Kontexten auf. Dabei bin ich immer wieder auf zwei Momente in der Geschichte gestoßen, zwei Wendezeiten, historische Weggabelungen, an denen über einen radikal anderen Umgang mit der Welt nachgedacht und gesprochen wurde. Beide waren zugleich Blütezeiten konvivialer Sprache.

So ein Kairos war die Zeit um 1800. In dieser Epoche nahmen Industrialisierung und fossiles Zeitalter Fahrt auf. Daher wählt die aktuelle Klimaforschung genau diesen Moment als Nullpunkt, um die menschengemachte Erderwärmung zu messen. In der Kultur jener Zeit entstand aber zugleich eine betörende

Fülle alternativer Bilder des »guten Lebens«, ja einer »anderen Welt«. In der poetischen Arbeit an der »Romantisierung« der Welt ging es im Kosmos Weimar und anderswo in Europa um die Erneuerung der menschlichen Fähigkeit, sich verzaubern zu lassen. Um eine andere, naturnahe Moderne.

Die Zeit um 1968 war noch so ein historischer Moment. Die Anthropozänforschung sieht ihn als Beginn der Erdüberlastung, mit der wir heute konfrontiert sind. Doch damals kamen im Umfeld des Buches *Die Grenzen des Wachstums* auch radikale Alternativen zum »weiter so« in den Blick. Die Bilder aus dem All eröffneten neue Perspektiven. Die Imagination an die Macht! Jeder und jede, die etwas auf sich hielt, hatte die Blaupause für ein alternatives Projekt in der Tasche – und sprach darüber. Mächtiger allerdings wirkte der Sog in die globale Konsumgesellschaft. Deren Medien, deren Sprache drangen tief ins Bewusstsein und imprägnierten unser Alltagsvokabular.

*

Also zurück zu den Wurzeln, zurück zur DNA der Wörter. Das Interesse an der Etymologie zieht sich durch das Buch. Es ist weniger sprachwissenschaftlich, eher spielerisch angelegt. Grimms *Deutsches Wörterbuch* – 33 lindgrüne Bände, ein ganzer Meter auf meinem Bücherbord – war ständiger Begleiter beim Schreiben. Ergänzt durch das *Online Etymology Dictionary*. Den Bogen von der deutschen Gegenwartssprache zurück zu den gemeinsamen Wurzeln mit dem Englischen zu schlagen, eröffnet überraschende Perspektiven. Englisch ist, salopp gesagt, ein Mix aus Plattdeutsch und Vulgärlatein. Das alte Niederdeutsch, also das Idiom, das zur Zeit der Völkerwanderung in dem Land zwischen Weser und Elbe, Nord- und Ostsee gesprochen wurde, ist eine starke Wurzel des modernen Englisch, der Verkehrssprache von Globalisierung und Internet. Ihre Sprache nahmen die Angeln und Sachsen um das Jahr 500 beim Aufbruch zu ihrer Landnahme auf die britische Insel mit. Dort verdrängte es das Keltische und verschmolz weitere 500 Jahre später mit dem romanischen Idiom der normannischen Eroberer. Der Gang zu diesen etymologischen Wurzeln ist höchst anregend, wenn wir zu der vielschichtigen Bedeutung unserer elementaren Wörter vordringen wollen. Nur ein Beispiel: Das altsächsische *hêl* ist zugleich die Wurzel von *whole*, *holy* und *healthy*, von *heilen* und *heilig*. Alte, neue Verbindungen. So entfalten achtlos benutzte Wörter und scheinbare Fremdwörter ihre Potenziale und ihren Zauber.

*

Als Wanderer bin ich mit leichtem Gepäck unterwegs. Ich lasse mir die Lust an der freien Bewegung nicht von der Qual des Tragens verderben. Beim Rucksackpacken lautet die Schlüsselfrage: Was brauche ich wirklich? Gilt das nicht auch für unser *survival kit,* für unsere eiserne Ration an Wörtern und Bildern? Eine Sprache für das 21. Jahrhundert sollte, so der italienische Schriftsteller Italo Calvino, »leicht« sein. Und das bedeutet: »schnell, genau, anschaulich, vielschichtig und – nachhaltig (*consistent*)«. Mir scheint, das wäre auch eine gute Beschreibung für eine Sprache der Zuversicht.*

---

* In dieses Buch sind wichtige Gedankengänge aus meinen früheren Büchern eingeflossen und wurden weiterentwickelt. Alle diese Titel sind noch greifbar (siehe Literaturverzeichnis). Ich möchte sie zur weiterführenden Lektüre schon an dieser Stelle herzlich empfehlen.

Kapitel eins

Millas »da«

Milla war da. Im Vorfrühling hat sie uns besucht. Zwei kostbare Wochen lang. Da war unser Enkeltöchterchen gerade mal ein Jahr und drei Monate auf dieser schönen Erde. Zuletzt hatten wir sie in ihrer Krabbelphase erlebt. Als sie begann, sich bäuchlings mit allen Vieren fortzubewegen, sich hinzusetzen oder an einem Schubladengriff hochzuziehen. Aus der Ferne so nah, über WhatsApp sahen wir dann atemlos zu, wie sie ihre ersten Schritte machte. Das linke Bein anheben und strecken, den Fuß aufsetzen. Das rechte Bein – unsicher – nachziehen, den Fuß aufsetzen. Und wieder das linke Bein heben ... und ... so ... weiter. Fünf oder sechs kostbare, erste selbständige Schritte. Dann knickte sie ein. Das war um ihren ersten Geburtstag herum. Nur wenige Wochen später sahen wir, auch via Smartphone, wie sie im Winterwald der brandenburgischen Schorfheide ihre erste Wanderung unternahm. So weit die kleinen Füße trugen. Durch den Schnee stapfend, vorneweg, ohne helfende Hand, die Eltern folgten ein paar Schritte hinter ihr. Der Begegnung mit dem Unbekannten wich sie nicht aus, sondern ging ihm selbstsicher und neugierig entgegen. Den Blick nicht nur auf den Weg vor sich gerichtet, sondern immer wieder auch zur Seite, zu den Baumstämmen, ins Unterholz richtend. Schweifend, suchend, als ob sie von dem, was unterwegs zu sehen sein würde, rein gar nichts verpassen wollte. Nun also ihr nächster Auftritt bei den Großeltern. Wir konnten es kaum erwarten ...

»Da!« ist Millas Passwort zum Leben. Aufrecht gehend, erhobenen Hauptes, erschließt sich das kleine Wesen mit diesem einen Wort neue Wirklichkeiten. Die Nahräume im Haus, draußen, im Garten, im Wäldchen hinterm Gartentor und so immer weiter. »Da« ist ihr erstes Wort. Nach dem Schreien und Weinen, auf das sie bis hierhin angewiesen war, um Hunger, Schmerz, Leid aller Art auszudrücken, nach den Gurr-Lauten und dem Brabbeln, mit dem sie Wohlbefinden kundtat. Fünfzehn Monate nach der Entbindung, als sie sich, unterstützt vom Pressen ihrer Mutter, durch den Geburtskanal gedreht und gewunden hatte, das große Köpfchen voran, dann die eine Schulter, dann die andere, um – endlich draußen – die Ärmchen weit auszubreiten, tief Luft zu holen, mit dem ersten Atemzug die Lungen so gut wie irgend möglich zu füllen – und dann mit ganzer Leibeskraft den ersten Laut auszustoßen. Urschrei des Daseins. Abschluss eines Kraftakts, Beginn von etwas ganz Neuem.

Jetzt also das erste richtige Wort. »Da«. Lautgestalt und Bedeutung decken sich. Atemstrom, Vibration der Stimmbänder, Bewegung von Zunge und Unterkiefer sind perfekt koordiniert und jederzeit wiederholbar. Am Anfang steht ein Wort. Wie bei allen Kindern in allen Sprachen der Welt. Wahrnehmung, Körpersprache und Sprache bilden eine Einheit. Schritt für Schritt treten die Erscheinungen hervor, werden sichtbar, werden greifbar. Die Augen wandern, der Blick schweift. Er taucht in den Fluss der Eindrücke ein, tastet die Dinge ab. Blickachsen wechseln, auch Duftfelder, Klanglandschaften, die Anordnung der Gegenstände im Raum. Etwas weckt ihre Aufmerksamkeit. Sie nimmt Blickkontakt auf, hält inne. Einen Moment lang unverwandte, unverstellte, ungeteilte Aufmerksamkeit.

Der Sinn des aufrechten Gangs, seit vor rund zwei Millionen Jahren Homo erectus in Afrika auf zwei Beinen zu laufen begann: der größere Überblick. Beim Gehen siehst du mehr als beim Laufen auf vier Beinen. Was IST da? Du siehst den großen Zusammenhang um dich herum. Der Blick trifft auf einen Blickfang. Was ist DA? Du siehst die Einzelheiten. Warum beginnen Kinder, sich aufzurichten und zu gehen? Ganz einfach: Weil es ihnen Freude macht. Die selbstständige Fortbewegung im Raum erlaubt es ihnen, die Welt zu entdecken. Die Sprache ermöglicht es ihnen, das Entdeckte zu verstehen und mitzuteilen.

»Da« ist hier und jetzt. Ganz hier und ganz jetzt! Milla streckt den Arm aus. Der Zeigefinger schnellt hervor. Indem sie auf etwas deutet, deutet sie das Phänomen für sich, begreift es, eignet es sich an. »Da«! Die Augen leuchten. Sie moduliert ihre Stimme. Lautstärke und Körpersprache variieren. »Da! Da!« Verschiedene Grade, Schattierungen von Aufmerksamkeit, Betroffenheit, Begeisterung, Entzücken kommen zum Ausdruck und in dem einen Wort zur Sprache. Sie gehen durch alle Fasern des Körpers. Alle Sinne, der ganze Leib ist beteiligt – Kopf, Bauch, Atemwege, Kehlkopf, Stimmbänder, Mund und Zunge. So wirbelt sie durch den Tag. Vom ersten Auftritt mit Mama am Frühstückstisch, noch verschlafen und rotbäckig, bis zum schlaftrunkenen Winke-winke beim Zubettgehen. Wenn sie wieder aufwacht, ist sie schlicht und einfach da. Und bereit für all die frischen Eindrücke des neuen Tages: die Schale Brei, die Scheibe Gurke, Handpuppe und Schaukelpferd, Regentropfen auf der Haut, der Schmetterling auf der Schulter, Stock und Stein, Sand und Matsch unter den Füßen auf dem Weg durch den Wald. Da – eine Baumwurzel im Boden. Milla purzelt hin, ist ganz verdutzt, erhebt sich, streift sich die Erde von den Handtellern. Weiter geht's. Eine Pfütze kommt näher. Links herum? Rechts herum? Mittendurch!

Besonders fasziniert sie das ganz Flüchtige: Vogelzwitschern, Wolken, Seifenblasen, so etwas. All die Momente des Staunens! Nur die Gegenwart, das Hier und Jetzt, ist wirklich. Die Welt ist, wie sie ist, und das Leben, wie es ist, ist gut. Das schließt Momente des bitterlichen Weinens und angsterfüllten Schreiens nicht aus. Große Gefühle, das Überwältigende, Unaussprechliche, Unfassbare, Unsagbare müssen raus. Ihr Erleben, ihre Vitalität brauchen ein Ventil, drängen nach außen. Einatmen, ausatmen – Merkwelt, Wirkwelt. Sie will sie mit-teilen, mit uns teilen. »Da«, Schau du doch auch mal hin! Das Miteinander wächst durch Sprache. Die Sprache wächst am Miteinander. Etwas entsteht neu. Mit welchem Wort Kinder anfangen zu sprechen, ist individuell verschieden, hängt von zufälligen Einflüssen ab. Die Zusammenhänge von Sprache, Spiel und Kreativität sind unerschöpflich.

Kinder erschließen sich ihre Umwelt unter anderem, indem sie eigene Wörter erfinden. Sie betreiben Lautmalerei. Milla ahmt Tierlaute nach. Von den struppigen Nebelkrähen in ihrem Prenzlauer-Berg-Hinterhof hat sie das »kra-kra« gelernt. So benennt sie alle Vögel, selbst das zarte Rotkehlchen, auch ihre geliebte Raben-Handpuppe. Von den Hunden im Kiez kam der »wawa« in ihr Anfangsvokabular. Ihr erstes »richtiges« Wort hat Milla aus dem Schatz ausgewählt, den ihre Bezugspersonen ihr sprachlich anboten. »Milla, guck mal … da.« Das Wort, das sich für sie am leichtesten nachahmen, am leichtesten sprechen ließ, erschien ihr gleichzeitig als das Wort mit der umfassendsten Bedeutung – ihr Ur-Wort.

Heiß und innig liebt Milla das Fort-und-da-Spiel. Im Wald läuft sie ein Stück voraus, bis sie den knorrigen Stamm einer alten Eiche neben sich hat, schaut sich kurz nach uns um, verschwindet hinter dem Baum und wartet. Unsere Rufe: »Milla ist weg! Wo ist Milla?« werden zunehmend verzweifelter. Mit einem triumphierenden Lächeln tritt sie hinter dem Baum hervor. Sehen und gesehen werden. Jemand von uns ist plötzlich fort. Mit vertauschten Rollen geht das Spiel weiter. »Da« und »fort« gehören zusammen. Kein Geringerer als Sigmund Freud hat das im Spiel mit seinem Enkelsöhnchen Ernst entdeckt und darüber nachgedacht. Es gehe um etwas Existenzielles, nämlich die Verlustangst, die Urangst, dass die Mutter weggeht – und nicht mehr wiederkommt. Spielerisch vergewissert sich das Kind, dass ein Verschwinden aus dem Blickfeld nicht wirkliches Verschwinden, nicht die katastrophale Trennung bedeutet. Das Spiel stärkt etwas Wesentliches, nämlich Grundvertrauen in die Güte der Welt und das Gute im Menschen. Alles wird gut. Jedenfalls ist es jederzeit möglich, dass alles wieder gut wird. Dazu passt Millas Vertrauen in das Unbekannte. Bei unseren Ausflügen in Wald und Heide entwickelt sie ihren Eigensinn. Sie hat eine große Neigung, vom Weg abzuweichen – ins Weglose. Bis Brombeerranken und Gestrüpp undurchdringlich werden. Dann dreht sie sich um, winkt uns zu und tritt den Rückzug an.

»Kommt ihr zum Essen?« rufe ich aus der Küche, wo Millas Buchweizengrütze köchelt. »Lass sie«, antwortet ihre Mama, »sie ist gerade im Flow.« Alle solche Phasen des selbstvergessenen Aufgehens in der Umwelt sind wesentlich, sind heilig, sollten möglichst wenig gestört werden. Ich spiele, also bin ich. Ich bewege mich, also bin ich. Ich weine, also bin ich. Ich greife und begreife, also bin ich. Ich esse den Buchweizen, den Opa für mich geschrotet, aufgekocht und mit Banane zubereitet hat, also bin ich. »Da«, jubelt sie, als ich sie in ihren Hochsitz hebe und den süßen Brei serviere. Und ich? Ich koche hier und jetzt für mein Enkeltöchterchen, also bin ich. Mir fällt der Satz aus der afrikanischen Philosophie des Ubuntu ein: »Ich bin, weil du bist.«

»Da«, dieses schlichte Hinweiswort führt mitten hinein in das Wunder des »Da-Seins«, des Lebens in seinem ganzen Umfang, seiner ganzen Fülle, seiner Ganzheit. In dem Wort äußert sich eine wunderbare Eigenschaft aller Kinder: die Fähigkeit, zu staunen. Ist sie angeboren? Ist sie eine Begabung? Eine Gabe?

*

»Vorzeiten war ein König und eine Königin, die sprachen jeden Tag: Ach, wenn wir doch ein Kind hätten! Und kriegten immer keins.« So beginnt Grimms Märchen *Dornröschen*. Bekanntlich bringt ein Frosch die Wende. »Dein Wunsch«, verheißt er der Königin, »wird erfüllt werden. Ehe ein Jahr vergeht, wirst du eine Tochter zur Welt bringen.« So geschah es und die Geburt sollte mit einem großen Fest gefeiert werden. Eingeladen waren auch die weisen Frauen des Königreiches, damit sie »dem Kind hold und gewogen wären«. Allerdings musste von den insgesamt dreizehn Feen des Landes eine daheimbleiben, denn im königlichen Haushalt gab es nur zwölf goldene Teller. Die zwölf Geladenen waren an der Tafel versammelt und als es so weit war, traten sie eine nach der anderen hervor und beschenkten das Kind mit jeweils einer »Wundergabe«, als da wären: Tugend, Schönheit, Reichtum …

An dieser Stelle des Märchentextes hakte Rachel Carson ein. Die amerikanische Meeresbiologin, Schriftstellerin und Aktivistin war, könnte man sagen, eine der weisen Frauen des 20. Jahrhunderts. Ihr Buch *Der stumme Frühling* von 1962 war ein früher, wirkmächtiger Einspruch gegen die globale Zerstörung der Umwelt, gegen unseren, wie sie sagte, Krieg gegen die Natur. »Hätte ich Einfluss auf die gute Fee, die über die Taufe aller Kinder wacht«, schrieb Rachel Carson in einem früheren Essay, »dann würde ich sie nur um eine einzige Gabe für jedes Kind dieser Erde bitten, nämlich um den *sense of wonder*. Und der sollte so unverwüstlich sein, dass er das ganze Leben lang hält.«

Sense of wonder. Wunderbarer Ausdruck! Schwer zu übersetzen. Rachel Carson schöpfte – wie Sigmund Freud – aus dem direkten Erleben. Mit ihrem vierjährigen Großneffen Roger erkundete sie 1956 einen Sommer lang die Umgebung ihres Ferienhauses an der Küste von Maine, den Wald, den Strand, den Saum der Gezeiten. Daraus entstand ein Essay mit dem Titel *Help your child to wonder* – Hilf deinem Kind beim Staunen. Die Grundlagen sind angelegt: Die Welt des Kindes ist frisch, neu und wunderbar, voll von Staunen und Faszination. Carson umschreibt den *sense of wonder* in mehreren Anläufen. Es ist dieses klarsichtige »Schauen« (*vision*) des Kindes, sein echter Instinkt für das, was schön und »ehrfurchteinflößend« (*awe-inspiring*) ist. Es ist die kindliche Neugier, die Faszination für das Neue und das

Unbekannte, der Sinn für Schönheit, ein Gefühl der Empathie, des Mitfühlens und Einfühlens, der Bewunderung oder Liebe – und daraus folgend der Wunsch nach mehr Wissen über das, was einen emotional berührt hat. »Ich glaube von ganzem Herzen«, heißt es bei Rachel Carson, »dass für das Kind – wie auch für die Eltern, die es begleiten und leiten – nicht halb so wichtig ist, zu *wissen* als zu *fühlen*. Wenn Fakten die Samen sind, die später Wissen und Weisheit erzeugen, dann bilden die Emotionen und Sinneseindrücke den fruchtbaren Boden, den es braucht, damit die Samen des Wissens wachsen können.«

Sense of wonder. Wie lässt sich dieser prägnante Ausdruck angemessen ins Deutsche übersetzen? Ziemlich wörtlich mit Sinn für das Wunder oder Sinn für den Zauber? »Sensorium für das Wunderbare«? Vielleicht mit »Fähigkeit, zu staunen«? Oder – unter Rückgriff auf Heidegger – mit »Offenheit für das Geheimnis«? Oder nehmen wir den Ausdruck von Papst Franziskus, »Offenheit für das Staunen und das Wunder«? Es lohnt sich, darüber nachzudenken. Rachel Carson jedenfalls war inspiriert von Albert Schweitzer, dem Theologen, Pazifisten und (wie man ihn in den fünfziger Jahren nannte) Urwalddoktor. Seine Ethik, die damals weltweit Einfluss erlangte, hat Schweitzer in drei Worten zusammengefasst: »Ehrfurcht vor dem Leben.«

Zurück zum Märchen. *Dornröschen* geht bekanntlich wundersam weiter. Der Bannfluch der dreizehnten, der bösen oder genauer gesagt in ihrem Stolz gekränkten Fee versetzt die fünfzehnjährige Königstochter und ihre gesamte Umgebung in einen hundertjährigen Schlaf. Eine dichte, für jeden Eindringling todbringende Dornenhecke wächst rings um das Schloss empor. Und dennoch gerät der Ruf von Dornröschens Schönheit nicht ganz in Vergessenheit. Nach langer Zeit traut sich mal wieder ein Königssohn, die Brautwerbung zu versuchen. Mit den Worten »Ich fürchte mich nicht« macht er sich auf den Weg ins Innere des Schlosses. Zum Glück sind die hundert Jahre gerade verflossen und der Weg in den Turm, in dem Dornröschen schläft, ist frei. Der magische Moment, es wachzuküssen, ist gekommen. »Da lag es und war so schön, dass er die Augen nicht abwenden konnte, und er bückte sich und gab ihr einen Kuss. Wie er es mit dem Kuss berührt hatte, schlug Dornröschen die Augen auf, erwachte und blickte ihn ganz freundlich an.« Da ist er – der Blickkontakt, der »unverwandte« Blick, die zärtliche Berührung. Ein *sense of wonder* ist allen Märchen eingeschrieben. Sie handeln ja von der Wiederverzauberung der Welt – und von der Selbstverständlichkeit des Unmöglichen. »Und da wurde die Hochzeit des Königssohns mit dem Dornröschen in aller Pracht gefeiert, und sie lebten vergnügt bis an ihr Ende.« So weit, so gut, das Ende einer Geschichte über eine Zeit, als das Wünschen noch geholfen hat ...

*

Millas Mama kannte dieses Märchen so gut wie auswendig. Damals, als sie selbst erst drei, vier, fünf Jahre alt war, bildeten die Erzählungen der Brüder Grimm den Grundstock ihrer Gutenachtgeschichten. Manchmal gefolgt von einem alten Lagerfeuerlied zur Gitarre. Und wenn ich das Märchen mal mittendrin sanft abbrach, weil ich selber erschöpft war und dachte, sie sei eingeschlummert, sagte sie mir noch im Halbschlaf die nächsten drei, vier Sätze aus dem Kopf vor, damit ich noch ein kleines bisschen weiterläse ...

Und du, Milla? Am Ende des Tages bringt Mama sie zu Bett. Als sie so gut wie eingeschlafen ist, übernehme ich die Wache. Noch ein herzzerreißendes Schreien, nur ganz kurz, dann schläft sie friedlich. Auf dem Rücken liegend, das Köpfchen zur Seite geneigt, die Ärmchen angewinkelt, ein Händchen aufs Kuscheltier gelegt, das andere lose zur Faust geballt. Lange Zeit verharrt sie regungslos, fast lautlos atmend. Dann fährt sie sich mit der Hand übers Gesicht, bettet den Kopf zur anderen Seite, ein paar tiefere Atemzüge. Später ein kurzes Seufzen – wie im Traum ...

Eine plötzliche Eingebung: Das innere Kind, mit dem Milla in späteren Zeiten, auch in Zeiten höchster Not, Zwiesprache halten wird, bei dem sie Trost suchen und Kraft schöpfen kann – dieses innere Kind bildet sich genau jetzt. Quo vadis? Wo führt dein Weg dich hin, Milla? Genau an der Schwelle vom 21. zum 22. Jahrhundert wirst du 80 Jahre alt. Die durchschnittliche Lebenserwartung von Mädchen deines Alters liegt noch ein Stück höher. Jedenfalls von heute aus gesehen! Wirst du 2099 den runden Geburtstag richtig feiern können? Gesund an Leib und Seele? Auf einem sich erholenden, wieder gesund, wieder cooler werdenden Planeten? Oder nicht? Wirst du dir deinen Sinn für das Wunder und das Wunderbare des Lebens bewahren können? Gelingt es dir, dein kindliches Staunen bei der ersten Erkundung der Welt in einen Weg lebenslanger Selbstermächtigung zu überführen? Und werden dich diese Fähigkeiten durch die prekärsten Zeiten tragen? Durch Zeiten mit einem höllischen Klima, Not und Gewalt? Oder wird der Leidensdruck irgendwann so groß, dass du an irgendeinem Punkt sogar den Tag deiner Geburt verfluchen wirst? Wie werden du und deine Generation an Neujahr 2100 auf die Zeit der Kindheit und die Generation der Großeltern zurückblicken? Wehmütig? Anklagend? Mit unendlicher Bitterkeit? Versöhnt? Voll Stolz auf die eigene Lebensleistung?

Für einen wie mich, zur Welt gekommen fast auf den Tag genau in der Mitte des 20. Jahrhunderts, kommt das Ende in Sicht. Du bist meine einzige leibhaftige Verbindung zum 22. Jahrhundert. Nach mir die Zukunft – deine Gegenwart. Was kann ich in der Zeit, die mir noch bleibt, für dich tun? Wie »generationengerecht« denken und handeln? »Enkeltauglich«, wie man neuerdings sagt. Was muss ich noch weitergeben? Fragen über Fragen! In diesem Buch versuche ich ein paar Antworten. Vielleicht machen sie Lust auf ein Leben, das weit ausgreift …

*

Kurz bevor sie zwei wurde, übte Milla in der Kita ihr erstes Lied ein. Für den Martinszug. Das Laternenlied erzählt über Sonne, Mond und Sterne. An diesem Abend zeigte Papa ihr aus dem Fenster ihrer Wohnung im vierten Stock die Venus, den Abendstern, der knapp über dem Horizont am südwestlichen Himmel über Berlin hell leuchtete. »Abend …tern« wiederholte sie andächtig. Ja, Milla[*], der wird dich auf deinem ganzen langen Weg begleiten. Und Sonne, Mond und all die anderen Sterne auch. Bis zum Ende.

*

Eine tröstliche Stimme aus der Vergangenheit hallt herüber. Von jemandem, der wahrlich keine glückliche Kindheit hatte. Ziemlich genau 100 Jahre vor Millas Geburt, am 18. Oktober 1921, schreibt Franz Kafka in sein Tagebuch: »Ewige Kinderzeit. Wieder ein Ruf des Lebens. Es ist sehr gut denkbar, dass die Herrlichkeit des Lebens um jeden und immer in ihrer ganzen Fülle bereitliegt, aber verhängt, in der Tiefe, unsichtbar, sehr weit. Aber sie liegt dort, nicht feindlich, nicht widerwillig, nicht taub. Ruft man sie mit dem richtigen Wort, beim richtigen Namen, dann kommt sie. Das ist das Wesen der Zauberei, die nicht schafft, sondern ruft.«

* Millas Fußabdruck, genommen im Alter von drei Monaten, wird uns durch das Buch begleiten.

Kapitel zwei

Passwort WOW

Zugänge zum magischen Moment

Es hat eine schöne Leichtigkeit. Schon der Wortkörper ist purer Minimalismus. WOW. Eine Silbe, zwei Laute. Die Grammatik spricht von »Interjektion«. Das ist ein Ausruf, den man »dazwischenwirft«. Die Begegnung mit etwas Außergewöhnlichem drängt zur spontanen Äußerung. Im Deutschen nennt man das auch »Empfindungswort«. Genau darum geht es: Um die Empfindung, die instinktive Regung, die den Gefühlen und den Gedanken vorausgeht.

WOW lässt sich flüstern, in einer intimen Zwiesprache. Oder stumm artikulieren, im Selbstgespräch mit der eigenen inneren Stimme. Oft bricht es aber als Aufschrei hervor, ekstatisch, endlos dehnbar, fast wie ein Wolfsgeheul. Manchmal ist das Wort von einer Gänsehaut begleitet. Diese Form der Erregung stammt aus der Frühzeit unserer Evolution. Die Nackenhaare stellen sich auf. Sie signalisieren einen Ausnahmezustand, nämlich das Ereignis des Wunderbaren, des Unfassbaren – oder aber einer drohenden Gefahr für Leib und Leben. *Komplett Gänsehaut* heißt die Steigerungsform in der Sprache der sozialen Medien. In den USA steht WOW auf der Liste der ersten fünfzig Wörter, die ein Kind lernt. Auch im Deutschen ist es längst kein Fremdwort mehr. Der Duden beschreibt es als Ausruf der Anerkennung, der positiven Überraschung und unvorhergesehenen Begeisterung. Der WOW-Moment ist unverfügbar. Der

Impuls kommt unwillkürlich. Es ist ein magischer Moment. Er erfasst eine besondere Konstellation von Innenwelt und Außenwelt. Blitzartig hebt er dich aus der Routine des Alltags heraus. Deswegen muss er »raus«, muss kurz und bündig geäußert und möglichst schnell kommuniziert werden. Nur winzige Zuckungen des Daumens auf der Smartphone-Tastatur, schon sind Wort und Botschaft versendet.

WOW ist sehr netzaffin. Dort ist es Mittelpunkt eines kompletten Wortfeldes. Nahe dran ist *Oh my God*, chiffriert als OMG. Synonym verwendet wird *awesome* – wörtlich: Ehrfurcht gebietend. Im Deutschen machen aktuell *unfassbar* und *magisch* Karriere. Oder auch *irgendwie surreal,* also unwirklich, übernatürlich. Ähnliche motionale Ausnahmezustände signalisieren die Wörter *flow* (Fluss, Flut), *glamour* (Glanz) und *event* (Ereignis). All diese Wörter flirren, flimmern und schwirren durch die sozialen Netzwerke – Tag und Nacht, jede Sekunde, rund um den Globus, inflationär. Sie werden mit strahlenden Emojis verziert, mit emporgereckten Daumen bekräftigt, mit Ausrufezeichen verstärkt. Stets ist ein Hauch von *sense of wonder* mit im Spiel, die ungestillte Sehnsucht nach der Verzauberung. Diese Wörter, so banal sie meist benutzt werden, haben einen spirituellen Unterton. Ja, in vielen Fällen sind sie der Sprache des Sakralen entlehnt.

Auf dieser Ebene trifft sich das WOW mit einem anderen Empfindungswort, seinem Gegenpol. Der Seufzer OH WEH löst eine plötzliche Empfindung von Schmerz, Angst, Leid und Mitleid in einen hauchzarten Klang und ein beinahe schwereloses Wortgewebe auf. Klingt etwas altmodisch, ist fast in der Versenkung verschwunden, hätte aber, denke ich, jetzt wieder einen hohen Gebrauchswert. Die Wurzeln reichen tief. Darin steckt das altsächsische *wê,* das im Englischen in dem Wort *woe* – Trauer – weiterlebt. Im Mittelhochdeutschen war das *Owê* Schlüsselwort für das Liebesleid des Minnesangs. Dass Goethe ein *O …weh, weh!* einwirft, wenn er – empfindsam – von den *Leiden des jungen*

Werther erzählt, verwundert nicht. Das Jiddische, das im Mittelhochdeutschen wurzelt, überliefert es in der Fassung *oy vey.* Mit einem kurzen OH WEH soll Albert Einstein seine Empfindung zum Ausdruck gebracht haben, als ihn 1945 die Nachricht vom Atombombenabwurf auf Hiroshima erreichte.

WOW und OH WEH. Verzauberung einerseits, Bewältigung von Angst, Leid und *Wehmut* auf der anderen Seite. Zwischen beiden Polen spielt sich das Leben im 21. Jahrhundert ab. Wir werden dafür beide Wörter dringend brauchen. Entscheidend ist, eine Balance zwischen den beiden Stimmungen und Gefühlslagen zu finden und zu halten.

*

Das Leben ist gut – wie es auch sei! Die Sehnsucht, seinem Leben und Erleben Glanz zu verleihen, die Entschlossenheit, das Schöne, das Wunder, den Zauber in sein Leben hereinzuholen, haben ihre Dynamik in unserer so prekären Gegenwart keineswegs verloren. Und das ist gut so. Dieser Wille gehört untrennbar zum Streben nach Glück, ist uralt und ewig jung. Er sucht sich immer neue Kanäle und Ausdrucksformen. Doch wie die sozialen Medien, ja das Netz insgesamt, ist gerade das Wortfeld WOW heillos verstrickt in die Sprache der Werbung und die Welt der Warenästhetik. Es wird seines Zaubers beraubt von endlosen Plakaten zu Lippenstiften, Videos über Wischmopps und Anzeigen zum nächsten Wochenendtrip. Lassen sich die Wörter aus dieser Falle befreien? Wir müssen ihre Tiefenschicht freilegen, ihre ursprüngliche Magie in die heutige Sprache zurückbringen.

Nehmen wir also WOW als ein Passwort. Es öffnet Zugänge. Sein Geheimnis ist die ungeteilte Aufmerksamkeit, die leibhaftige Präsenz. Alles loslassen, was ablenkt. Sich einlassen auf das, was dann auf einen zukommt. Die Welt, das Da-Sein findet genau jetzt, genau hier statt. *Hic et nunc,* sagten die Philosophen der Renaissance. *Right here, right now* heißt es prägnant auf Englisch. Die Pforten der Wahrnehmung so weit wie möglich öffnen, höchste Geistesgegenwart mit allen Sinnen – wo das gelingt, entsteht ein Resonanzraum, in dem wir mit der Welt in Verbindung treten. So verstanden ist WOW überhaupt nicht mehr trivial.

*

Eine überraschende Entdeckung: WOW ist keineswegs den Sprechblasen von Comics aus den 1980er- oder 1990er-Jahren entsprungen und von dort in den globalisierten Jugendjargon übergewechselt. Man muss tief graben, um zu seinen Wurzeln vorzudringen. Er stammt aus der *Scots leid*, dem alten schottischen Idiom.

> The gypsies came to our good lord's gate
> And, WOW, but they sang sweetly!
> They sang sae sweet and sae very complete
> That down came the fair lady.

So beginnt eine schottische Folk-Ballade. In einer Volksliedsammlung aus dem Jahr 1740 erschien sie, schon dem damaligen Standard-Englisch angepasst, zum ersten Mal gedruckt. Bis heute ist sie in Schottland populär. *Johnnie Faa, the Gypsie Laddie* erzählt von einem Roma-Jüngling, der mit seinen Gesellen die *fair lady* eines Schlosses durch seinen Gesang verzaubert. Die Geschichte geht so weiter:

> And she came tripping down the stair,
> And a' her maids before her;
> As soon as they saw her well-far'd face
> They cast their *glamour* o'er her.

Die schöne Lady, geleitet von ihren Kammerjungfern, kommt also leichtfüßig die Treppe herunter ans Tor. Als die Musikanten ihr wohlgeformtes Gesicht erblicken, »werfen sie einen Zauber (*glamour*) über sie«, der sie dazu verführt, mit dem Jüngling durchzubrennen. Die Geschichte, soviel sei verraten, endet blutig. An ihrem Beginn aber steht die Verzauberung, das WOW und ein weiteres Wort, das heute Karriere gemacht hat. Wir verbinden es mit großem Kino, mit Design, Mode, Pop und Dolce Vita: *glamour*.

Als Wörterbucheintrag erscheint WOW zum ersten Mal in John Jamiesons *Etymological Dictionary of the Scottish Language* von 1808. Diese Interjektion sei Ausdruck von Bewunderung und von *astonishment* – von Erstaunen, ja von Erschütterung – heißt es dort. Mit *Scottish Language* ist hier nicht das im Keltischen wurzelnde Gälisch der Highlands gemeint, sondern das in den Lowlands gesprochene angelsächsische Idiom. Der Beleg, den das Wörterbuch anführt, stammt aus dem Jahr 1513: »Out on thir wandrand speritis, wow! Thou cryis« – du schreist WOW, wenn du die wandernden Geister spürst.

Das Wort *glamour* hat seine Wurzeln ebenfalls im alten *Scots*. In Jamiesons Wörterbuch taucht es in der Form *glamourie* oder *glammer* auf und bedeutet: Zauber, Verzauberung, Magie, Hexerei. Es ist etwas Magisches, durchaus auch Gefährliches, das über jemanden »geworfen«, ausgeübt, sozusagen verhängt wird und ihn in einen anderen Bewusstseinszustand versetzt – in eine *Anderswelt*. Etymologisch verwandt ist *glamourie* mit dem altsächsischen *glêmo* und dem deutschen Dialektwort *glammer*. Laut Grimms Wörterbuch hängt es mit dem heutigen *Glimmer* zusammen und bedeutet *Glanz*.

Um 1800 hat sich der auch im deutschen Sprachraum enorm populäre schottische Dichter und Romanschriftsteller Walter Scott mit *glamourie* befasst und das Dialektwort als *glamour* in die englische Allgemeinsprache eingeführt. »Glamour«, so schreibt er 1805, »bedeutet in den Sagen des schottischen Aberglaubens die magische Kraft, die sich in den Blick des Zuschauers legt, sodass ein Gegenstand völlig anders erscheint als er in Wirklichkeit ist«. Im Folgenden zitiert Scott aus dem Text von *Johnie Faa, the Gypsy laddie*. In alten Zeiten, so fährt er in seinem Kommentar fort, war die Kunst des *glamour*, oder der visuellen Faszination, Kernkompetenz des Jongleurs, dessen Tricks das Publikum in den Festsälen der gotischen Burgen amüsierten.

Die ursprüngliche Bedeutung von *glamour* wird in der heutigen schottischen Kulturszene gerade neu entdeckt. Ein Buch des Schriftstellers John Burnside, erschienen 2014, kreist in immer neuen Anläufen darum. Der Titel *I put a spell on you* (Ich habe einen Zauber über dich verhängt) zitiert einen Blues-Song, den die US-Jazz-Sängerin Nina Simone 1967 in die britischen Charts brachte. Der Song wird in Burnsides Buch zum Medium einer Zeitreise in die eigene 60er-Jahre-Kindheit, verbracht inmitten der *lonely crowd* einer trostlosen Sozialwohnungssiedlung in einer schottischen Kleinstadt. Das Buch handelt vom Hunger nach Respekt, Freundschaft, Zugehörigkeit und Selbstverwirklichung. Die Popmusik bringt *Glamour* in sein Leben. Die damit einhergehende Befreiung von Eros und Sexualität in seiner Peergroup hilft ihm aus der Enge. *Glamourie* definiert Burnside ähnlich wie 200 Jahre vor ihm Walter Scott als »Zustand der Verzauberung, in dem alles, selbst das gewöhnlichste Objekt oder Ereignis, mit magischen Möglichkeiten ausgestattet ist«. Da bewegt sich Burnside erstaunlich nahe am Programm der deutschen Romantik, die ebenfalls ganz dem WOW-Moment, dem Empfinden des Zaubers der Welt verfallen war.

*

»Ich fühle mich! Ich bin!« Dieses Lebensgefühl setzte Johann Gottfried Herder einst dem cartesianischen »Ich denke, also bin ich« entgegen. Herder war ein Vordenker in der Epoche, die man in der Literaturgeschichte als *Empfindsamkeit* bezeichnet. Er war Zeitgenosse Goethes in Weimar, Wegbereiter der deutschen Romantik und ganz nebenbei ein großer Fan der schottischen Folklore. Um 1800 ergänzte Novalis, Geowissenschaftler und Dichter der blauen Blume: »Die Welt muß romantisiert werden. So findet man den ursprünglichen Sinn wieder.« Es ging ihnen um eine neue Art von *Storytelling*, die viel mit dem *sense of wonder* zu tun hat. Mit dem Programm der *Wiederverzauberung* wollte man der *Entzauberung* der Welt durch den aufkommenden Kapitalismus, die frühe Industrialisierung, Beschleunigung und die Fixierung des Lebens auf die Ökonomie die Stirn bieten. Darin liegt die Sprengkraft dieser Gegenkultur bis heute. Novalis war Zeitgenosse von Walter Scott. Das Wort »Romantik« ist seine Kopfgeburt. Irgendwann um 1798 hat er es zum ersten Mal notiert. »Romantik. Alle Romane, wo wahre Liebe vorkommt, sind Märchen – magische Begebenheiten.«

Das Wort *Romantik* leitet sich also von *Roman* ab. Und Roman kommt von Romanze, *romanz* im Altfranzösischen, *il romanzo* im frühen Italienisch. Noch im 18. Jahrhundert verstand man darunter eine Liebesgeschichte, eine Abenteuergeschichte, auch in der kleinen Form des Feen-Märchens. *Romantik* im Sinne von Novalis und seinem Kreis ist also erstmal nur ein besonderes narratives Verfahren. Das Thema ist jeweils eine Lebensgeschichte mit einer Liebesgeschichte im Zentrum. Erzählt wird eine Folge von Begebenheiten – glückhafte Momente, leidvolle Momente. Durch sie entsteht eine Entwicklung. Es ist die Geschichte eines »Ich«, einer Individualität. »Nach innen geht der geheimnisvolle Weg«, von der äußeren Handlung in die Welt der Träume und der Albträume, der Ahnungen, die Welt des Fantastischen und Utopischen. Das »Ich« verbindet sich mit einem »Nicht-ich«, also einem »Du«, löst sich wieder, geht neue Verbindungen ein.

»Ein Roman ist ein Leben, als Buch.« (Novalis) Doch umgekehrt gilt auch: »Das Leben soll uns kein gegebener, sondern ein von uns gemachter Roman sein.« Den Roman unseres Lebens, so die Botschaft der Romantik, schreiben wir selbst. Jedenfalls hätten wir alle das Potenzial, uns von den Normen und dem Konformen zu befreien und uns – wie man heute sagt – immer wieder *neu zu erfinden*. Das Verfahren des romantischen Storytellings beschreibt Novalis so:

> Romantisiren ist nichts als eine qualitative Potenzirung. Das niedre Selbst wird mit einem besseren Selbst in dieser Operation identificirt. So wie wir selbst eine solche qualitative Potenzreihe sind. Diese Operation ist noch ganz unbekannt. Indem ich dem Gemeinen einen hohen Sinn, dem Gewöhnlichen ein geheimnißvolles Ansehn, dem Bekannten die Würde des Unbekannten, dem Endlichen einen unendlichen Schein gebe so romantisiere ich es. Umgekehrt ist die Operation für das Höhere, Unbekannte, Mystische, Unendliche – dies wird durch diese Verknüpfung logarythmisirt – Es bekommt einen geläufigen Ausdruck.

Logarithmisiert? Um 1800? Aus der Feder von Novalis? Die Romantik versucht die Fusion von Magie und Realem – den magischen Realismus. Eine stetige Quelle des WOW.

Das neue Storytelling hat natürlich auch Goethe umgetrieben. Die in der Romantik besonders populäre Erzählform der Novelle definierte er so: »Was ist eine Novelle anders als eine sich ereignete unerhörte Begebenheit?« Der »ursprüngliche Sinn«, der Kern des Storytelling ist das vom Normalen und Konformen abweichende *Ereignis*. Mit einem Ausdruck der heutigen Sprache: das *Event*. Die Dichtung der romantischen Zeit strebte nach dem unverstellten Erleben, dem besonderen Moment. Nach Überhöhung der Wirklichkeit. Nach *augmented reality*.

Die Suche danach zu einem Bestandteil des eigenen Strebens nach Glück zu machen, das wäre die Flaschenpost aus den Quellen unseres kulturellen Erbes für die Gegenwart und eine lebbare Zukunft. Ein gelingendes, ein erfülltes Leben ist immer auch ein »bewegtes«, ein »ereignisreiches« Leben. Ein Leben, das die Begegnung mit dem Zauber und dem Glamour, dem Glanz, miteinschließt. Das die WOW-Momente für kostbar erachtet. Denn sie gehören unmittelbar zur Substanz, welche die Fülle des Lebens ausmacht. Wir benötigen diese Ressource so dringend – als Gegengewicht zu den OH WEH-Momenten von Leid und Schmerz.

»Die Geschichten dieser Welt gibt es auf Netflix« – mit diesem Slogan wirbt die Traumfabrik aus dem Silicon Valley im Sommer 2021 für ihre Serien. Der Clip zeigt einen Alien im Anflug auf den zum Touchscreen mutierten blauen Planeten. Jede seiner Berührungen öffnet ein Fenster zu einer neuen Erzählung, einer Novelle, einer Telenovela über eine *unerhörte Begebenheit*. Ihr Kern ist die Romanze. Es ist das alte Streben nach Glück, der alte Kampf zwischen Gut und Böse. Wie in den Märchen der Brüder Grimm und den Novellen der Romantik, immer raffinierer in Szene gesetzt, dabei allzu oft leider entleert und ohne echten WOW-Moment.

*

»Wie hast du das WOW gelernt?« fragte ich Freunde mit schottischen Wurzeln. »Vermutlich in amerikanischen Comics oder TV-Serien der sechziger Jahre«, war die Antwort. Selbst in seinem Mutterland galt also der Ausdruck bis vor kurzem noch als Amerikanismus. Er muss wohl mit den Auswanderungswellen des 19. und 20. Jahrhunderts, die von Schottland in die USA schwappten, mit emigriert sein. Während er im eigenen Land offenbar in Vergessenheit geriet, wurde er in der neuen Heimat im Slang, in den Sondersprachen der Unterschichten und ethnischen Minderheiten populär.

Wo ist mir das Wörtchen zum ersten Mal begegnet? Ich musste lange grübeln, bevor es mir einfiel. Das Buch steht heute noch in meinem Bücherregal. Es war ein Kultbuch meiner Teenager-Jahre. Der ältere Bruder eines Klassenkameraden fuhr zur See, was damals zumindest für uns Landratten eine ziemlich schräge Berufswahl war. Er hatte das Buch wohl in irgendeiner

Hafenstadt an der Ostküste der USA auf dem Grabbeltisch einer Buchhandlung entdeckt und in seinem Seesack verstaut. Das Exemplar war schon ziemlich abgegriffen, als ich es in die Hand bekam: Jack Kerouacs *On the Road*, erstmals erschienen 1957, der Roman der *Beat Generation*.

Die Beatniks waren eine nonkonformistische Randgruppe der Generation, die in den 1940er-Jahren erwachsen wurde. Kriegsveteranen, gescheiterte Existenzen, Aussteiger, Abtrünnige des *American way of life*. Der Roman schildert sie als wurzellos, ruhelos, existenziell obdachlos. Getrieben vom Hunger nach Freiheit, Abenteuer, menschlicher Wärme, mystischer Erleuchtung und spiritueller Weisheit. So sind sie unterwegs. In ihren kleinen Communities, an der Rändern der Gesellschaft, unter schwarzen Jazzmusikern, Hobos und mexikanischen Wanderarbeitern suchen sie nach dem »wirklichen Leben« und einem anderen amerikanischen Traum, verzehren sich auf der Jagd nach dem »Kick« durch Sex, Drugs und Jazz. Viele – *the best minds of my generation*, klagte einmal Allen Ginsberg – gehen dabei zugrunde.

Die Hauptfigur des Romans, Alter Ego des Autors, verkrachter Student, Existenzialist, Mystiker, ständig halluzinierend, ständig pleite, macht sich von New York aus per Anhalter auf den Weg nach Westen. Erster Zwischenstopp ist Denver. Bei der Annäherung an die Rocky-Mountains-Stadt, im Angesicht der grandiosen Bergwelt, in Erwartung des Zusammenseins mit alten Gefährten, imaginiert er seinen bevorstehenden Auftritt unter ihnen. Sie würden ihn empfangen wie einen »Propheten, der über das Land gegangen ist, um ihnen das dunkle Wort zu bringen, und das einzige Wort, das ich hätte, wäre WOW«. Es ist vielleicht das Schlüsselwort des Romans – und der Gegenkultur, von der er erzählt. Die Suche nach dem Faszinosum, nach der Ekstase, nach Zauber, nach Aura und Glamour – selbst gespürt und erzeugt, nicht gekauft – erheben die *Hipsters* der Beat Generation zum Sinn ihrer Existenz. Hipster – das ist ein altes afro-amerikanisches Slangwort für »Durchblicker«. Heute würde man vielleicht *woke* sagen, also wach oder erweckt.

Noch wichtiger für mich wurde Kerouacs nächster Roman *The Dharma Bums*. Er beginnt mit der Beschreibung einer legendären Lyriklesung in einer Galerie in San Francisco im Jahr 1955. In dieser »irren Nacht« performt Allan Ginsburg (im Roman: Alvah Goldbook), begleitet von vielen WOWs, zum ersten Mal sein Gedicht *Howl*. Das Publikum feiert es als den »Durchbruch zu einer neuen Freiheit des Ausdrucks«, als die Entdeckung, »dass die Imagination ein eigenes freies und spontanes Leben« habe. Doch der heimliche Star des Abends ist der 25-jährige Beatnik-Dichter, Naturbursche und Buddhist Gary Snyder (alias Japhy Ryder). Er wird zur Hauptfigur der folgenden Romanhandlung. Sie erzählt von einer Wanderung zum Matterhorn Peak, einem Viertausender im Yosemite Nationalpark. Beim Abstieg entwickelt Snyder seine Vision von einer *Rucksack-Revolution*. Es ist der Traum von der großen Verweigerung, die das Gesetz der Konsumgesellschaft, den ewigen Kreislauf von Arbeiten und Geldverdienen, Produzieren und Konsumieren durchbrechen würde. Der Traum, dass Millionen junger Amerikaner mit Rucksäcken rumwanderten, auf Berge gingen, um zu beten und durch Freundlichkeit jedermann und jeder Kreatur die Vision ewiger Freiheit vermittelten.

Kerouac starb im Oktober 1969. Eine traurige Gestalt, alkoholkrank, mit aufgedunsenem, gerötetem Gesicht, ab und zu in Kneipenschlägereien verwickelt, geladen mit Ressentiments gegen Hippies, Juden und Linke. Todesursache: Leberversagen. Kerouac wurde nur 47 Jahre alt. Den großen WOW-Moment der neuen Ära hat er vermutlich noch am TV-Bildschirm erlebt – wie fast alle seiner Landsleute und viele Menschen überall auf der Welt. Dieser Moment hat das WOW ins Überirdische katapultiert. Er ereignete sich 1968, an Heiligabend.

*

»Oh my God! Look at that picture over there! Here's the Earth coming up. WOW – is that pretty!« Die Stimme kam von Bord des Raumschiffs Apollo 8, aus einer Entfernung von 365.000 Kilometern von der Erde. Apollo 8 sollte in einer Höhe von etwa 100 Kilometern den Mond umkreisen, seine Oberfläche fotografieren und Daten liefern, um das geeignetste Gelände für die Mondlandung zu erkunden. Der magische Moment kam bei der dritten Umkreisung. Bill Anders, Bordtechniker und Fotograf, berichtet von einem Einschlagkrater, der gerade in seinem Fenster erscheint. »Da ist ein schwarzes Loch, aber ich konnte so schnell nicht sehen, ob es irgendwas Vulkanisches ist.« In diesem Moment sieht er aus dem anderen Fenster über dem westlichen Horizont des Mondes die Erde aufgehen. Kurz danach verzeichnet das »Flight Journal«, die Transkription des Funkverkehrs zwischen Raumschiff und »Houston«, die nächste Äußerung von Anders: »Oh my God! Look at that picture over there! Here's the Earth coming up. WOW, is that pretty!« Diesen grandiosen WOW-Moment hat einer der Astronauten auf ein Foto gebannt. Unter dem Titel »Earthrise« ist es im Netz abrufbar.

Ich war live dabei, als zehn Stunden nach dem epochalen Moment eine TV-Übertragung aus der Raumkapsel begann. Unterlegt mit Bildern von Mondoberfläche, Sonne und Erde lesen die drei Astronauten von einem Blatt aus feuerfestem Papier aus der biblischen Schöpfungsgeschichte vor. Bill Anders macht die Moderation: »Wir nähern uns gerade dem Sonnenaufgang auf dem Mond und für alle Menschen unten auf der Erde hat die Mannschaft von Apollo 8 eine Botschaft, die wir euch senden möchten: Am Anfang schuf Gott den Himmel und die Erde …« Es folgen die wenigen Sätze der biblischen Schöpfungsgeschichte. Beendet wird die Lesung mit dem gravitätischen Satz aus der Genesis: *Und Gott sah, dass es gut war.* Dann verabschieden sich die Astronauten von ihrem Publikum auf der Erde mit den Worten »gute Nacht, viel Glück, frohe Weihnachten und Gott segne euch alle – *auf der guten Erde*«. Sekunden später verschwindet das Raumschiff hinter dem Mond. An diesem Tag wurde ich 19. Das Hochgefühl dieser Zeit hat sich mir tief eingeprägt. Das Grundvertrauen in die *Güte der Schöpfung*, glaube ich, ist eine nicht versiegende Quelle der Zuversicht.

Im Sommer 1970, ein Jahr nach der Mondlandung, ein Jahr nach Woodstock reiste ich per Anhalter durch die USA, von Küste zu Küste und zurück. Mit leichtem Gepäck. Im Geldgürtel steckte ein kleines Bündel Dollarscheine, im Brustbeutel Reisepass und Flugticket. Im Rucksack hatte ich neben Regenzeug und ein paar Sachen zum Wechseln einen Schlafsack, den Rand-McKelly-Straßenatlas – und Kerouacs *On the road*. Im Notizbuch standen eine Handvoll Adressen, Freunde eines Freundes. Die kurze Liste gab meine Route vor. Sie deckte sich ziemlich gut mit der von Kerouacs Helden.

Unterwegs erlebte ich jeden Tag neue WOW-Momente. Am nachhaltigsten ist mir der Tag im Gedächtnis geblieben, als ich die Westküste erreichte. Morgens war ich in Reno aufgebrochen, der Glücksspielstadt in Nevada, wo ich die Nacht im Schlafsack auf dem Gelände einer stillgelegten Tankstelle verbracht hatte. Ein paar *hitches* auf der Interstate 5 bis zur Anschlussstelle des Highway 101. Dort hielt ein Langhaariger an und nahm mich das das letzte Stück auf meinem langen Weg mit. Da ich noch kein Quartier hatte, lud er mich ein, bei ihm in San Rafael zu übernachten. Seine Bleibe entpuppte sich als Luxusvilla mit riesigem Garten und Pool hoch über der Bucht von San Francisco. Die Besitzer machten gerade Urlaub im Ausland und hatten ihn für diese Zeit als Faktotum angeheuert. Er bewachte und bewohnte den Komplex ganz allein.

Abends fuhren wir nochmal los. In die Berge oberhalb von Sausalito, den Sonnenuntergang erleben. Mein Gastgeber ungefähr mein Alter, den Namen habe ich vergessen, kannte den besten Aussichtspunkt – Mount Tamalpais. An den Hängen steht ein spektakulärer Bestand an Redwoods, den legendären Mammutbäumen der Westküste. Wir suchten uns einen Platz an einem kahlgeschlagenen, von mannshohen Baumstümpfen übersäten Abhang des Berges, ließen uns nieder und sahen gebannt zu, wie Küstennebel über der Golden Gate Bridge und die Skyline von San Francisco hinwegwaberten und die Sonne purpurrot unterging. Als ihr oberer Rand im Meer versank und die Strahlen hinter dem Horizont den Himmel entflammten, erhoben sich überall am Hang Leute, die ich vorher gar nicht wahrgenommen hatte, darunter viele Kinder, und klatschten Beifall. Wie wenn nach einer Galavorstellung in der Oper der Vorhang fällt: stehende Ovationen. Und dann: WOW-Rufe von allen Seiten.

Zu Hause wärmte mein Gastgeber schnell ein Fertiggericht auf. Ich erinnere mich an die Aufschrift »TV-Dinner« auf der Packung. Beim Essen lief dann tatsächlich der lokale TV-Sender. Über den Bildschirm flimmerten in Endlosschleife Bilder von einer Schießerei im Gerichtsgebäude von San Rafael, die sich an diesem Vormittag ereignet hatte. Es ging um Gefangenenbefreiung und Geiselnahme während eines Prozesses. Junge Aktivisten der *Black Panthers* hatten versucht, den Angeklagten im Gerichtsaal zu befreien. Sie hatten den Richter als Geisel genommen und während des Feuergefechts erstochen. Drei von ihnen wurden von der Polizei erschossen. Gefahndet, aber das erfuhr ich erst viel später, wurde an diesem Abend auch nach einer schwarzen Aktivistin und Philosophiedozentin namens Angela Davis. (Sie hatte, auch das erfuhr ich viel später, bei Adorno in Frankfurt Vorlesungen gehört – so wie ich.) Die Waffen, die bei dem Überfall benutzt wurden, waren unter ihrem Namen registriert. Über Nacht kam Angela Davis auf die Liste der zehn meistgesuchten Personen. Mir fiel das alles wieder ein, als ich 2020 las, dass Angela Davis vom Time-Magazin in die Liste der 100 einflussreichsten Persönlichkeiten gewählt wurde.

Mein nächster Stopp damals: Berkeley, die Universitätsstadt. Auf dem Campus warben Poster für die Events am Wochenende: *Creedence Clearwater Revival* spielten in San Francisco, zugunsten der *Free Drug Clinic*. Ike & Tina Turner traten in Oakland auf, ein

Wohltätigkeitskonzert für die lokale *Black Panther Party*. Deren aktuelle Parole war: *The Sky is the Limit*. Frei übersetzt: Wir sind unaufhaltsam. Streiflichter der Erinnerung aus dem heißen Sommer 1970 an der Bucht von San Francisco.

Im Rückblick wird mir bewusst: Ich erlebte damals die Graswurzelbewegung, die drei Jahre zuvor den *summer of love* gefeiert hatte. Die Eruption eines neuen Lebensgefühls, zusammengesetzt aus Freiheitsdurst, Hunger nach Schönheit und Freundlichkeit, nach Kunst, Natur und Erleuchtung, Sehnsucht nach Gemeinschaft und Vernetzung. »Erfinde dich neu, so wie du sein willst, jetzt! Erfinde die Gesellschaft neu, so wie sie sein soll, jetzt! Nimm dir die Freiheit!« So lauteten die Slogans der Gegenkultur. Eine neue, freie Gesellschaft im Schoß der alten, kaputten zu formen, war die strategische Formel. Besitz war Ballast, arm war sexy. Elementar waren *free speech*, Freiheit des Ausdrucks, freie Liebe und Drogen – Letztere als Zugang zu einer Bewusstseinserweiterung. Einen kurzen, kostbaren historischen Moment lang schien es so, als ob das gut gehen könne.

Rückblickend dämmert mir noch etwas: Damals, um 1970, steckte die Gründergeneration des Silicon Valley gerade in den Teenagerjahren. Viele von ihnen wuchsen in der Bay Area auf und fingen wenig später an, in den Garagen ihrer Eltern zu tüfteln, zu basteln und zu schrauben, smarte Idee und Visionen zu entwickeln. Ein paar der besten Köpfe dieser Generation gründeten Start-ups, um sich und ihre Gemeinschaften mit handlichen, zum persönlichen Gebrauch bestimmten Computern zu vernetzen – und damit Geld zu verdienen.

*

Was ist daraus geworden? Die permanente digitale Kommunikation greift tief in unseren Gefühlshaushalt ein. Wir vertrauen unser Erleben, vor allem unsere WOW-Momente, sozialen Medien an. Wir nutzen sie, sie nutzen uns. Sie bieten uns, scheinbar umsonst, eine Plattform für alle Äußerungen, die wir senden möchten. Umgekehrt machen sie uns zum Empfänger von perfekt auf jeden Einzelnen abgestimmten Werbebotschaften. Jede Sekunde im Netz macht uns für sie empfänglich. Ja, wir haben die Freiheit, uns ihren Botschaften zu verweigern. Aber das ist gar nicht so einfach. »Wir sind programmiert durch das, was unsere Zuschauer sehen wollen«, sagte Netflix-Gründer Reed Hastings. »Wir liefern etwas ab, was in einem Moment Hunderte Millionen Menschen gucken können.«

Treibstoff der Netzkultur ist die Werbung. Die *Contents*, die Inhalte, sind primär dazu da, Zugänge in unser Bewusstsein zu öffnen, um dort Data-Mining zu betreiben. Nichts ist so wertvoll für die anonymen Händler wie unsere WOW-Momente. Sie sind die seltenen Erden des Data-Mining. Die Algorithmen schürfen nach dem, was uns begeistert, was Glückshormone ausschüttet. Daten darüber zu speichern, zu sammeln, zu verkaufen, ist das Ziel des permanenten Raubbaus an dem, was wir im Netz hinterlassen. Denn diese Daten verraten unsere intimsten Begehren, unseren ureigensten Weg zum Glück. Sie geben preis, für was wir am meisten zu investieren bereit sind.

Das Wort *werben* hat im Deutschen eine eigentümliche Doppelbedeutung. Grimms Wörterbuch verzeichnet als Grundbedeutung »sich um etwas bemühen«, vor allem »sich um eine Frau bemühen« – oder um einen Mann. Das Wort meinte bis an die Schwelle des 20. Jahrhunderts vor allem das intime »Liebeswerben« zwischen den Geschlechtern. Erst in der frühen Hochphase der kapitalistischen Warenproduktion, also um 1900, wurde es zum Synonym für »Reklame«, also das *Werben* der Warenproduzenten um Käufer. Die bei fast allen Menschen tief mit Magie und Glücksgefühlen verbundene Zeit einer jungen *Romanze* wurde dabei einfach gleichgesetzt mit dem Anreiz zum Kauf eines Produkts, der Verbindung mit einer Marke. Du fühlst dich umworben und wirst zum Kunden. Diese Gleichsetzung macht deine Kaufkraft, dein Geld zum Maß der Wertschätzung deiner Person. Diese Wertschätzung freilich hält sich in Grenzen und ist prekär. »Wie kommt das Geld aus der Tasche des Kunden in meine Tasche« – so schlicht, einfach und brutal ehrlich brachte der *Wolf of Wall Street* im Hollywood-Blockbuster von 2013 die kapitalistische Logik auf den Punkt. Das so stolze Wörtchen WOW, der so lebenswichtige *sense of wonder* wurden verstrickt in die fortschreitende Verdinglichung aller Lebensäußerungen zu Waren. Ist das am Ende doch unumkehrbar?

Einspruch! Die Strategie der Kommerzialisierung und Kommodifizierung, die Verwandlung aller Güter in Waren stößt permanent an eine eherne Grenze: Glück ist nicht käuflich. Technik schafft kein Da-Sein. Die bunte Welt der massenproduzierten Waren mitsamt ihrem *Glamour* wird früher oder später implodieren. Objektiv, wenn die Grenzen des Wachstums zu lange und zu weit überschritten sein werden. Subjektiv, wenn sich Überdruss einstellt. Der Reiz der tausend Dinge, die man sich zusammenkauft, ansammelt und anhäuft, stumpft ab. Sie hören auf, Bedürfnisse zu befriedigen. Wenn der Kipppunkt zum Überdruss erreicht wird, erhöhen sie sogar den Leidensdruck. Wo immer eine Ahnung davon aufkeimt, bekommt die Suche nach dem Zauber des Daseins eine neue Richtung, geht an anderer Stelle, mit neuer, befreiter Energie weiter.

*

Die Energie des WOW wurde mir erst kürzlich wieder bewusst gemacht, und zwar beim Wandern. Die Lektion war handfest und erdverbunden. Wir waren im Harz unterwegs. Mein Wanderkumpan, Gerhard Trommer, ist Biologe, emeritierter Hochschullehrer, bildender Künstler und Gärtner. Die Wildnis hat er zu seinem Lebensthema gemacht. Der Oberharz ist seine Heimat. Hier kennt er Weg und Steg, die atemstillen Täler und reißenden Wildwasser, so gut wie jeden Berg, jede Pflanze, fast jedes Habitat. Von Westen, vom Oderbruch aus begannen wir den langen Anstieg auf das Plateau des Brocken. »Lass uns unterwegs schweigen«, schlug er vor, »und auf die WOW-Momente achten, also die Eindrücke, das Erleben, bei dem dir dieses Wörtchen in den Sinn kommt.« Und tatsächlich, solche Momente kamen bald: Als ich im welken Binsengras, ein paar Schritte ab vom Weg, die Wanderschuhe auszog, barfuß den schwingenden Boden, das mit Wasser vollgesogene, karminrot blühende Torfmoos unter den Fußsohlen spürte. Beim Anblick des zusammenbrechenden Bergfichtenwaldes auf 800 Metern Höhe, den riesigen Wurzelteller eines gestürzten Baumes in Augenschein nehmend. Der Anruf eines Hirsches aus der Ferne ging mir durch Mark und Bein. Das Aroma der Moosbeere im Mund. Das »kra kra« eines Kolkraben. Die Blickachse über das Waldmeer zum kahlen, felsigen Massiv der Achtermannhöhe. Eine lose Perlenkette von Augenblicken. In der Erinnerung definieren sie diese Wanderung, verschmelzen mit der machtvollen Gestalt des Zauberberges, der aus der norddeutschen Tiefebene aufsteigt.

Oben angekommen, sammelten wir unsere Eindrücke. Unsere Blicke schweiften über die Teufelskanzel in Richtung Osten. Der nächste höhere Gebirgszug von hier aus, sagte ein Wanderer, der neben uns die Aussicht genoss, ist der Ural. Den WOW-Effekt, erzählte Gerhard, habe er pädagogisch eingesetzt, als er in den 1990er-Jahren mit Gruppen Studierender seiner Seminare an der Universität Frankfurt auf Exkursion in der norwegischen *vildmarken* unterwegs war. Die Landschaft war das Reinheimen-Fjell, Heimat von Rentierherden, Lemmingen und Moorbirken, Reich der Geröllfelder und Gletscher, Weite und Stille. In dieser *solitude* (den Ausdruck hat Gerhard aus den USA mitgebracht), in dieser zivilisationsfernen Natureinsamkeit fühlten sich die jungen Wilden aus der deutschen Großstadt als Zeugen, ja als »Geheimnisträger« einer »anderen Welt«. WOW-Rufe waren häufig. In dieser Umgebung bekamen sie einen besonderen Klang. »Dass man sich in der unendlichen Weite klein vorkommt, habe ich heute empfunden«, schrieb damals jemand in sein Tagebuch. Als die Essenz von WOW erscheint hier das Gefühl von Überwältigtsein durch etwas Größeres als man selbst – anders gesagt: das Gefühl von Demut. Beim Gipfelerlebnis dieser Exkursion, erzählt Gerhard, gab es eine überraschende Resonanz. Als sich bei der Überquerung einer Kammlinie urplötzlich direkt vor ihren Augen eine Riesenwand aus blauschimmerndem Eis, die Abbruchkante eines Gletschers, auftürmte, verschlug es den jungen Wandernden die Sprache. Ein Gefühl von majestätischer Ewigkeit ließ alle verstummen. Die Steigerung von WOW, könnte man sagen, ist Schweigen.

*

Schauplatzwechsel. Zu einem ganz anderen WOW-Moment. Er ereignete sich Anfang 2019. Der erste Freitag im Februar war einer der ersten Aktionstage der sich formierenden *Fridays-for-Future*-Bewegung in Deutschland. Schulstreik und Demo, auch in Frankfurt am Main. Schauplatz ist das Bankenviertel der Finanzmetropole. Rund 500 junge Menschen ziehen an den glitzernden Fassaden vorbei. Es ist ein eiskalter Tag. Die Nacht ist frostig gewesen, leichter Schneefall. Die Tagestemperaturen liegen um den Gefrierpunkt. Der Demonstrationszug erreicht die große Straßenkreuzung vor der Alten Oper. Die Menge macht Halt, blockiert den Verkehr, ruft »Motor aus!« Dann ein kollektives Hüpfen. Alle skandieren: »Wir sind hier, wir sind laut, weil man uns die Zukunft klaut.« Aus einem tragbaren Lautsprecher dröhnen punkige Gitarrenriffs. »Hier ist so eine Energie«, ruft der Redner, »die muss sich weiter steigern, dann brauchen wir auch keinen Kohlestrom mehr.« Ein Pressefoto zeigt einen kleinen Ausschnitt aus der Menge, vermittelt etwas von dem Flow, den dieses Ereignis ausstrahlt, macht Lust, sich einzuklinken. Alle haben sich dick mit Winterjacken, Schals, bunten Stirnbändern und Wollmützen eingemummelt. Sie stehen dicht gedrängt, wärmen sich gegenseitig. So tut das Winterwetter der fröhlichen

Stimmung keinen Abbruch. Leuchtende Augen, offene Münder, lachende Gesichter. Jede dritte oder vierte trägt ein selbstgebasteltes Pappschild. Jemand hat den blauen Planeten aufgemalt. Weiter hinten Sprüche wie »Eispole statt Braunkohle« und »*A hot earth is not cool*«. Über WhatsApp teilt man mit, wo man gerade ist, lädt ein, zu kommen. Selfies werden gemacht. Pulsierendes Leben – mit digitalen Tools begleitet, verstärkt.

Bezaubernd lächelnd reckt ein junges Mädchen aus der ersten Reihe ein lindgrünes, mit Filzstift beschriebenes Stück Pappe schräg in die Kamera des FAZ-Fotografen: »*We are unstoppable – another world is POSSIBLE!*« Diese Jugendlichen sind stolz auf sich. Sie fühlen sich untereinander verbunden. Sie fühlen sich als Teil einer weltweiten Bewegung. Sie teilen eine große Idee. »Eine andere Welt ist MÖGLICH!« Urplötzlich taucht da die alte Parole wieder auf – mit neuer Energie geladen. Inmitten des jugendlichen Stimmengewirrs wirkt sie kein bisschen abgedroschen, hölzern, gestrig. Sie wird sogar noch gesteigert durch das trotzig-selbstbewusste: »Wir sind nicht mehr aufzuhalten.« Kein Zweifel, die jungen Leute erleben einen Moment der Verzauberung. Und mehr noch: Sie verzaubern einen Moment lang die Welt um sich herum und – medial vermittelt – eine große Öffentlichkeit.

»Die Verzauberung«, schreibt die amerikanische Philosophin Jane Bennett, »versetzt einen in eine Stimmung von Erfüllung, Fülle oder Lebendigkeit. Sie ruft das Gefühl hervor, die Kräfte von Nerven, Kreislauf und Konzentration neu belebt oder aufgeladen zu haben. Es ist eine plötzliche Energiezufuhr, eine flüchtige Rückkehr zu der kindlichen Begeisterung über das Leben.« In diesem Moment bejaht man das Dasein bedingungslos. Man fühlt sich mit dem Leben und der Welt insgesamt innerlich verbunden. Dankbar für die Gabe, die man empfängt, ist man bereit, etwas zu geben, zurückzugeben, weiterzugeben, zu teilen. Verzauberung, sagt Jane Bennett, sei ein Zustand »interaktiver Faszination«. Sie »koexistiere« mit

Verzweiflung. Bennett plädiert dafür, das Erlebnis von Verzauberung zu nutzen, um den erfahrenen Leidensdruck in positive Energie zu verwandeln.

*

WOW ist, wie gesagt, purer Minimalismus. Eine Silbe, drei Buchstaben, zwei Laute. Und dann? Der Rest ist Schweigen? Noch ein Einspruch. Lassen wir es nicht bei der Sprachlosigkeit bewenden. »Ich hatte mein Erleben heimzuleiten in die Form seiner Existenz durch Sprache.« Das ist Wort für Wort ein gewichtiger Satz. Ein Autor der Weimarer Republik, der Naturlyriker Oskar Loerke, hat ihn formuliert. 1933, da war er schon von den Nazis verfemt. Sein Satz formuliert einen hohen Anspruch.

Wie, so könnte man heute fragen, übersetzt man seine WOW-Momente in Sprache und verleiht ihrer Wirkung Dauer? Möglicherweise reichen einfache Notizen als Basis. Möglichst zeitnah verfasst, auch wenn es oft schwerfällt, sich dafür die nötige Zeit zu nehmen. Genau hier bekommt das Smartphone mit seinen vielfältigen Aufzeichnungstechniken einen zusätzlichen Gebrauchswert. Es ermöglicht oder erleichtert zumindest mobiles Schreiben. Eine wilde Mischung von Stichwörtern, Ideen, Assoziationen lässt sich unterwegs ziemlich einfach aufzeichnen. Gesprochenes und geschriebenes Wort kann collageartig mit Zeichnung, Fotos und Selfies zusammengefügt werden. Was daraus wird, bleibt offen. Es kann eine Mail oder ein Brief sein. Ein intimes Gespräch, ein Telefonat oder ein Erzählen im größeren Kreis, am runden Tisch, am Küchentisch in der WG. Und vielleicht entstehen dann daraus »Bruchstücke einer großen Konfession« (Goethe), ein ganz persönliches Stück *Storytelling* oder, warum nicht, eine Geschichte, ein Gedicht. Das Medium Sprache scheint mir jedenfalls essenziell, um seine WOW-Erlebnisse »heimzuleiten«, in Erfahrungen zu verwandeln, sie nachhaltig und produktiv zu machen.

Die Möglichkeit, sich von der Welt verzaubern zu lassen, ist keine Sache der Vergangenheit. WOW-Momente ereignen sich hier und jetzt. Unerwartet und unverfügbar. Sie passieren in der Begegnung mit der lebendigen Natur, in der lebendigen Kommunikation in der zwischenmenschlichen Sphäre. Auch im Umgang mit Artefakten. Seien es schöne und berührende Dinge des täglichen Bedarfs oder Werke der Künste. In diesem großen Zusammenhang wird auch das Smartphone zum »Sesam öffne dich« in anders nie und nimmer zugängliche Wunderwelten. Ich denke, die heute junge Generation ist wie keine zuvor darauf angewiesen, diese Momente zum Leitmotiv, zum Refrain ihres Lebens zu machen. Das so erzeugte *empowerment* verleiht die Kraft, die anschwellende Flut von katastrophalen, angstbesetzten OH WEH-Momenten auszuhalten, ihnen die Stirn zu bieten und diese ihrerseits produktiv zu verarbeiten.

Kapitel drei

Ikone Erde

Die Gaia-Perspektive

Auf den Pappschildern der *Fridays-for-Future*-Bewegung ist ein Bild stark vertreten: die handgemalte runde Erde. So bebildern sie ihre Parolen *no planet B* oder *a hot planet is not cool* und das überwölbende *save the planet*. Allgegenwärtig in den Medien, besonders im Netz, ist das entsprechende Foto. Das Bild des Planeten aus einer Außenperspektive, aus dem All heraus erscheint uns ganz natürlich, selbstverständlich. Dabei ist es noch gar nicht so alt. Ikone Erde und die Saga vom blauen Planeten, das meistpublizierte Foto der Mediengeschichte und eine große Erzählung in wenigen Worten, sind vielleicht das Beste, was uns das 20. Jahrhundert hinterlassen hat.

Ein paar kalifornische Hippies kamen zuerst auf die Idee: Zeigt uns *whole earth,* die ganze Erde, so wie sie aus dem All zu sehen ist. Die Botschaft, Mitte der sechziger Jahre auf Buttons und T-Shirts verbreitet, richtete sich an die US-Weltraumbehörde NASA. Von einer Fotografie der *Mutter Erde* versprach man sich eine bewusstseinserweiternde Wirkung, wie von einer euphorisierenden Droge. Die bemannten Mondflüge der Jahre 1968 bis 1972 machten das epochale Ereignis möglich. Seine ganze Evolution hindurch hatte Homo sapiens zum Himmel, zum Mond und zu den Sternen aufgeschaut. Jetzt kehrten die Astronauten den Blick um und sahen in der unendlichen Schwärze des Alls »den schönsten Stern am Firmament«. Bei jedem Mondflug wurde eine Serie von Aufnahmen gemacht, doch der magische Moment kam 1972, vor 50 Jahren, als zum ersten Mal *full earth*, die ganze Erde auf der Bildfläche erschien.

Und heute, zwei Generationen später? Viele Systeme dieses einzigartigen Planeten, so warnen Wissenschaftler, stünden kurz vor ihrem Kipppunkt. Jenseits drohe der Kollaps – des Klimas, der biologischen Vielfalt, der Böden. Während Politiker über CO_2-Kompensation und Wettbewerbsfähigkeit diskutierten, machte sich eine junge Generation ein *planetarisches Bewusstsein* zu eigen. Da geht es ums Ganze.

*

Wo anfangen, diese Geschichte zu erzählen? Vielleicht mit einer sehr zeitgeistigen Metapher: *moonshot thinking*. Der Ausdruck überträgt den Spirit, der die ersten Menschen zum Mond brachte, auf alle Felder des Handelns. Er meint kühnes, wagemutiges, visionäres Denken schlechthin. In den Kreativabteilungen des Silicon Valley bedeutet *moonshot thinking* die Bereitschaft, alte Denkwege zu verlassen, Neuland zu betreten, radikale Innovationen in Gang zu setzen, den Durchbruch zu potenziell riesigen neuen Geschäftsfeldern zu wagen. Als *breakthrough*-Technologien gelten aktuell: das selbstfahrende Auto. *Age X Therapeutics*, die Verjüngung des menschlichen Körpers und seiner Zellen. Das *Metaverse* und andere *full immersion technologies*, die ein virtuelles »vollständiges Eintauchen« von Körper und Geist in den Cyberspace ermöglichen sollen.

Auch im Kontext von *Großer Transformation* und Nachhaltigkeit ist die Metapher seit ein paar Jahren gängig. Im Sommer 2009 hörte ich auf einem Kongress einem US-Klimaforscher zu. Was wir bräuchten, sei ein »Apollo-Programm« für den Klimaschutz, sagte er. Gemeint war eine schnelle und totale Mobilisierung aller Kräfte weltweit. In diese Kerbe schlug auch die EU-Kommissionspräsidentin Ursula von der Leyen, als sie 2019 einen Hunderte Milliarden schweren *Green Deal* vorstellte. Sie sprach von Europas *Man on the Moon*-Moment. Ihre Hoffnung: »Die Sorge um die Gesundheit des Planeten weckt Innovationskraft, verbindet Generationen und Kontinente.«

Parallel dazu bekommen alte Visionen von der Expansion der Menschheit ins All gerade neue Schubkraft. Im Mai 2021 landete die chinesische Raumsonde *Tianwen-1* auf dem Mars. Der Name bedeutet *Himmelsfrage* und bezieht sich auf ein Gedicht aus der konfuzianischen Ära. Die Sonde ist Vorbotin einer bemannten chinesischen Marsmission mit dem Ziel, den Aufbau einer Forschungsstation auf dem roten Planeten ab Mitte der 2030er-Jahre vorzubereiten. Auch die Silicon-Valley-Entrepreneure Jeff Bezos und Elon Musk planen mit eigenen Raumfahrtunternehmen die Reise zum Mars. Ihre Vision ist die »Transglobalisierung« der Gattung Mensch durch die Besiedlung des Mars und der Vorstoß in die Weite des Sonnensystems. Also doch Planet B? Kühnes Menschheitsprojekt oder Hirngespinst? Eine Zeitreise zu den Anfängen des *moonshot thinking* führt zu überraschenden Brüchen und Wendepunkten.

*

Die Geburtsurkunde ist eine Rede des damaligen US-Präsidenten John F. Kennedy. Er hielt sie vor jetzt 60 Jahren, am 12. September 1962, im Footballstadion der Rice University im texanischen Houston. Es war die kälteste Phase des Kalten Krieges. Erst ein Jahr war vergangen seit seinem Auftritt in Berlin, kurz nach dem Bau der Mauer. Nur ein Monat noch bis zum Showdown in der Kuba-Krise, der um ein Haar einen Atomkrieg ausgelöst hätte. Die Eskalation in Vietnam begann gerade. Kennedy hatte noch gut ein Jahr zu leben. Seine legendäre Mond-Rede dauerte exakt 17 Minuten und 48 Sekunden. Es war ein heißer Spätsommertag. Das Sternenbanner hinter dem Rednerpodium hing genauso schlaff wie später auf dem Mond.

Im Publikum fächelte man sich Luft zu oder wischte sich den Schweiß von der Stirn.

Vermutlich war auch die Elite der NASA anwesend. Viele dieser *Rocket-Men* waren Deutsche. Das *moonshot thinking* von 1962 hatte definitiv starke deutsche Wurzeln: Sie lagen in der wilden, freien Kultur der Weimarer Republik, die Experimente und Avantgarden aller Art zuließ und förderte, auch die Raketenträume von Besessenen wie Hermann Oberth und dem blutjungen Wernher von Braun. Als der Filmregisseur Fritz Lang 1929 das Weltraum-Melodrama *Frau im Mond* auf die Leinwand brachte – und nebenbei den Countdown des Raketenstarts erfand –, gehörte Oberth zum Beraterstab. Dass die Raketenkonstrukteure nach 1933 fast alle den Teufelspakt mit den Nazis eingingen, war ihre schnell verdrängte, doch untilgbare Schuld.

Vor seinem Publikum in Houston entwarf der junge US-Präsident seine große Vision: einen Menschen auf den Mond bringen. Und sicher zurück zur Erde. Noch in diesem Jahrzehnt. Als erste Nation, also noch vor der Sowjetunion, die 1957 den ersten Satelliten und 1961 den ersten Menschen erfolgreich in eine Umlaufbahn um die Erde gebracht hatte. Übrigens auch mithilfe deutscher Raketenspezialisten. Kennedys Rede bettet den aktuellen Moment und das »kommende Zeitalter des Weltraums« in einen Aufriss von 50.000 Jahren Menschheitsgeschichte ein. Der Bogen, den er spannt, reichte von der Steinzeit und der Erfindung des Rades über die erste Druckerpresse und Newtons Entdeckung der Schwerkraft bis zum 20. Jahrhundert, der Entwicklung von Penicillin und der Entfesselung der Atomenergie. Kennedy feiert den sich beschleunigenden Fortschritt. Auch wenn er einräumt, dass dieser neue Gefahren schaffe. Eine zentrale Vokabel in seinen Überlegungen ist *Eroberung* (*conquest*): Der Griff nach den Sternen sei unausweichlich die nächste Stufe der Menschheitsgeschichte. Er appelliert an den angelsächsischen Pioniergeist: »Dieses Land wurde von jenen erobert, die vorwärtsstrebten – und das gilt genauso für den Weltraum«. Denn:

»Wir haben die Absicht, die ersten zu sein.« Mit dem Anspruch, Frieden und Fortschritt zu befördern.

Die Rede strotzt nur so vor Zuversicht. Sie ist durchzogen von Metaphern der Vorwärtsbewegung und der Expansion. *Go ahead, move ahead, progress, be first.* Koste es, was immer nötig sei. Die Belohnung werde reich sein. Nicht zuletzt in Form von neuen Erkenntnissen über das Universum und – ja, auch das – über die Umwelt auf der Erde. Die Rede beschwört das Vertrauen in die eigene Kraft und Kühnheit, in die Technik – und in die Zukunft. Sie ist durch und durch imprägniert von der Idee des Fortschritts.

Am Schluss jedoch öffnet sich auf einmal ein eigentümliches Vakuum – an Sinn. Kennedy fühlt sich offenbar gedrängt, noch einmal das »Warum?« des Mondflugs anzusprechen, die letzte Begründung. Und an dieser Stelle greift er auf das berühmte Wort des britischen Bergsteigers und Abenteurers George Mallory zurück. Dieser hatte in den frühen 1920er-Jahren zweimal vergeblich die Erstbesteigung des Mount Everest versucht. Vor dem dritten Anlauf stellte ihm ein Journalist die schlichte Frage, warum er eigentlich auf den Everest wolle. Mallorys lakonische, scheinbar patzige Antwort: *»Because it's there.«* Auf seiner letzten Expedition im Jahr 1924 verunglückte Mallory tödlich. Sein Leichnam wurde erst 1999 aus dem Eis geborgen. Kennedy nimmt den berühmt gewordenen Spruch des Bergsteigers auf. Warum zum Mond? Weil er da ist! Nur ein letzter hübscher, rhetorischer Gag? Ein leiser Hinweis, dass es um Leben und Tod gehen würde? Oder doch ein Anflug von Demut vor der Größe des Kosmos Die Rede endet mit der Bitte um Gottes Segen, wenn wir jetzt die »Segel setzen« für den Aufbruch in das »riskanteste, gefährlichste und größte Abenteuer«, das der Mensch jemals gewagt habe. Kein Zweifel, die Rhetorik war mitreißend – und wirkmächtig. Unter den Strategen der Unternehmens- und Politikberatung in aller Welt ist die Rede auch heute noch Kult. Das Video ist auf YouTube abrufbar – es lohnt sich.

*

In jenem Sommer 1962 gab es eine Gegenrede. Sie ist weitgehend unbemerkt geblieben, hat eher unterschwellig gewirkt, war aber ebenso visionär und für das 21. Jahrhundert richtungsweisend: »Wir sprechen immer noch in der Sprache der *Eroberung* (*conquest*), ob angesichts der Welt der Insekten oder angesichts des geheimnisvollen Weltalls. Wir sind immer noch nicht reif genug, um uns selbst als einen winzigen Teil eines unermesslichen und unfassbaren Universums zu begreifen, eines Universums, das sich vor allem durch eine geheimnisvolle und wunderbare Ganzheit auszeichnet, die wir nur bei Strafe unseres Untergangs missachten dürfen.«

Diese Antwort auf Kennedys große Vision wurde schon vorab gegeben, im Juni 1962. Es ist eine weibliche Stimme, die von Rachel Carson. Sie bereitete damit das Erscheinen ihres damaligen Buches vor. Unter dem Titel *Der stumme Frühling* wurde es zu einem internationalen Bestseller, während die Raumschiffe des Apollo-Programms eines nach dem anderen zu ihren Erkundungsflügen ins All aufbrachen. An jenem mittsommerlichen Tag sprach Rachel Carson vor den Studentinnen des Scripps-College, einer renommierten Hochschule für Frauen unweit von Los Angeles. Ihr Thema: Der Mensch und der Strom der Zeit.

Nur kurz, und sehr poetisch, streift Rachel Carson das *moonshot thinking*. Heute sei die *ganze Erde* eine *Küste* geworden, von der aus wir hinaus über den dunklen Ozean des Weltraums blickten, ungewiss, was wir finden, wenn wir jetzt die Segel für die Reise zu den Sternen setzten. Auch sie kennt durchaus den, wie sie sagt, *Lockruf* (*lure*) des Unbekannten.

Wie Kennedy drei Monate später bettet sie den gegenwärtigen Moment in lange historische Linien ein. Wo er die Geschichte von Homo sapiens als Fortschrittsgeschichte aufrollt, verortet sie die »ganze Ära des Menschen« in den Strom der »geologischen Zeiten« und der Evolution der Natur. Wobei sie *Natur* – einfach und noch heute brauchbar – definiert als der »Teil der Welt, der nicht vom Menschen gemacht ist«. Der große Irrtum: zu meinen, die Welt sei zum Nutzen und Vorteil des Menschen eingerichtet und könne als Objekt der Eroberung dienen. Die Erkenntnis, dass der Mensch selbst nur Teil der Natur ist, sei im aktuellen Weltgeschehen von entscheidender Bedeutung. Denn der Mensch sei gerade dabei, die Fähigkeit zu gewinnen, die Natur zu erobern, zu zerstören, ja den ganzen Planeten zu »radioaktiver Asche« zu machen.

In dieser Epoche der Technologie hätten wir das Know-how und wüssten, *wie* wir etwas machen können, aber nicht mehr, *was* wir tun sollten. Wir schauten auf den kurzfristigen Gewinn, ohne die Auswirkung unserer Aktivitäten auf die Erde und die langfristigen Wirkungen auf uns selbst zu bedenken. Für ihre jungen Zuhörerinnen entwirft Rachel Carson ein Bild der unermesslichen Zyklen der Erde im Strom der Zeit. Diese liefen ohne Hast und gleichgültig gegenüber den fieberhaften Aktivitäten der Menschen ab. Sie seien geprägt von geologischen Ereignissen und biologischen Prozessen, die über Hunderte Millionen von Jahren immer wieder neu für die alles entscheidende Anpassung des Lebens an die Bedingungen der Außenwelt sorgten. Die Aufgabe des Menschen: sich an die Macht und Gewalt der Natur anpassen, statt zu versuchen, sie zu beherrschen. Jeder Versuch, eine *künstliche Umwelt* aus *menschengemachten Dingen* zu bauen und immer weiter auszubreiten, könne die jeweils erreichte Balance nur stören. Statt ständig zu versuchen, der Natur unseren Willen aufzuzwingen, sollten wir lieber innehalten, darauf hören, was sie uns zu sagen hat, und auf die Majestät, die Schönheit und die Gewalt der Erde schauen, die wir bewohnen. Mit Weisheit und Demut. In diesem Kontext zitiert Rachel Carson Albert Schweitzer und dessen Ethik der *Ehrfurcht vor dem Leben*. Der Strom der Zeit bewege sich weiter und die Menschheit mit ihm.

»Eure Generation«, so appelliert die Rednerin an ihr junges Publikum, »muss mit der Umwelt klarkommen. Euch fällt eine ernste und ernüchternde Verantwortung zu. Aber diese ist auch eine leuchtende Gelegenheit (*shining opportunity*). Darin liegen unsere Hoffnung und unser Schicksal.« Auch Rachel Carson beendet ihre Rede mit einem Zitat: »*In today already walks tomorrow*«. Das stammt nun nicht von einem britischen Alpinisten, sondern aus der Feder eines deutschen Klassikers. Es ist eine Übersetzung von Schillers »… und in dem Heute wandelt schon das Morgen«.

*

Kennedys Vision erfüllte sich mit atemberaubender Präzision. Nicht einmal sieben Jahre nach der Rede in Houston landete die Mondfähre von Apollo 11. Der erste menschliche Fußabdruck auf dem Mond war – weltweit live übertragen – begleitet von Neil Armstrongs Worten: »*That's one small step for a man, one giant leap for mankind.*« Nur ein kleiner Schritt für einen Menschen, aber ein riesiger Sprung für die Menschheit. Der Satz folgt dem 1962 vorgegebenen Skript. Wie Kennedy greift Armstrong zurück auf die Metapher vom Fort*schritt*. Der kleine *Schritt* vorwärts ist zugleich ein *Sprung*, sozusagen ein sprunghafter *Fortschritt*.

Doch auch Rachel Carsons grünes Denken und ihr Buch von 1962 entfalteten eine atemberaubende Breiten- und Tiefenwirkung. Nicht einmal ein Jahr nach der ersten Mondlandung, am 22. April 1970, feierte das junge Amerika den *Earth Day*. 20 Millionen Menschen demonstrierten in den Parks und auf den Plätzen der Städte ihre Verbundenheit mit der Natur und protestierten – friedlich oder auch militant – gegen deren rücksichtslose Ausbeutung und Zerstörung. Das Ereignis gilt heute als Startsignal für die globale Umweltbewegung. *Give Earth a chance*, eine Abwandlung von John Lennons und Yoko Onos *Give Peace a chance*, wurde zur Hymne des *Earth Day*. Eine TV-Nachrichtensendung von jenem Tag mit der Berichterstattung über die Ereignisse ist noch heute im Internet abrufbar. Der populäre

CBS-Nachrichtenmann Walter Cronkite fasste darin das Schicksalhafte dieses Tages in drei Worte: *Act or die,* handeln oder sterben. Das war ein Rückgriff auf Rachel Carsons Skript – und ein Vorgriff auf die Rhetorik der *Fridays for Future* von heute.

Zwei epochale Entwürfe. In einem magischen Moment in der Geschichte des 20. Jahrhunderts kreuzten sie sich, gerieten aneinander, verknüpften sich. In diesem Moment entstand *blue marble,* die blaue Murmel, das ikonische Bild.

*

Am 7. Dezember 1972, kurz nach Mitternacht Ortszeit, läuft im Kennedy Space Center der Countdown für Apollo 17, den bis heute letzten bemannten Flug zum Mond. Es ist Nacht. Die Abschussrampe ist in gleißendes Flutlicht getaucht. Es beleuchtet die turmhohe, schneeweiße Saturn-V-Trägerrakete mit dem winzigen Raumschiff an der Spitze. Wernher von Brauns Wunderwerk der Technik, die Antwort der Moderne auf die Pyramiden Ägyptens. Ein Millionenpublikum hat sich an der Küste Floridas versammelt, um das grandiose Spektakel aus Licht, Lärm und menschlicher Kühnheit live zu erleben – das Woodstock der Raumfahrt-Freaks. *Lift-off.* Eine Schockwelle bringt die Umgebung zum Beben. In dem Inferno aus Donner, Rauch und Stichflammen hebt die Rakete vom Boden ab, durchstößt den selbsterzeugten Feuerball und entschwindet, einen riesenhaften Schweif aus brennendem Kerosin und Sauerstoff ausstoßend, in südöstlicher Richtung in den dunklen Himmel über der Karibik.

Der perfekte Moment für das Fotoshooting kommt fünf Stunden nach dem Start. Ein letztes schwieriges und riskantes Manöver dieser Phase ist gerade störungsfrei abgelaufen: Die dritte und letzten Stufe der Saturn-Rakete ist abgestoßen worden. Sie entfernt sich in die vorgesehene Richtung. Die Gefahr einer Kollision ist gebannt. Das Raumschiff mit der angedockten Mondfähre hat nach zwei Umrundungen die Erdumlaufbahn verlassen und ist präzise auf seine elliptische Bahn zum Mond eingeschwenkt. *Away we go*, auf geht's, teilt Ron Evans der Bodenstation in Houston mit. Befreit von dem enormen Druck, der Körper und Psyche in der Startphase belastet, haben die drei Männer an Bord ihre Raumanzüge abgelegt und sind in den Zustand der Schwerelosigkeit eingetaucht. In dieser Phase der Loslösung von der Erde wenden sie den Blick zurück. »Ja, der Mond ist da«, berichtet Evans, und dann, im selben Atemzug: »Die Erde ist ..., da ist die Erde« und Sekunden später »Whoops, was für eine Schönheit. Was für eine Schönheit! Schau dir das an.« Man spürt ein Innehalten, dann den Reflex: »Hand me the Hasselblad!« Die Kamera an Bord ist ein rechteckiger, nach vorne schräg abgeflachter, mattschwarzer Kasten, schwedische Wertarbeit. Das 80-mm-Objektiv kommt von Carl Zeiss, der Farbfilm von Eastman Kodak. Modell 500E ist für den Einsatz im Weltraum und auf der Mondoberfläche modifiziert, also auf die wesentlichen Funktionen reduziert worden. Harrison Schmitt, der Wissenschaftler-Astronaut, von Hause aus Geologe, Spitzname Dr. Rock, hat sie in diesem historischen Moment bedient. Eine Serie von vier Aufnahmen entsteht. Es ist die dritte, die unter dem Namen *blue marble*, blaue Murmel, ikonisch wird. Eugene Cernan, Kommandant von Apollo 17, meldet, jetzt sehe er »die 100 Prozent volle Erde«. So, wie man sie noch nie gesehen habe. »Und weißt du, sie hängt an keinen Fäden. Sie ist da draußen, ganz allein.« Harrison Schmitt gerät ins Schwärmen über dieses »fragil erscheinende Stück Bläue im Weltraum«.

Was die Astronauten an Bord in diesem Moment fasziniert, ist der Anblick der von der Sonne voll erleuchteten Erdkugel. Sie sind schon weit genug im All, um die ganze Erde mit einem Blick zu erfassen und auf das Foto zu bannen. Aber noch nahe genug, um die sich zeitlupenhaft drehende Erde in voller Größe wahrnehmen zu können: Wolkenwirbel, Meeresspiegel, Landmassen – die Biosphäre. Das Raumschiff befindet sich über der Südspitze Afrikas, dem Kap der guten Hoffnung. Bald wird die atlantische Seite Südamerikas ins Blickfeld kommen. Noch liegt Afrika in voller Größe unter ihnen. In diesem Augenblick entsteht das klassisch gewordene Foto. Rund fünf Stunden nach dem Start, rund 33.000 Kilometer von der Erde entfernt. Die Flugbahn des Raumschiffs kreuzt im Moment der Aufnahme eine gedachte Verbindungslinie zwischen Sonne und Erde. Die Sonne steht hinter dem Raumschiff, das nur minimal aus dieser Achse verlagert ist, sodass sie die Tagseite der Erde beinahe voll erleuchtet. Ihr Licht trifft senkrecht auf den südlichen Wendekreis. Es erfasst die ganze Erde, deren gesamte Gestalt, fast ohne beschattete Dämmerungszone. Der Mond ist in dieser Phase nur als Sichel zu sehen, als Ausschnitt aus einer grauschwarzen, toten Steinkugel.

Immer wieder wendet Harrison Schmitt in den folgenden Stunden den Blick zurück. Ausführlich beschreibt er die meteorologischen Ereignisse dort unten. Apollo 17, so scheint es manchmal, mutiert zum Wettersatelliten oder zu einem Außenposten der Klimaforschung. In dieser Phase meldet er sich mit den Worten: »Ich wollte noch was sagen.« Zehn Stunden nach dem epochalen Fotoshooting, während seine beiden Kameraden schlafen, beginnt Schmitt unversehens ein philosophisches Gespräch mit der Bodenstation. Es kreist um das Gesehene, um Raum und Zeit und Evolution, um den »fragilen blauen Globus« und »die uralten Segel des Lebens«: »Wenn jemand vor vielleicht dreieinhalb Milliarden Jahren auf die Erde hätte blicken können«, beginnt Harrison, »dann hätte er wohl Muster beschreiben können, die sehr ähnlich gewesen wären. Und innerhalb dieser Muster hat sich das Leben entwickelt. Und jetzt siehst du, denke ich, offensichtlich für jeden, was dieses Leben alles entwickelt hat. Und ich bin mir gewiss, alle von uns fühlen, dass es nicht aufhört, fortzuschreiten. Und wir werden wahrscheinlich sehen, wie das Leben Dinge tut, die du und ich sich gar nicht vorstellen können. Das hoffe ich jedenfalls.« Die Stimme von der Bodenstation aus der Distanz von 190.000 Kilometern antwortet mit einem lakonischen: »Roger, Jack.« Und dann: »We concur.«

Einverstanden. Hat sich in diesem Moment Kennedys Skript mit Rachel Carsons Narrativ verwoben?

Der Flug des Raumschiffs verläuft weiter mit atemberaubender Präzision. Am fünften Tag erreicht es sein Ziel. Die Landestelle liegt im Sonnenlicht. Aus der Mondfähre Challenger heraus schildert Cernan der Bodenstation in Houston den Ablauf der Landung: »Challenger, we go for landing. 42 degrees, three thousand feet ... I got the triangle ... 800 feet ... going down at, going down at ten ... feels good ... 90 feet ... little forward. 80 feet ... 60 feet ... 40 feet ... Stand by for touchdown. ... 20 feet .... 10 feet ... Contact. Push, engine stopps ...Challenger has landed ... Houston, you can tell America that Challenger is at Taurus Littrow.« Taurus Littrow ist das Mondgebirge, dessen Konturen über die Jahrhunderte von der Erde aus als »Mann im Mond« gedeutet wurden. Cernan erinnert sich später an die absolute Stille, als der Motor der Mondfähre ausging. Keine Vibration, kein Geräusch mehr. »Dir wird ganz plötzlich bewusst, du bist gerade in einer anderen Welt gelandet, auf einem anderen Himmelskörper, da draußen im Universum.«

Am dritten Tag nach der Landung verlassen die Astronauten den Mond. Bevor er die Leiter zur Tür der Mondfähre betritt, kniet Cernan nieder und malt mit dem Handschuh die Buchstaben TDC in den Staub, die Initialen seiner neunjährigen Tochter. Die Ankoppelung an das Mutterschiff gelingt planmäßig. Der Rückflug beginnt. Die Landung erfolgt 202 Stunden nach dem Start, 59 Sekunden nach dem vorausberechneten Zeitpunkt, punktgenau im Zielgebiet südwestlich der Samoa-Inseln im Pazifik. Eine Kapsel von drei Metern Durchmesser, zerbeult, zerschrammt, rußgeschwärzt, ist alles, was von dem Aufbruch ins All nach zwölf Tagen übrig ist. Die drei Astronauten sind, wie die ersten medizinischen Untersuchungen ergeben, bei bester Gesundheit – und extrem glücklich. Die Ausbeute ihrer Odyssee ins All: eine Unmenge technischer Messdaten, gut 100 Kilogramm Mondgestein und – vor allem – ein winziges Dia.

Die NASA hat es zu Weihnachten 1972 freigegeben. *Blue marble* dokumentiert den staunenden Blick des menschlichen Auges, von einer Kamera festgehalten, nicht den technisch segmentierten Blick einer Satellitenkamera aus einer engen orbitalen Umlaufbahn. Es ist ein Gegenschuss, die Umkehrung der bis dahin in der gesamten Menschheitsgeschichte einzig möglichen Blickrichtung von der Erde in den Himmel.

*

Was macht die Aura dieses Fotos aus? Es zeigt die Erde im Sonnenlicht, die Biosphäre im Energiestrom der Sonne, der vor vier Milliarden Jahren Leben erzeugt hat und seitdem die Evolution aufrechterhält. Der Planet schimmert blau. Das Farbspiel ist hervorgerufen von der Lufthülle, deren Moleküle die Blauanteile des Sonnenlichts zerstreuen und in alle Richtungen zurückwerfen. Hinab zum Boden, von dem wir in die Himmelsbläue schauen, und zurück ins All. Intensiviert wird die Bläue durch die Ozeane und die Lichtstreuung des Wassers. Zu sehen sind weite Teile des Indischen Ozeans und des südlichen Atlantiks. Weiße Wolkenbänder ziehen in riesenhaften Wirbeln durch die Westwindzonen. Sie werfen das Sonnenlicht in jedem Spektralbereich zurück, das macht sie weiß. Vom Äquator steigt die Luft auf. Die Dynamik der großen Windsysteme wird sichtbar und lässt die zugrunde liegenden Kräfte ahnen: Die Sonneneinstrahlung ist unterschiedlich. Tiefdruckgebiete wechseln mit Hochdruckzonen. Die ozeanischen Strömungen und die Macht der Erddrehung wirken. Zur horizontalen Drift tritt die vertikale. Vom Äquator steigt die Luft auf. Es ist kurz vor der Wintersonnwende. Auf der Südhalbkugel ist Spätfrühling. Der Südpol ist der Sonne zugeneigt. Gletscher und Eisschelf der Antarktis liegen, von Zyklonen umkreist, blendend weiß im Sonnenlicht.

Zu sehen ist ganz Afrika, die Wiege der Menschheit, und – am oberen Rand der Erdkugel – das Nildelta und Sinai, die

Arabische Halbinsel und das östliche Mittelmeer, Zentren früher Hochkulturen. Am Äquator bauen sich Wolkentürme auf und verdecken die Erdoberfläche. Nur zart dringt das Grün des tropischen Regenwaldgürtels hindurch. Die Atmosphäre ist wolkenlos über der Sinai-Halbinsel, der Sahara, dem Sahel im Norden und der Kalahari im Süden. Deutlich treten die warmen, erdigen, rot-gelb-braunen Farbtöne der Wüsten hervor. Die lebenserhaltende Lufthülle der Erde wirkt transparent und hauchdünn, das Pflanzenkleid wie ein zarter Flaum. Nirgendwo wird ein Artefakt als Anzeichen menschlicher Existenz erkennbar. Es ist vielmehr die Biosphäre der Erde, die sie vor allen anderen Gestirnen heraushebt, sie einzigartig macht. Der kalt glitzernde Sternenhimmel, den die Astronauten beim Blick aus dem Fenster ihres Raumschiffs mit bloßem Auge sahen, ist auf dem Foto unsichtbar, denn die Belichtungszeit ist so eingestellt, dass die Erde möglichst gut sichtbar wird. Der blaue Planet schwebt, sich um die eigene unsichtbare Achse drehend, in der Leere und Schwärze des unendlichen Alls. Sein Schwebezustand erhöht den Eindruck von traumhafter Schönheit, völliger Einsamkeit und Einzigartigkeit und – nicht zuletzt – großer Verletzlichkeit. Nirgendwo sonst im All eine Spur von Leben. Nur eine Erde. Wir sind allein.

Eugene Cernan fasste seine Erfahrung – und die des gesamten Apollo-Programms – in zwei Sätzen zusammen: »Du siehst aus dem Fenster und blickst, durch 400.000 Kilometer schwarzen Weltraum zurück – auf den schönsten Stern am Firmament … Wir sind aufgebrochen, den Mond zu erkunden, aber tatsächlich entdeckten wir die Erde.« Diese Umkehr der Perspektive ist authentisches *moonshot thinking*.

*

Mit den spektakulären Fotos aus dem All verbanden sich unlösbar die Schilderungen der Astronauten. Viele von ihnen verstanden sich als *ausgestreckte Fühler der Menschheit*. Von ihrem überwältigenden Erleben erzählten sie mit beinahe identischen Worten und Metaphern. Sehr schnell verdichteten sich diese zu einer großen Erzählung aus wenigen Worten, zu einer modernen Saga. Hören wir genau hin:

»Wie schön unsere Erde ist!« *(Juri Gagarin, Wostok 1, April 1961).*

»Ich habe dabei den ganzen Planeten umarmt und alles Leben auf ihm, und es hat diese Liebkosung erwidert«.
(Russell L. Schweikart, Apollo 9, März 1969).

»Plötzlich taucht hinter dem Rande des Mondes in langen zeitlupenartigen Momenten von grenzenloser Majestät ein funkelndes blau-weißes Juwel auf. Eine helle, zarte, himmelblaue Kugel, umkränzt von langsam wirbelnden Schleiern. Allmählich steigt sie wie eine Perle aus einem tiefen Meer empor, unergründlich und geheimnisvoll. Du brauchst eine Weite, um ganz zu begreifen, dass es die Erde ist – unsere Heimat.«
(Edgar Mitchell, Apollo 14, Januar 1971).

»Mit größerer Entfernung wurde die Erde immer kleiner. Schließlich schrumpfte sie auf die Größe einer Murmel, der schönsten Murmel, die du dir vorstellen kannst. Dieses schöne, warme, lebende Objekt sah so zerbrechlich, so zart aus, als ob es zerbröckeln und kaputtgehen würde, wenn du es mit dem Finger anstießest. Ein solcher Anblick muss einen Menschen einfach verändern, muss bewirken, dass er die göttliche Schöpfung und die Liebe Gottes dankbar anerkenne.«
(James Irwin, Apollo 15, Juli 1971).

»Jetzt weiß ich, warum ich hier bin. Nicht um den Mond aus größerer Nähe zu sehen., sondern um zurückzuschauen auf unsere Heimat, die Erde.« *(Alfred Worden, Apollo 15).*

»Die Herausforderung an uns alle ist es, diese Heimat zu behüten und zu schützen. Gemeinsam. Als Menschen dieser Erde.«
(Harrison Schmitt, Apollo 17, Dezember 1972).

»Nach 18 Tagen Flug im Kosmos gewann ich die Überzeugung, dass der ganze überschaubare Raum unbelebt ist. Schwarze Leere, weiße, nicht funkelnde Sterne und Planeten. Die Vorstellung, wie einzigartig das Leben und die Menschheit im grenzenlosen Weltall sind, bedrückte mich bisweilen und lastete auf mir; sie ließ mir aber zugleich alles in einem anderen Licht erscheinen. Die Natur ist zu uns unendlich gütig gewesen, indem sie uns Menschen ins Leben rief, überleben und reifen ließ. Sie hat uns üppig mit allem beschenkt, was sie im Laufe von Milliarden Jahren unbelebter Entwicklung angehäuft hatte. Wir wurden stark und mächtig. Aber womit haben wir für diese Wohltaten gedankt?« *(Juri Glaskow, Sojus 24, Februar 1977).*

»Diese Schönheit ist unendlich zart und reich, eine wunderbare Harmonie strahlender und sanfter Farben. Einzig ein Kind könnte in seiner Unschuld die Reinheit und den Glanz dieses Anblicks erfahren.« *(Patrick Baudry, Discovery, Juni 1985).*

»Als ich hinausblicke in die Schwärze des Weltraums, übersät mit der Pracht unendlich vieler Lichter, sah ich Majestät – aber kein Willkommen. Unten gab es einen Planeten, auf dem wir mit offenen Armen empfangen würden. Dort, in der dünnen, sich bewegenden und unglaublich fragilen Hülle der Biosphäre befindet sich alles, was uns lieb ist, das ganze menschliche Drama. Dort ist Leben, all das gute Leben.«
(Loren Acton, Challenger, Juli 1985).

»Ich sah die Erde, die ganze Erde – zum ersten Mal 1984 aus der Weltraumfähre Challenger. Der Blick raubt dir den Atem und erfüllt dich mit kindlichem Staunen. Ein unglaublich schönes Gewebe aus Blau und Weiß, Brauntönen und Schwarz gleitet unter dir in einem ruhigen, gemessenen Tempo. All die Farben und Muster, die du siehst, sind der sichtbare Beweis für das komplexe Wirken der natürlichen Systeme, die unseren Planeten bewohnbar machen. Sie scheinen so unermesslich wie präzise, machtvoll und doch in gewisser Weise zerbrechlich. Wissenschaftler sagen uns, dass unsere Hand schwer darauf lastet, dass wir andere Arten in einer noch nie dagewesenen Größenordnung auslöschen und wahrscheinlich dabei sind, das Klima zu verändern. Ob die immense Kraft der globalen Ökosysteme dem Druck der Menschheit standhält? Oder ist es möglich, dass unsere kollektiven Handlungen die Natur unseres Planeten so sehr verändern, dass deren Fähigkeit, Leben zu erhalten, gelähmt wird? Ich glaube nicht mehr, dass wir noch warten können, bis alle wissenschaftlichen Daten zusammengetragen sind, die diese Fragen schlüssig beantworten. Wir müssen sofort erkennen, was es heißt, Bürger dieses Planeten zu sein. Es heißt, unsere Verpflichtung zu akzeptieren, die Fähigkeit der Erde, Leben zu spenden, zu behüten.«

(Katryn Sullivan, Challenger, anlässlich des UN-Nachhaltigkeitsgipfels von Johannesburg, 2002).

»Liebe Enkelkinder, ihr seid noch nicht auf der Welt, und ich weiß noch nicht, ob ich euch jemals treffen werde, deshalb habe ich beschlossen, euch diese Nachricht hier aufzuzeichnen. Ich befinde mich gerade auf der internationalen Raumstation im Cupola-Aussichtsmodul und schaue auf euren wunderschönen Planeten. Und obwohl ich jetzt schon fast ein Jahr im All verbracht habe, und an jedem einzelnen Tag da runter geschaut habe, kann ich mich einfach nicht daran satt sehen ... Ich bin mir sicher, dass ihr die Dinge sehr viel besser versteht als meine Generation, und wer weiß, vielleicht lernen wir ja auch noch was dazu. Dass ein Blick von außen immer hilft. Dass dieses zerbrechliche Raumschiff Erde sehr viel kleiner ist,

als die allermeisten Menschen sich das vorstellen können. Wie zerbrechlich seine Biosphäre ist und wie limitiert seine Ressourcen. Dass es sich lohnt, mit seinen Nachbarn gut auszukommen. Dass Träume wertvoller sind als Geld. Und dass man ihnen eine Chance geben muss ...«
(Alexander Gerst, Internationale Raumstation, 25. November 2018).

*

Versuchen wir eine Deutung dieser modernen Saga. Ein Ton von Staunen und Ehrfurcht, eine Haltung der Demut durchzieht die Äußerungen der Augenzeugen. Alle haben sie auf ihren »Missionen« im Weltraum eine enorme Handlungskompetenz und extremen Mut bewiesen. Das verleiht ihren Berichten ein hohes Maß an Glaubwürdigkeit. Drei Schlüsselwörter lassen sich aus ihren Berichten destillieren: zum einen *Schönheit*, die ästhetische Seite. Die Erde ist »der schönste Stern am Firmament«. Dann: *Einzigartigkeit* (»only one earth«) beziehungsweise *Einsamkeit* (»lonely planet«). Das dritte Schlüsselwort ist *Zerbrechlichkeit*. Auf allen drei Ebenen rückt die hauchdünne Schicht, die den »Heimatplaneten« so schön und einzigartig – und bewohnbar – macht, in den Fokus: die Biosphäre. Legen wir die Sprache dieser Berichte auf die Goldwaage. Es ist eine Sprache der Zuversicht.

Das englische *fragile* wird meist mit *fragil* oder *zerbrechlich* ins Deutsche übersetzt. Man könnte auch sagen *verletzlich* oder *brüchig*. Eine schöne Alternative wäre das schlichte und wohlklingende Wort *zart*. Zumindest sollte man es mitdenken. Ein Blick in Grimms Deutsches Wörterbuch eröffnet ein ganzes, höchst attraktives Wortfeld. Es reicht von der Bedeutung *lieblich, schön*, aus dem Mittelhochdeutschen überliefert, bis hin zu *empfindlich*, oft mit dem Nebensinn *anmutig, wohlgeformt*. Mit den Bedeutungsnuancen *biegsam* und *empfindsam* nähert es sich den Modewörtern *flexibel* und *sensibel* an. Eine zarte Materie, so viel ist klar, erfordert einen *zärtlichen* Umgang. Und das meint schonend, rücksichtsvoll, sorgsam, sanft. Hier wird die Nähe zu *einfühlsam* – empathisch – spürbar. Die Vorstellung eines erotischen Austauschs von *Zärtlichkeiten* schwingt mit.

Das Foto zeigt *full Earth.* So bildet es das Äquivalent zum Vollmond. Es weckt ähnliche Vorstellungen von Harmonie, Opulenz, Fruchtbarkeit und Pracht wie der volle Mond. Die Erde liegt vollständig im Sonnenlicht. Das Zusammenspiel von Sonne und Erde, sonst nichts, spendet Leben. Das Sonnenlicht mit seinen Photonen reist circa acht Minuten von der Sonnenoberfläche bis zur Erde, ermöglicht die Fotosynthese und damit die *Fülle* des Lebens. Ununterbrochen, seit Milliarden von Jahren.

Das Bild zeigt *whole Earth.* Noch zwei so wunderbar vielschichtige Wörter. Die Wurzel von *whole* liegt im altsächsischen und angelsächsischen *hêl* und bedeutet ganz, vollständig, unzerrissen – und ganz schlicht und einfach *heil.* Die so unerträglich verlogene Rede von der *heilen Welt* bekommt hier eine neue Tiefe und Wahrhaftigkeit. Die ökologische *Integrität,* Intaktheit zu schützen und zu bewahren, ist die eigentliche, die vornehmste Menschheitsaufgabe. Dort, wo das Netz des Lebens reißt, muss es wieder *heil* gemacht, *geheilt* werden. Und das heißt vor allem: zulassen, dass die *Selbstheilungskräfte* der Erde wirksam werden können. Und nicht zu vergessen: *hêl* ist auch das Wurzelwort von *holy* – *heilig.* Und von *healthy,* dem englischen Wort für gesund.

Dann das so zentrale Wort Erde. *Earth,* altsächsisch *ertha,* altenglisch *erda.* Wie *whole* wurzelt es in der Sprache der Angeln und Sachsen. Dort ist es vielschichtig. Es bezeichnet *middle earth,* den Bezirk zwischen Himmel und Hölle, den Planeten Erde. Es ist die »Erdmutter« – *Mother Earth.* Es ist aber auch der *Mutterboden,* das fruchtbare *Erd-Reich,* der Humus, die Grundlage unserer Ernährung. Das Denken der Astronauten, ausgelöst vom Anblick des Planeten, ist einstimmig *erdzentriert.*

Und noch ein Schlüsselwort in der Saga vom blauen Planeten: Die Erde ist und bleibt der *home planet.* Der vertikale Blick aus dem All, im Zustand der Schwerelosigkeit, ist übereinstimmend bei allen Augenzeugen liebevoll. Voll Heimweh, Sehnsucht und Empathie zieht es sie aus dem All wieder hin zum *Heimatplaneten*. Das altsächsische *hêm*, das angelsächsische *hâm* – das ist das Haus, der Platz, den man bewohnt, das Dorf, die Stätte, wo man hingehört, der »Landstrich, wo man geboren ist oder bleibenden Aufenthalt hat« (Grimms Wörterbuch), das ist die *Heimat*.

Mit *blue marble* bekommt das Wort eine planetarische Dimension. Und nicht zuletzt einen pazifistischen Grundton. Die Geopolitik, der Wettbewerb, Kampf, letztlich Krieg um Einfluss und Macht ist historisch obsolet, zu einem Unding – *no go* – geworden. *Erdpolitik* – die Erde zuerst! Das wäre der Imperativ einer gemeinsamen Arbeit an *our common future.*

Der vertikale und der horizontale Blick gehören zusammen. Der Blick aus dem All und der erdverbundene Blick vor die eigene Haustür sind komplementär. Millionenfach reproduziert wurde das Bild den Bewohnern des *globalen Dorfes* zugänglich. Es erforderte kein Wissen über Astronomie, Geografie oder Ökologie, nicht einmal lesen musste man können. Jeder und jede konnte es betrachten, bestaunen, unmittelbar verstehen. Die Umkehr des Blicks erzeugte ein *Wir-Gefühl*, das nun nicht mehr nur auf einen Nahraum begrenzt war, sondern die ganze Erde, den Heimatplaneten einschloss.

Die globale Perspektive braucht diese Ergänzung unbedingt: den *terrestrischen* Blick *down to earth*, den liebevollen Blick auf die Nahräume, das Biotop vor der Haustür, die Sorge um den Garten, den Wald, den Bach, die Menschen in der Nachbarschaft. *Only one Earth* war das Motto des ersten UN-Umweltgipfels, der 1972 in Stockholm stattfand. Die britische Ökonomin Barbara Ward hat es formuliert. *Think globally, act locally.* Diese Parole gab damals der französische Umweltforscher René Dubois aus. Er sprach von den zwei Identitäten, die jeder und jede hätten: »Wir fühlen uns nicht auf dem Planeten zu Hause, wenn wir nicht unseren eigenen Garten hegen und pflegen.

Und umgekehrt fühlen wir uns in unserem Garten wohl kaum wohl, wenn wir uns nicht um den Planeten Erde als unsere kollektive Heimat kümmern.« Identitätspolitik aus dem Jahr 1972! Kein Zweifel, der Kompass des neuen Denkens ist auf globales Denken und lokal geerdetes Handeln ausgerichtet. Nur so wird es ... *nachhaltig*.

*

Man hat *blue marble* als »Ikone unserer Epoche« bezeichnet. Das sagt sich leicht dahin, aber was bedeutet das Wort eigentlich? Eine Ikone ist kein bloßes Bild, auch kein Sinnbild. Sie ist *vera eikon*, griechisch für »wahres Bild«. Gemeint war damit ursprünglich ein Abdruck, genommen von einem lebendigen Körper. Urbild einer Ikone ist das Schweißtuch der Veronika. Der Legende nach ist es das Tuch, das eine Frau aus der Menge Jesus auf dem Kreuzweg zur Hinrichtungsstätte Golgatha gereicht habe, damit er sein Gesicht vom Angstschweiß trockne. Auf dem Tuch sei ein authentischer Abdruck des Gesichts Jesu zurückgeblieben. Als direkte Kopie überliefere es dessen Antlitz kurz vor dem Tod am Kreuz. Von dort habe sich die ikonische Darstellung der Christusfigur fortgepflanzt, über 2000 Jahre nahezu unverändert. Eine ähnliche Legende rankt sich um Maria, Jesu Mutter. Der Evangelist Lukas habe sie von Angesicht zu Angesicht vor sich gehabt und im Blickkontakt mit ihr die Vorlage für alle späteren Madonnenbilder gemalt. Auf der Vorstellung des »wahren Abbilds« beruht im Glauben der griechisch-orthodoxen Kirche, aus der die Ikonenverehrung stammt, ein Wahrheitsanspruch. Die Ikone beglaubige nicht nur die Existenz des Heiligen. Auf unerklärliche Weise sei das Heilige selbst anwesend. Sie sei Platzhalterin des Numinosen. Wesentliches Merkmal der Ikone ist die Blickumkehr. Die Perspektive ist unmerklich verzerrt, sodass sie beim Betrachten eine leichte Störung bewirkt. Der Betrachter fühlt sich angeschaut. Das lebendige Urbild schaut ihn an.

Die höchste Kunst des Ikonenmalens ist die Erzeugung von Glanz. Das Malen einer Ikone ist ein Gang vom Dunkeln ins Licht. In unzähligen Arbeitsgängen werden zunächst die dunklen Farbtöne aufgetragen: Schwarz, tiefstes Blau, Purpur. Danach erst bringt man das Licht ins Bild, vom ganz zarten bis zum leuchtend hellen. Manchmal bedarf es über hundert Schichten Farbe, bis das Bild wirklich strahlt. Das Dunkle wird dabei nicht völlig überdeckt, sondern bleibt präsent, wird ernst genommen. Doch stets dominiert der Glanz. Hervorgerufen wird er von Glanzlichtern auf den Gesichtern. Diese werden in Form von feinen, hellleuchtenden, weißen Streifen an bestimmten Stellen des Gesichts aufgetragen: auf der Erhöhung der Backenknochen, auf der Stirn, über den Augen. Nur aus der Nähe sind sie als Lichtlinien zu erkennen. Mit zunehmendem Abstand des Betrachters verschwimmen diese Lichtlinien zu einem Lichtfeld, das den Gesichtern Glanz verleiht. Die andere Quelle von Glanz ist keine Farbe, sondern ein Metall: Gold. In der Ikonenmalerei wird echtes Blattgold verwendet. Goldglanz erscheint im Bildhintergrund, bei den Heiligenscheinen, in Form von Goldfäden in den Gewändern. Gold ist unzerstörbar, also ein ausdrucksstarkes Zeichen für die Beständigkeit des Göttlichen. Gold besitzt Eigenglanz. Es strahlt von sich aus. Diese Wirkung wird noch verstärkt, indem man in den orthodoxen Kirchen vor den Ikonen Kerzen oder kleine Öllämpchen brennen lässt.

Das Wesen der Ikone im Verständnis der orthodoxen Kirche: Ihre Bildmagie gebe die Sicht auf das Geheimnis frei. Sie öffne ein Fenster zur Ewigkeit. Sie wirkt als Vergewisserung, dass da etwas ist, das nicht dargestellt werden kann. Die Ikone ist das eigentliche Hoffnungsbild. Sie gibt Hoffnung auch wider alle Hoffnung. Kein Wunder, dass die Wörter »Ikone« und »ikonisch« aus dem sakralen Raum in die Fachsprache der Kunstgeschichte, von dort in die Popkultur und in das globale Vokabular des 21. Jahrhunderts gewandert sind. Dort bezeichnen sie Bilder, die überall auf der Welt verstanden und wiedererkannt werden, die das Potenzial haben, Hochgefühle hervorzurufen, Energien zu wecken, Zuversicht zu stiften und so Handeln zu steuern.

*

Blue marble ist *vera eikon,* ein »wahres Bild«. Abgenommen, könnte man sagen, von der Gestalt der Erde. Die in der gesamten Geschichte der Evolution noch nie geschaute Perspektive inspirierte eine Sicht auf die Welt, die in vielen Kulturen als Ahnung schon lange angelegt war. Um 1975 hat man sie personifiziert. Sie bekam einen Namen: *Gaia.* Das ikonische Bild zeige die Erde als einen einzigen großen Organismus, ja als ein Lebewesen. Aus den Mustern aus weißen Wolken, blauen Ozeanen, grüner Vegetation und erdigem Braun trete das Antlitz von *Gaia* hervor und schaue umgekehrt den Betrachter an – die Blickumkehr.

Gaia ist die grüne Göttin. In der griechischen Mythologie ist Gaia der Name der Erdgöttin. Sie ist aus dem Chaos geboren, unendlich weise, eine starke Macht im Universum. Sie ist die *mater terra* der alten Römer, die Erdmutter *Erda* der germanischen Mythologie, die *Aja* der Yoruba-Kultur Westafrikas, *Prithivi Mata* in der indischen Mythologie und *Pachamama* in der Sprache der Inka-Kultur im präkolumbianischen Amerika. Im alten chinesischen Denken ist das *dào* die »Mutter der Welt«: In einem chaotischen Urzustand ist die Mannigfaltigkeit alles Seienden potenziell angelegt. Die Entstehung der Welt ist ein Vorgang der Differenzierung und Entfaltung. Himmel und Erde sind lebendig. Weder ist Platz für eine einmalige Schöpfung noch für eine Endzeit. Alles im Kosmos ist ununterbrochen im Werden, Wachsen und Vergehen. Und alles geschieht »von selbst« (*zì*).

Mutter Erde ist überall die *große Nährerin,* die lebensspendende Kraft von Natur und Kosmos. Noch in der »grünen« Aufklärung, den ökologischen Entwürfen aus der Zeit um 1800, war der Mythos lebendig und wurde mit der modernen, wissenschaftlichen Sicht verknüpft. Goethe beispielsweise hatte ein

Gaia-Weltbild: »Ich denke mir die Erde mit ihrem Dunstkreis«, sagte er 1827, wenige Jahre vor seinem Tod, »gleichnisweise als ein großes lebendiges Wesen, das im ewigen Aus- und Einatmen begriffen ist.« Sein Freund Alexander von Humboldt, der »erste Ökologe«, erforschte in der ersten Hälfte des 19. Jahrhunderts »das durch innere Kräfte bewegte und belebte Naturganze«. Sein Opus magnum *Kosmos,* die Summe seines Denkens und Forschens, sollte ursprünglich *Gäa* heißen. »Ich beschwöre Euch, meine Brüder, bleibt der Erde treu«, predigte noch *Zarathustra,* Nietzsches prophetischer »Fürsprecher des Lebens«.

In den siebziger Jahren wurde in den Naturwissenschaften eine Gaia-Theorie ausgearbeitet. Die Pionierarbeit leisteten der britische Naturforscher James Lovelock und die amerikanische Biologin Lynn Margulis. Lovelock war damals Mitarbeiter beim Mars-Programm der NASA. Dort verglich er die unterschiedlichen chemischen Zusammensetzungen der Atmosphären von Mars und Erde. Dabei stieß er auf Rätsel, die er zu erklären versuchte. Lynn Margulis erforschte zur selben Zeit die Bedeutung der Symbiose, des Zusammenwirkens von Lebewesen, im Verlauf der Evolution. Ihre Befunde stellten das neodarwinistische Dogma von der natürlichen Auslese und dem Überleben des Stärkeren radikal infrage.

Die Gaia-Perspektive rückt das *Netz des Lebens* in den Mittelpunkt. Die Erde sei keine Steinkugel, auf der sich die verschiedenen Lebensformen den geochemischen Prozessen einer leblosen Umwelt nur passiv anpassten. Das Leben selbst, all seine Energieflüsse, Stoffströme und Recyclingkreisläufe würden die Materie beeinflussen und formen und so Lebensbedingungen permanent regulieren. An der Aufrechterhaltung einer dynamischen Stabilität nehme es aktiv teil. Die Biosphäre mitsamt ihrer Luftmassen, ihres Klimas und Mikroklimas, ihrer Ozeane, Flüsse, Feuchtgebiete, den Böden und Felsen und der Gesamtheit ihrer Lebewesen sorge für lebensfreundliche Bedingungen auf der Erdoberfläche. Alle seine mikroorganischen, pflanzlichen und tierischen Stoffwechselprozesse, die biochemischen Kreisläufe wirkten zusammen mit der unbelebten Natur. Sie regulierten und modulierten diese ständig und erhielten damit die Bedingungen für die Existenz des Lebens, für das Überleben, aufrecht. Symbiotische Gemeinschaften – Alge und Wolke, Pilz und Fels und all die anderen – weben an diesem Netz des Lebens mit und erhalten es.

In diesem ganzheitlichen Weltbild erscheint der Planet als ein hochkomplexer, nur von der Sonnenenergie gespeister Körper, ein vernetztes Ganzes, ein ineinandergreifendes, sich selbst regulierendes System mit ungeheuer vielfältigen Rückkoppelungen. Die Erde, sagt die Gaia-Hypothese, verhalte sich wie ein riesiger lebendiger Organismus. »Es lag keine Zielstrebigkeit darin«, sagt Lovelock. Aber jene Organismen, die ihre Umwelt für das Leben angenehmer machen, hinterlassen eine bessere Welt für ihre Nachkommenschaft. Und jene, die ihre Umwelt verschlechtern, verderben damit die Überlebenschancen für ihre Nachkommen. Die natürliche Auslese neigt folglich dazu, die Verbesserer zu begünstigen.

Ist Gaia also robust oder fragil? Eine Streitfrage bis heute. Das *Netz des Lebens* hält seit Milliarden von Jahren. Es hat kosmische Katastrophen, Warm- und Kaltzeiten produktiv verarbeitet. Das Leben ist sozusagen unsterblich. Es überlebt auch den Menschen. Doch ist das kein Freibrief, keine Lizenz, um fortzufahren mit der Plünderung des Planeten durch den Menschen, mit der massenhaften Auslöschung von Arten, mit der noch nie dagewesenen Zerstörung von Fülle und Vielfalt, die seit wenigen Generationen, vom Westen ausgehend, Gaia in Turbulenzen stürzt. Mit seinem Verhalten gefährdet der Mensch gerade die Weiterexistenz der eigenen Gattung. Die Gaia-Perspektive fordert dazu auf, das *Netz des Lebens* zu erhalten, wo es noch intakt ist. Und es zu heilen, besser gesagt: sich regenerieren zu lassen, wo es gerade zerreißt. Sie bedeutet die Abkehr von einem anthropozentrischen Weltbild. Gaia zuerst! Die große Lehre der

Gaia-Perspektive: die unentrinnbare Abhängigkeit des Menschen und seiner Zivilisation von der Biosphäre des Planeten.

Dem neuen Weltbild den mythischen Namen Gaia zu verleihen, war eine spontane Idee des britischen Schriftstellers und Literatur-Nobelpreisträgers William Golding, als Lovelock in den frühen siebziger Jahren die These auf einem Spaziergang entwickelte. Am Anfang war die Metapher höchst umstritten. Lynn Margulis hat später begründet, warum sie darauf zurückgriffen: »Die Fakten des Lebens und die Geschichten, die wir uns über die Evolution erzählen, haben gemeinsam die Kraft, alle Völker zu einen … Wissenschaftliche Forschung und Schöpfungsmythos, bisher dualistisch getrennt, könnten zu einer einzigen Sichtweise verschmelzen, zu einer wissenschaftlich begründeten Erzählung mit einem Reichtum sowohl an verifizierbaren Tatsachen als auch an persönlicher Sinnstiftung.« Die Gaia-Perspektive schafft ein starkes emotionales Band. Sie ermöglicht den Aufbau einer Ich-Du-Beziehung zwischen dem Einzelnen und Gaia, eine starke Bindung zwischen einem kollektiven Wir und der Erde. Beides scheint mir für die Bildung eines Grundvertrauens in die Zukunft elementar.

Der Mensch im Mittelpunkt? Technik garantiert Sicherheit und Fortschritt? Dieses Paradigma erscheint nun als irrational. Rational dagegen ist: Die Erde zuerst! Gaia zuerst! *Sie ist die Gesetzgeberin.* Technikgläubigkeit ist irrational, Naturfrömmigkeit rational. Daran gemessen gehören all die Visionen und Großprojekte unserer 2020er-Jahre auf diesen Prüfstand: Digitalisierung der Lebenswelt, Metaversum, Kolonisierung des Weltraums, geopolitische Machtspiele, erst recht Kriege um eine neue Weltordnung. So viele der vermeintlichen Megathemen sind längst nicht mehr zeitgemäß. Und sie sind erst recht nicht zukunftsfähig. *Moonshot thinking* heute bedeutet, in jedem Moment zu fragen: Was dient dem Leben? Was nutzt Gaia?

Das *rädda jorden* – die Erde retten – der jungen Klimabewegung entfaltet erst in diesem Kontext seine Kraft. Ein interessantes Detail: Greta Thunberg kam 2019 auf Kennedys Mond-Rede von 1962 zu sprechen. In ihrer Rede vor dem US-Kongress beschwor sie die Abgeordneten: »Denkt an Präsident John F. Kennedy, der verkündete, Amerika würde noch in diesem Jahrzehnt einen Menschen auf den Mond bringen und andere Dinge unternehmen, nicht weil es einfach ist, sondern weil es schwer ist.« Sie beendete diese Rede mit dem Appell: »Ihr müsst handeln. Ihr müsst das Unmögliche tun. Denn Aufgeben ist niemals eine Option.«

Kapitel vier

Nachhaltigkeit

Booster für einen Leitbegriff

Wenn wir von der Zukunft sprechen, von Mutter Erde, von Verbundenheit, darf ein Begriff nicht fehlen: *Nachhaltigkeit.* Unser vornehmster Begriff. Oder? Im globalen Vokabular ist er heute Leitbild für alle Spielarten von Denken und Handeln, die der Zukunft zugewandt sind. Doch momentan verliert er gerade wegen seiner umfassenden Präsenz an Substanz und Glaubwürdigkeit. Im Feuerwerk der Reklamesprache und politischen Propaganda droht er, zur bloßen »Worthülse« zu verkommen. Wie das Wort wieder ... erden? Und boostern – ihm eine Auffrischung verpassen? Mein Vorschlag auch hier: An der DNA des Begriffs ansetzen, an seiner Geschichte. Gott sei Dank hat er tiefe Wurzeln. Eine davon liegt im Wald, genauer gesagt in den deutschen Wäldern. Ich hatte das Glück, von erfahrenen und klugen Forstleuten in die Substanz des Wortes eingeweiht zu werden, zu einem Zeitpunkt, als der Stern von *Nachhaltigkeit/Sustainability* gerade aufging.

Ich erinnere mich an einen Gang im Steigerwald, einem kleinen Mittelgebirge, das steil aus der Ebene des Mains emporsteigt. Dort war ich Mitte der neunziger Jahre unterwegs mit Georg Sperber, Forstamtsleiter und ein Pionier des naturnahen Waldbaus. Er zeigte mir das Naturwaldreservat Waldhaus. 100 Hektar Urwald, Speicher der Biodiversität inmitten ausgedehnter, nachhaltig bewirtschafteter Buchenwälder. *Nachhaltig*?

»Ich glaube«, sagt Sperber, »unsere Gesellschaft ist sich gar nicht bewusst, worauf sie sich mit dem Bekenntnis zur Nachhaltigkeit eingelassen hat. Das ist ein Umkrempeln bis tief hinein in das Wesen dieser Industriegesellschaft, dieses Beutemacher- und Raubtierkapitalismus – eine *Revolution* im wahrsten Sinn des Wortes.«

Beim Weitergehen schweift der Blick frei zwischen den grauen Säulen der Buchenstämme. In diesen Tagen kurz nach der Tag-und-Nacht-Gleiche dringt das Sonnenlicht noch ungehindert bis auf den laubbedeckten Waldboden. Es hat die ganze Palette der Frühblüher hervorgelockt: Schlüsselblumen, Waldveilchen, Lerchensporn, blühende Teppiche von Anemonen, das blassblaue Leberblümchen. Drüben im durchnässten Erlenbruch plätschert ein Quellbach. Eine irre Fülle von Leben wuchert und tummelt sich wild und frei unter dem Schirm von 200- und 300-jährigen Baumpatriarchen. Es ist ein eng verzahntes Mosaik von Lebensräumen. Auf den mal tonigen, mal sandigen Keuperschichten gedeiht auf engem Raum eine komplexe Waldgesellschaft in unterschiedlichen Phasen ihrer Entwicklung. Vom Schössling bis zum Baumleichnam. Dieses ganze mosaikartige System schafft die Biodiversität. »Da, schauen Sie mal«, ruft Sperber, »neben der umgestürzten Buche diese sagenhaft schöne Eiche!« Die habe vielleicht hundert oder zweihundert Jahre gewartet, bis die Lücke entstand. Und jetzt kann sie ihre Krone kräftig ausbauen und gelassen abwarten, dass weitere Buchen in ihrer Umgebung absterben, und selbst noch 600 Jahre bestehen.

»Das hier«, Sperber zeigt auf eine Kolonie kugelrunder Pilze an einem bemoosten Totholz, »ist ein Birnenbovist, ganz typisch für die Endphase der Zersetzung.« Dann ein ausgehöhlter Baumstamm, an der Innenwand wie von Feuer geschwärzt. Vom Blitz getroffen? Nein, das sind Fruchtkörper vom Brandkrustenpilz. Und gleich daneben rinnenförmige Vertiefungen im Holzkörper: Fraßspuren von Eremitenlarven. Der Eremitenkäfer besiedelt Hohlräume in Baumstämmen. Wo er vorkommt, kann man sicher sein, dass Tausende weiterer Arten von holzgebundenen Organismen auch da sind. Der wahre Schatz an Biodiversität ist unsichtbar. Mikroorganismen produzieren die Luft, die wir atmen, und den Boden, aus dem unsere Nahrung kommt. Holz, Waldböden, Moore binden das CO_2, das unser Klima erhitzt. Auf diesen 100 Hektar ist das Mosaik des Waldes nahezu vollständig ausgebildet. Georg Sperber nennt es »unsere ureigenste Natur«. Nur hier kann die Rotbuche ihren ganzen Zyklus von Werden und Vergehen, ihre Lebensstrategie voll entfalten, kann sich das volle Spektrum der Arten, das an ihren Lebensraum gebunden ist, über die Jahrhunderte entwickeln.

Nur 100 Hektar Waldwildnis. Die Gesamtheit unserer Flora-Fauna-Habitate, Nationalparke, Biosphärenreservate, Naturschutzareale schafft die vitalen Räume, aus denen heraus unsere Kulturlandschaften ihre Produktivität immer wieder regenerieren können. Diese Wildnis von morgen muss radikal erweitert, vernetzt und geschützt werden. Auf großen Flächen die Natur Natur sein lassen, ist elementare Voraussetzung, um auf Dauer die Naturkräfte für die ökonomischen Zwecke der Gesellschaft nutzen zu können. Den »Haushalt der Natur« und seine Kreisläufe bewahren und sich ihrer behutsam bedienen wäre genuin nachhaltig.

Auf unserem Waldgang zitierte Sperber die klassische Faustregel der forstlichen Nachhaltigkeit: »Nur so viel Holz fällen, wie nachwachsen kann.« Mit dieser schlichten Formel begannen deutsche Forstleute vor 300 Jahren ein System von Regulierungen zu entwerfen, um den ungeregelten Raubbau an den Wäldern zu stoppen. Klingt erstmal banal, aber der Satz hat es in sich. Er verweist auf die quantitative Seite des Eingriffs in die Natur, genauer gesagt auf die Begrenzungen dieses Eingriffs. Er setzt eine Obergrenze. Mit dem Fokus auf das *Nachwachsen* kommt die Fruchtbarkeit der Waldböden ins Spiel, die Bedeutung von Artenvielfalt und Wasserhaushalt, die Wirkung von Licht und Photosynthese, die Zeitzyklen von Natur und Kosmos – mit einem Wort: die Ökologie. Hier wird der Maßstab verändert: Die Tragfähigkeit der Ökosysteme und nicht das Marktgesetz von Angebot und Nachfrage hat unseren Eingriff in das grüne Netz des Lebens zu bestimmen.

Bei unserem Waldgang sprach Georg Sperber von einer »Revolution im wahrsten Sinn des Wortes«. Heute würde ich ergänzen: Nachhaltigkeit ist eine Revolution *im Interesse allen Lebens*. Ihr Kern ist grün und ökologisch. Im Mittelpunkt steht die Regeneration: der Erde und der menschlichen Zivilisation.

Das ist meine erste Auffrischung und Aufladung des ausgehöhlten Begriffs: Nachhaltigkeit ist *eine Revolution im Dienste des Lebens.*

*

Alle reden von *Nachhaltigkeit*. Alle *reden* von Nachhaltigkeit. Welche Emotionen, Gedanken, Erwartungen kommen einem aktuell in den Kopf, was sagt das Bauchgefühl, wenn man das Wort hört, liest, selber in den Mund nimmt? Fühlt es sich vital an, lebendig? Oder wie Plastik? Glatt wie Teflon? Oder hölzern? Spürt man gute Vibrationen? Knistert da etwas? Oder fühlt sich das Wort verbraucht an? Macht es neugierig? Oder schaltet man ab? Beflügelt oder erschöpft es? Motiviert es zum Bruch mit altem Denken? Aufbruch zu neuen Ufern? Oder ist Nachhaltigkeit zur bloßen Worthülse verkommen?

Ja, ich weiß, Nachhaltigkeit gilt als »sperrig«. Schon dieser Wortkörper: »nach« und »halt« und »ig« und »keit«. Ächz, würg, stöhn. Kaum ein Wort, das den freien Fluss des Atems so stark blockiert.

N – a – ch – h – a – l – t – ig – k – ei – t. Zum Auftakt ein Nasallaut, »n«, gefolgt von einem Grundvokal. Der ist mit offenem Mund zu sprechen: »a«. Gleich dahinter ein Kehlkopf-Rachenlaut, »ch«, im Hals, in der Ritze zwischen den beiden

Stimmbändern gebildet, und gleich im Anschluss ein Hauchlaut, das »h«. So ein Übergang ist schon ziemlich akrobatisch. Bei dem Labiallaut »l« tritt die Zungenspitze am Gaumen hinter der oberen Zahnreihe in Aktion. Ebenso bei dem nun folgenden »t«, das aber einen festeren Zungendruck braucht, während gleich darauf der Vokal »i« die angehobene Zunge und eine breitere Lippenspannung erfordert. Die Lautfolge »ig« erfordert die Artikulation als Reibelaut, also wie »ich«. Beim folgende »k« fungiert die Zunge als Dämpfer gegen den Rachenbereich. Im Diphtong »ei« verschmelzen dann die beiden hohen Vokale. Zu guter Letzt das harte »t«, ein Verschlusslaut. Uff! Geschafft! *Nachhaltigkeit* – ein Zungenbrecher, total unsinnlich! Klar, das Wort ist sperrig. Meine These: Das ist gut so! Es soll sich ja sperren. Nämlich gegen die Einvernahme, den Missbrauch durch Interessen eines hektischen und rücksichtslosen Raubbaus.

Ja, ich weiß auch, das Wort gilt als »Plastikwort«. Teflon pur, so wächsern, so toxisch. Reagiert auf nichts. Lässt alles von sich abperlen. Viele rollen nur noch mit den Augen. Worthülse, leeres Wort, bla bla bla. Inflationär verwendet. Und dadurch entwertet, wertlos. Bestens geeignet für »Greenwashing«. Grün waschen, schönfärben? Der aus dem Englischen entlehnte Ausdruck weckt Assoziationen an die biblische Geschichte von Golgatha. Dort taucht der römische Statthalter Pontius Pilatus seine Hände in ein Wasserbecken, wäscht sich von der Schuld rein, das Todesurteil für Jesus bestätigt zu haben. Die andere Assoziation ist neueren Ursprungs. »Gehirnwäsche« nannte man im Kalten Krieg die Propaganda der anderen Seite, die manchmal, in Gefangenenlagern beispielsweise, von Folter begleitet war. Greenwashing ist eine scheinbar milde, aber extrem verhängnisvolle Form von Gehirnwäsche.

Greenwashing erhält gerade einen neuen Schub, und zwar von offizieller politischer Seite. Anfang 2022 unternahm die EU-Kommission einen Vorstoß, Investitionen in die Weiterbetreibung und den Neubau von Atomkraftwerken und in den fossilen Energieträger Flüssiggas für »nachhaltig« zu erklären. Der Begriff würde damit komplett ad absurdum geführt. Nur wenige Wochen später, nach dem russischen Überfall auf die Ukraine, erfolgte unter dem Druck der kriegsbedingten Nahrungsmittelkrise die Rehabilitierung der konventionellen Landwirtschaft mitsamt ihren zerstörerischen Nebenwirkungen. Gleichzeitig ließen Finanzinstitute und Investoren prüfen, ob man angesichts der »veränderten geopolitischen Bedingungen … das Thema Nachhaltigkeit nicht neu auslegen muss«. Sprich: Auch Investitionen in die Rüstungsindustrie sind in die als *nachhaltig* ausgewiesenen Fonds mit aufzunehmen. Das ist mehr als Greenwashing. Das ist die fatale Rolle rückwärts. Ein Grund, endgültig an dem Begriff zu verzweifeln, ihn für unbrauchbar zu erklären und zu entsorgen? Weg damit?

Einspruch! Für den unbetretenen Pfad in die Zukunft brauchen wir so etwas wie ein Navigationsgerät, einen Kompass. Ohne einen Leitbegriff entsteht ein Vakuum. Man sieht nur noch die Stellschrauben, nicht mehr das Getriebe. Anders ausgedrückt: Man sieht den Wald vor lauter Bäumen nicht mehr. Man kann das sogar in den grünen Bewegungen beobachten: Dort gibt es die starke Tendenz, nur noch über das Klima zu reden statt über Nachhaltigkeit. Ohne Frage, die Klimakrise lässt sich gut »runterbrechen«. Die Eisbären, die Gletscher, der verdorrte Rasen hinterm Haus, der überflutete Keller. Klima versteht jeder. »Klimaneutral bis 2050« – das ist griffig, das lässt sich operationalisieren. Ja, natürlich: Die Erderwärmung ist ein Teil des Problems, Klimaschutz ein Teil der Lösung. Klimaneutralität ist ein eminent wichtiges Ziel. Aber was ist, wenn die Erderwärmung nur ein Symptom der Krise ist? So wie das Fieber nur ein Symptom der Krankheit ist. Kein Arzt geht davon aus, dass fiebersenkende Mittel den Patienten heilen. Wir müssen größer Denken. Nachhaltigkeit geht aufs Ganze. Es rückt die Gesamtheit der Problematik, die Gesamtheit der Lösungen in den Blick: Der Leitbegriff zielt auf die Große Transformation.

Um Worte und Taten auf den Prüfstand zu stellen, bedarf es eines starken, authentischen Begriffs von Nachhaltigkeit. Und damit die Fähigkeit, nachhaltige und nicht nachhaltige Praktiken zu erkennen und zu unterscheiden. Der Kampf um die Deutungshoheit ist auch ein Machtkampf.

Eine kleine Szene aus *Alice im Wunderland*, dem klassischen englischen Kinderbuch aus dem 19. Jahrhundert, enthüllt den Mechanismus von semantischen Machtspielen aller Art: »Wenn ich ein Wort gebrauche«, sagte Goggelmoggel (der Fiesling im Buch) in recht verächtlichem Ton, »dann bedeutet es genau, was *ich* es bedeuten lassen will – nicht mehr und nicht weniger.« »Es fragt sich nur«, sagte Alice, »ob man Wörtern einfach so viele unterschiedliche Bedeutungen geben kann.« »Es fragt sich nur«, antwortete Goggelmoggel, »wer der Stärkere ist, weiter nichts.« Alice ist zu verwirrt, darauf etwas erwidern zu können. Sprachlosigkeit aber ist in unserer momentanen Lage keine Option. Sie würde den »Stärkeren« das Feld überlassen.

Die Sprache ist ein offenes System. Unser ursprünglichstes Gemeingut. Die Deutung eines Begriffes ist ein kollektiver Prozess. Begriffsverwirrung ist eine unausweichliche Begleiterscheinung beim Aufstieg von werthaltigen und wertsetzenden Wörtern. Wie oft wurden und werden »Freiheit« und »Demokratie« verwässert und missbraucht? Sind sie deswegen unbrauchbar? Sicherlich nicht.

Nachhaltigkeit ist eine Suchbewegung. Alle reden von Nachhaltigkeit. Und das ist gut so. Die Grenzen zwischen irreführendem, ja betrügerischem Greenwashing und der ernsthaften Suche nach Wegen, Übergängen und Brücken zu einer genuin nachhaltigen Praxis sind fließend – und durchlässig. Doch wer sich auf den Begriff einlässt, wird sich früher oder später fragen lassen müssen, was an seiner Praxis »eigentlich« nachhaltig ist. Der VW-Konzern hat sein dilettantisches Greenwashing-Manöver rund um die Diesel-Abgaswerte von 2014 mit Milliarden Dollar an Strafgeld teuer bezahlen müssen. Den *global players* das

Feld für ihre leere, marketinglastige Deutung von Nachhaltigkeit zu überlassen, wäre hier und jetzt verhängnisvoll. Sie müssen motiviert oder mit Regularien dazu gebracht werden, sich den Regeln einer starken Nachhaltigkeit unterzuordnen.

Machen wir uns also auf die Suche nach einem authentischen Begriff von Nachhaltigkeit. Nach einer Deutung, die *Deutungshoheit* beanspruchen kann. Welche *Aufladungen* schlummern noch in seiner DNA, die heute aktiviert werden können, damit er als verlässliches Navigationsgerät dienen kann? Jetzt erst recht.

*

Zweite Aufladung: Nach*halt*igkeit ... gibt *Halt*.

Dieser Kern des Wortes ist uns gar nicht mehr bewusst. Aber er ist elementar. Denn er bindet das Konzept der Nachhaltigkeit an das menschliche Grundbedürfnis nach Sicherheit. Dieser Halt ist auf die Zukunft hin angelegt. Er schließt die *Nach*kommen, die kommenden Generationen, die ganze *Nach*-Welt, die Zukunft des Lebens auf der Erde, mit ein. So einfach ist es eigentlich, zum Sinn des Wortes vorzudringen. Es bündelt, was uns *hält* und trägt. Und zwar auf lange Sicht. So wird Nachhaltigkeit elementar und – existenziell.

Dieser Kern des alten deutschen Wortes ist schon bei der Übersetzung des forstlichen Fachausdrucks ins Englische um 1900 mit übernommen worden. *Sustain*, aufrechter*halten* ist eine ziemlich präzise Übersetzung von »nachhalten«, also dauerhaft halten. Hinzugefügt hat man die Komponente »ability«. Das heißt »Fähigkeit«. Im Deutschen wird es meist durch das Suffix »-bar« ausgedrückt. Ganz wörtlich rückübersetzt hieße »sustainability« also »Aufrechterhaltbarkeit«. So machte das Wort Karriere im globalen Vokabular des 20. Jahrhunderts.

Im modernen Chinesisch, erklärte mir die Sinologin Gudula Linck, sind für Nachhaltigkeit mehrere Wendungen im Umlauf, am häufigsten: *kě-chí-xù-xìng* 可持续性, zusammengesetzt aus: können + bewahren + fortsetzen + Wesen. Das Verb *chí* 持 trägt die Bedeutung »halten/festhalten/aufrechterhalten«. Es zeigt als Sinnelement die Hand 手/扌. In dem Verb *xù* 续 (binden/fortsetzen/weiterführen), ebenfalls in dem Begriff enthalten, erscheint das Sinnelement »Seide« 糸/纟. Das alte Bildzeichen zeigt die »Hand mit einem Seidenfaden«. Alle Zeichen, die mit »weben/Gewebe/Textur/Struktur/Zusammenhang« zu tun haben, tragen dieses Sinnelement im Bild. Seine Botschaft: Alles hängt miteinander zusammen.

Halt. Das ureigenste Bedürfnis nach Sicherheit hat einen festen Rang in der »Pyramide« der menschlichen Bedürfnisse. Nach dem immer noch wirkmächtigen Modell, das der US-amerikanische Psychologe Abraham Maslow in den 1950er-Jahren entwickelt hat, besteht diese Pyramide aus fünf Ebenen, die von unten nach oben, von der Grundfläche bis zur Spitze insgesamt fünf Ensembles von Bedürfnissen in eine durchlässige Hierarchie bringen. Die Basis bilden die absolut unabweisbaren, das Überleben sichernden körperlichen Bedürfnisse: Nahrung, Wasser und Luft, ein Dach über dem Kopf, die Befriedigung der sexuellen Triebe. Sind diese grundlegenden und machtvollen Bedürfnisse angemessen befriedigt oder ist das Grundvertrauen gelegt, sie stets angemessen befriedigen zu können, treten sie im Bewusstsein des Individuums zurück. In den Vordergrund rückt ein neues Bedürfnisensemble und wird dominant: das Streben nach Sicherheit und Geborgenheit, körperlicher Unversehrtheit, Stabilität und Angstfreiheit.

Hier bekommt das Konzept der Nachhaltigkeit seinen Sitz im Leben, und zwar im Alltag. Nachhaltigkeit an die Vorstellung von Stabilität und das menschliche Grundbedürfnis nach Sicherheit anzukoppeln, scheint mir in diesen so »prekären«, also unsicheren Zeiten brandaktuell.

Nachhaltigkeit als Gegenpol zu *Kollaps* begreifen. Auch das liegt in der DNA des Begriffs. Mein Favorit im Dickicht der Definitionen ist schon gut 200 Jahre alt. Er findet sich in Joachim Heinrich Campes *Wörterbuch der deutschen Sprache* von 1809. Nachhalten ist dort »gleichsam bis nach der gewöhnlichen Zeit halten«, »dauern«, »lange halten«. Campes Definition des Substantivs »Nachhalt«: »Ein Halt, den man nach oder außer andern hat, und woran man sich hält, wenn alles andere nicht mehr hält.« Der Satz hat es in sich. »Woran man sich hält, wenn alles andere nicht mehr hält.« Ein Halt in Zeiten des Kollaps.

Eine frappierende Parallelität: Dasselbe Denkbild liegt dem modernen Nachhaltigkeitsbegriff zugrunde. Zu Beginn dieses Neustarts des alten Konzepts stand der Bericht an den Thinktank *Club of Rome* von 1972. Dessen Autoren suchten nach einem Modell für ein »Weltsystem«, das »nachhaltig« (*sustainable*) ist. Und das heißt, gegen einen »plötzlichen und unkontrollierbaren Kollaps« gefeit ist. Ein solches System muss gleichzeitig »fähig sein, die materiellen Grundansprüche aller seiner Menschen zu befriedigen«. So steht es an zentraler Stelle in der berühmten und schnell – vorschnell – für obsolet erklärten Studie über die *Grenzen des Wachstums*. Wie über 160 Jahre vorher: Nachhaltigkeit versus Kollaps!

Ist das Teflon? Ist das unsinnlich? Wer schon mal ein Haus gebaut oder renoviert hat und am Fundament oder den tragenden Wänden Hand angelegt hat, also an dem, was der Statik ihren *Halt* gibt, weiß, dass es sich hier um etwas eminent Sinnliches – mit gleich mehreren Sinnen Wahrnehmbares – handelt. Die Bilder und der Krach einstürzender Bauten machen den Sitz und den Wert der tragenden Elemente dramatisch und lautstark bewusst. Die Staubwolken und Schockwellen des *Kollaps* erzeugen Angst und Schrecken. Und umgekehrt: Die nachhaltenden, dauerhaft haltbaren Elemente einer Konstruktion vermitteln erst das Gefühl von Bewohnbarkeit.

*

Dritte Aufladung: Nachhaltigkeit ist *generationengerecht.*

»Wir haben die Erde von unseren Kindern nur geborgt«. Wieder nur ein schlichter Satz, tausendmal gehört. Er umschreibt mit einer poetischen Metapher einen Kerngedanken von Nachhaltigkeit, das Prinzip der Generationengerechtigkeit, und setzt aus dieser weiten Perspektive heraus der Plünderung des Planeten Grenzen.

Den Satz las ich zum ersten Mal auf einem Plakat der Grünen zur Europawahl im Jahr 1979. Dreizeilig prangte er, grün grundiert, auf einer Kinderzeichnung. Das Blatt ist augenscheinlich von Kinderhand gemalt. Im damaligen Grundschulunterricht war freies Malen mit Deckfarben angesagt. Eine mit menschlichen Gesichtszügen ausgestattete, orangegelbe Sonne lacht vom Himmel. Ihre starken Strahlen fallen auf die grüne Erde. Auf einer Wiese stehen zwei früchtetragende Obstbäume, zwischen ihnen zwei überproportional große Blumen in voller Blüte. Am Rand, ganz klein, ein Haus mit Tür, Fenster, Giebel und Schornstein. Darunter der Name »Die Grünen« und die Sonnenblume, das Logo der Partei, die sich damals erst gründete. Das ist alles.

»Es ist ALLES nur geliehen«, sang damals vor einem Millionenpublikum der volkstümliche TV-Unterhalter Heinz Schenk. Seine Sendung hieß »Der blaue Bock« und kam samstagnachmittags live in die Wohnstuben. Mit der Kulisse einer Alt-Frankfurter Äppelwoi-Kneipe und einem Bembel, einem Apfelwein-Krug, als Hauptrequisit tingelte Schenk Woche für Woche durch die Dorf-Gemeinschaftshäuser und Stadthallen der hessischen Provinz. »Es ist ALLES nur geliehen / hier auf dieser schönen Welt. / Es ist alles nur geliehen, / aller Reichtum, alles Geld.«

Stammt der Spruch von der geliehenen Welt, wie damals manche behaupteten, aus der Weisheit nordamerikanischer Präriestämme? Indirekt ja. Die heute gängige Fassung basiert freilich auf einer Formulierung des amerikanischen Schriftstellers und Öko-Farmers Wendell Berry. Sein Essay *The unforeseen*

Wilderness erschien 1971. Der von ihm kritisierten »heute vorherrschenden Lebensform«, dem *American Way of Life*, hält der Autor entgegen:

> Aber es gibt eine andere Form, die das Leben annehmen kann. Wir können darüber von außerordentlichen Menschen unserer eigenen Kultur lernen. Und von anderen Kulturen, die weniger zerstörerisch sind als die unsrige. Ich spreche von dem Menschen, der weiß, dass ihm die Welt nicht von seinen Vorfahren gegeben, sondern von seinen Kindern geliehen ist, und der es unternimmt, diese Welt wertzuschätzen.

Die Formulierung verbreitete sich rasant. 1974 formulierte der australische Umweltminister Moses Cass, ebenfalls aus einem Land mit einer starken indigenen Kultur stammend, in einer Rede bei der OECD:

> Wir reichen Nationen … haben die Verpflichtung nicht nur gegenüber den armen Nationen, sondern auch gegenüber allen Enkelkindern der Welt, ob reich oder arm. Wir haben diese Erde nicht von unseren Eltern geerbt, um mit ihr zu machen, was wir wollen. Wir haben sie von unseren Kindern geliehen, und wir müssen darauf achten, sie sowohl in ihrem, als auch in unserem Interesse zu nutzen.

Komprimiert zu einem Spruch, wurde dieser Gedanke zu einem machtvollen Motto beim Aufbruch der weltweiten Umweltbewegung. Worin liegt seine Kraft? Er bettet die eigene Gegenwart in den Strom der Zeit ein – in die Kette der Generationen und in das Netz des Lebens. Er rückt das eigene Handeln in den Horizont einer unabweisbaren Verantwortung für die Zukunft. Und vor allem: Er legitimiert und befähigt junge Menschen, ihre Ansprüche machtvoll anzumelden. Er definiert Generationengerechtigkeit als Wesenskern von Nachhaltigkeit.

Das Stichwort Generationengerechtigkeit aktualisiert den Gedanken der *Treuhänderschaft*. Im heutigen Zivilrecht ist dieses Rechtsverhältnis bei Transaktionen wie einem Kaufvertrag für eine Immobilie noch unangefochten gültig. Es sieht drei Akteure vor: Jemand, der etwas zu geben, abzugeben, weiterzugeben hat. Das ist der *Treugeber*. Der zweite Akteur ist der, dem ein Gut anvertraut wird, und zwar vorübergehend, zu treuen Händen, das ist der Treuhänder. Er vollstreckt einerseits den Willen des Treugebers. Seine Aufgabe besteht darin, das Gut für eine begrenzte Zeit zu verwahren. Wenn die Zeit um ist, hat er es ungeschmälert und unbeschädigt an einen zu übergeben, der durch die Bezahlung des vereinbarten Geldbetrags einen vorbestimmten Anspruch darauf hat, den er aber bis dahin nicht einlösen konnte. Das ist der Nutznießer. Ihm ist der Treuhänder genauso wie dem Treugeber verantwortlich.

Die in der deutschen Sprache verwendete Metapher von der »treuen Hand« stammt aus dem Mittelalter. Sie meint den Handschlag, der einen Vertrag für beide Seiten bindend – verbindlich – macht. Das englische Wort dafür, *trusteeship*, kommt von *trust*, Vertrauen. Klaus Bosselmann, der weltweit renommierte deutsch-neuseeländische Umweltjurist, hat mir die große Spannweite dieser Idee erläutert: »Der Gedanke der Treuhand ist so alt wie die Geschichte des Rechts, und zwar in allen uns bekannten Kulturen. Wer im Namen und Interesse eines anderen handelt, tut dies als Treuhänder. Rechtlich gesehen handeln zum Beispiel Eltern im Namen und Interesse ihrer Kinder, solange diese ›minderjährig‹ sind, also nicht selbst rechtswirksam handeln können. In indigenen Kulturen handeln Menschen immer auch als Treuhänder gestorbener und zukünftig lebender Menschen. Das Gleiche gilt in Bezug auf die natürliche Mitwelt: Flüsse, Landschaften, Tiere und Pflanzen finden ihren Ausdruck in menschlichen Stimmen und Handlungen. Dies wurde in alten Kulturen und Sprachen natürlich nicht als Treuhänderschaft oder Trusteeship bezeichnet, der Sache nach aber doch.«

Klaus Bosselmann hat seine Kindheit in der Lüneburger Heide verbracht. In der Nachbarschaft von Bäumen, Füchsen, Kaninchen und Singvögeln. Als er in der 68er-Zeit Jura in Berlin studierte, entstand gerade das Feld des Umweltrechts. Beim Erdgipfel in Rio 1992 war er Mitglied der deutschen Delegation, brachte einen Text ein, aus dem später in einem globalen Dialog die *Erd-Charta* entstand. Bald darauf folgte er einem Ruf an die Universität von Auckland in Neuseeland. Dort baute er zusammen mit seiner Frau Prue Taylor ein Institut für Umweltrecht auf. Unter anderem setzte er sich für die Übernahme indigener Traditionen von *trusteeship* ein, eine Tradition, »in der einzelne Flüsse und Landschaften mit eigener Rechtspersönlichkeit versehen wurden und durch Treuhandorgane Stimme und Gewicht erhalten. In englischer Sprache heißt dieses Konzept *guardianship* und *trusteeship*, in der Maorisprache *kaitiakitanga*. Immer geht es darum, die natürliche Mitwelt in ihrer Eigengesetzlichkeit wahrzunehmen und in Bezug auf uns Menschen zum Handlungsmaßstab zu machen. Wenn dies bewusst und beharrlich geschieht, ändert sich die Qualität der Entscheidungsprozesse und der daraus folgenden Planungen und Praktiken im Sinne einer Nachhaltigkeit, die ihrem Namen gerecht wird.«

In der deutschen Sprache sind *Treuhänderschaft* und *nachhalten* historisch eng miteinander verbunden. Der Ausdruck *dat leen to truwer hand naholden,* das Lehen zu treuer Hand nachhalten, war in der niederdeutschen Rechtssprache des Mittelalters offenbar geläufig. Die Quellenlage aus dieser Zeit ist dürftig. Doch ich stieß auf eine Urkunde in niederdeutscher Sprache, die uns in das Jahr 1366 versetzt. Zwei Brüder haben ein von ihren Vorfahren übernommenes *Lehen* an zwei Ratsherren der Stadt Kiel für 600 Mark Lübecker Silberpfennige verkauft. Bei dem Besitz handelt es sich wohl um ein ganzes Dorf namens »Suxstorpe binnen dem kerspel thom Kile« (heute: Kiel-Suchsdorf). Die Summe ist bis zum letzten Pfennig bezahlt. Die alten Besitzer geloben feierlich, dass ein Dritter das Gut bis zur endgültigen Übergabe

»vor dem Herrn zu Holstein«, also dem regionalen Landesherrn, für die Käufer »treuhänderisch nachgehalten« wird. Das beglaubigt die Urkunde. Schemenhaft taucht im Text ein Stück Ostseeküstenlandschaft auf. Der Fluss Levensau fließt der Ostsee zu. Die Katen der armen Leute sind zu ahnen, Wiesen und Weiden, bebaute und unbebaute Äcker, Moore, Fließgewässer, Fischerei werden erwähnt, denn sie gehören zum *Lehen* dazu.

Dat leen to truwer hand naholden. Wörterbücher der alten niederdeutschen Sprache verzeichnen unter dem Stichwort »naholden« die Bedeutungen »zurückhalten, zur Verfügung halten, für später sicherstellen«, sowie die lateinische Übersetzung *reservare*. Treuhänderschaft gibt denen eine Stimme, die keine Stimme haben, macht sie zum Rechtssubjekt mit gesicherten Ansprüchen.

Der historische Kontext: Gerade hatte in weiten Teilen Europas die Pest gewütet. Ganze Landstriche starben während dieser Pandemie aus. Auch damals Leichensäcke, Massengräber. In Kiel sah sich der Rat gezwungen, vor den Toren der Stadt einen neuen Friedhof anzulegen. Noch war die Hanse stolz und mächtig und beherrschte weite Teile des Ostseeraums. Gemeinsam mit dem Städtebund führten die Herren von Holstein blutige Kriegszüge gegen den großen Rivalen Dänemark. Es war die Zeit kurz vor dem Aufstieg von Margarethe I. zur »Königin des Nordens«. Und kurz bevor der sagenumwobene Klaus Störtebecker mit seinen Vitalienbrüdern, den sogenannten »Likedeelers« (die »Gleichteiler«) Ostsee und Nordsee unsicher machte. Die politische, religiös legitimierte Ordnung dieser Zeit war das Lehnswesen.

In den alten Quellen, die diese Ordnung beschreiben, stößt man auf ein Schlüsselwort, das im 21. Jahrhundert eine neue, steile Karriere macht: *prekär*. Heute bedeutet es soviel wie »unsicher«, in unsicheren Verhältnissen leben müssen, ständig vom Absturz bedroht, abhängig sein. Damals war das Wort vielschichtiger. Das »Precarium« war das »Lehnsgut«, der von oben, letztlich von Gott, geliehene oder verliehene Besitz. Das Nutzungsrecht war »prekär«. Das Lehen durfte nur mit Zustimmung des Lehnsherrn vererbt oder verkauft werden, konnte jederzeit an diesen zurückfallen und neu verliehen werden. Es setzte ein Treueverhältnis voraus. Das lateinische Wort *precarius* bedeutet nämlich »aus Gnade erlangt, auf Widerruf gewährt, unbeständig, unsicher«. *Prekär* war damals der Besitz, und zwar vor allem der große Besitz.

Verkehrte Welt: In der globalisierten Welt von heute ist die Lage der Unterschichten und der jungen Menschen »prekär«. Der große Besitz aber ist hermetisch abgesichert, kaum noch an ein »Treueverhältnis« zum Gesetz oder an eine Ethik der Nachhaltigkeit gebunden. Er ist sozusagen »außer Kontrolle« geraten. Wäre es nicht nachhaltiger, für ein sicheres Auskommen des »Prekariats« zu sorgen und den großen Besitz wieder »prekär« zu machen? Das hieße, die Eliten zur Rechenschaft zu ziehen und sie an eine Verpflichtung gegenüber dem Gemeinwesen und den natürlichen Lebensgrundlagen zu binden.

*

Vierte Aufladung: Nachhaltigkeit *relativiert das Eigentumsrecht*.

In seiner Enzyklika *Laudato si* von 2015 betont Papst Franziskus, die Erde sei »eine Leihgabe, die jede Generation empfängt und an die nächste Generation weitergeben muss«. Die Welt erscheint als ein Gabe Gottes, der die Erde »und alles, was auf ihr lebt« geschaffen habe. Das Credo: »Gott hat die Welt für alle geschaffen.« Die Konsequenz: »Darum lehnt Gott jeden Anspruch auf absolutes Eigentum ab.« Daraus folgt »das Prinzip der Unterordnung des Privatbesitzes unter die allgemeine Bestimmung der Güter«. In seinem Buch *Wage zu träumen* von 2020 hat Papst Franziskus diese Logik weiterentwickelt: »Gott hat die Güter der Erde für alle bestimmt. Privatbesitz ist ein Recht, aber sein Gebrauch und seine Regelungen müssen dieses Prinzip beachten. Land, Arbeit, Wohnraum müssen für alle zugänglich sein.« Der Kern von Gerechtigkeit ist in dieser Logik grün: »Jede Gemeinschaft darf von der Erde das nehmen, was sie zu ihrem Überleben braucht, hat aber auch die Pflicht, das Fortbestehen ihrer Fruchtbarkeit für die kommenden Generationen zu gewährleisten.«

Diese Attacke auf das unbeschränkte Eigentumsrecht lässt sich in die juristische Sprache übersetzen. Das herkömmliche Eigentumsrecht regelt das Verhältnis einer Gesellschaft zu Grund und Boden, also zu einem Stück Biosphäre, zu den Ressourcen, zu den Dingen insgesamt. Es schützt exklusiv die Interessen von Individuen – sofern sie über Eigentum verfügen – vor den Interessen anderer Individuen und vor Eingriffen des Staates. Die Art, wie der Eigentümer mit seinem Eigentum umgeht, bleibt weitgehend seiner freien Entscheidung überlassen. Er kann damit tun und lassen, was er will.

In der neoliberalen Ära ist dieses Recht immer weiter perfektioniert und globalisiert worden. Ein Stück Land zu besitzen, wo auch immer, berechtigt dazu, alle dort befindlichen lebendigen, mineralischen und sonstigen Ressourcen zu nutzen, auszubeuten, also zur Beute zu machen, zur Ware zu machen, zu Geld. Das bis heute wirkmächtige römische Recht schließt das *ius utendi*, das Recht zu nutzen, aber auch das *ius abutendi*, das Recht zu missbrauchen, mit ein. Das geltende Recht legalisiert und normalisiert ein unbeschränktes Besitzstandsdenken, das uns im 21. Jahrhundert an den Rand des Abgrunds gebracht hat. Der herrschende neoliberale Diskurs kreiste fast ausschließlich um die Freiheiten und Rechte des (besitzenden) Individuums.

Nachhaltigkeit dagegen ist primär ein Diskurs über Treuhänderschaft, Verantwortung und Pflichten – gegenüber dem blauen Planeten und allem Leben. Das herkömmliche Eigentumsrecht hat einen gewaltigen Mangel. Es ist nicht »nachhaltig«, nicht zukunftsfähig. Es hat einen riesigen blinden Fleck, der spätestens jetzt, in Zeiten der globalen ökologischen Krise, zu einem gravierenden Problem wird. Den Rechten und Freiheiten des Eigentümers stehen keine einklagbaren Pflichten, keine klar definierte Verantwortung gegenüber. Verantwortung für die Intaktheit der Natur, für andere Menschen und für das vitale kollektive Interesse an einer gesunden Umwelt – jetzt und in Zukunft – sind nicht Teil des Eigentumsrechts. Sie bleiben weitgehend außen vor. Es kann aber keine Rechte ohne entsprechende Pflichten geben, keine Freiheiten ohne entsprechende Verantwortung. Das kollektive Wohl, so Klaus Bosselmann, sollte das Ausmaß, die Reichweite der individuellen Freiheit bestimmen – und nicht umgekehrt. Verantwortung für die Intaktheit der Natur einzufordern, ist kein Angriff auf die persönliche Freiheit. Im Gegenteil, es sichert erst »nachhaltig« die unabdingbare Voraussetzung für ein zukünftiges Leben in Freiheit: das Recht aller auf ein gesundes Leben in einer gesunden Umwelt.

*

So also ließe sich der Leitbegriff *Nachhaltigkeit* boostern: Ihn an das Grundbedürfnis nach Sicherheit koppeln. Ihn in diesen extrem prekären Zeiten als Gegenbegriff zu »Kollaps« nutzen. Generationengerechtigkeit ernst nehmen. Das Eigentumsrecht enttabuisieren. Und – überwölbend – Nachhaltigkeit als *Revolution im Dienste des Lebens* begreifen.

»Sustainability is the key to human survival«, schrieb Christopher Weeramantry, Jurist aus Sri Lanka und ehemaliger Richter am Internationalen Gerichtshof, im Vorwort eines Buches von Klaus Bosselmann. »Nachhaltigkeit ist der Schlüssel zum Überleben der Menschheit.« Mein Plädoyer: Wir sollten dem überlebenswichtigen Schlüsselbegriff in unserem Bestand elementarer Wörter einen entsprechenden Rang einräumen, mit ihm denken und handeln und achtsam umgehen.

Kapitel fünf

Bange machen gilt nicht!

Anatomie der Furchtlosigkeit

Angst wird oft genug analysiert. Wie wäre es mit einer Anatomie der Furchtlosigkeit? Wie baut sie sich auf? Wie wird sie stoßfest, »resilient«? Wie gewinnt sie an Momentum und breitet sich möglichst »viral« aus? Lassen sich begehbare Wege aus der Angst kartieren? Um der grassierenden Verzweiflung, der Endzeitstimmung und dem Hass die Stirn bieten zu können?

*

Eine erste kleine Fallstudie: Sie geht zurück in das Jahr 1945, hat aber im Frühjahr 2022 eine beklemmende Aktualität gewonnen. Sie handelt von Albert Einsteins berühmten Seufzer *Oh weh!* Es soll seine einzige Äußerung gewesen sein, als er von dem Atombombenabwurf auf Hiroshima erfuhr. Einstein war sich bewusst, dass seine Relativitätstheorie der Atomphysik und damit der ersten Kernspaltung 1938 in Berlin den Weg bereitet hatte. Auf eine mögliche militärische Nutzung durch das Dritte Reich wurde er jedoch erst 1939 aufmerksam gemacht. Um ein Monopol Hitlers an einer solchen Waffe zu verhindern, setzte er sich beim US-Präsidenten für die Entwicklung der Atombombe durch die USA ein. Ihren Einsatz aber hat er verdammt.

Seinem *Oh weh* ließ er Taten folgen. Ein von ihm initiiertes *Emergency Comittee of Atomic Scientists* trat bereits ein Jahr später,

1946, in Aktion. Das Ziel: Darüber aufzuklären, dass ein »neues Denken essenziell« sei, »wenn die Menschheit überleben und auf eine höhere Stufe kommen soll«. Dass ein »höherer Realismus« nötig sei, der anerkenne, dass das eigene Schicksal mit dem der Mitmenschen überall auf der Welt verbunden sei. Nuklearwaffen sollten *nie wieder* eingesetzt werden. Diese Entschlossenheit kommunizierte er nicht zuletzt durch rabenschwarzen Sarkasmus. Er sei sich nicht sicher, sagte er 1949 in einem Interview, mit welchen Waffen der dritte Weltkrieg ausgetragen werde, im vierten Weltkrieg aber würden sie mit Stöcken und Steinen kämpfen. »Ich bin ein entschiedener, aber kein absoluter Pazifist«, schrieb er 1953 an einen japanischen Kollegen. »Das heißt, dass ich der Anwendung von Gewalt unter allen Umständen entgegentrete. Ausgenommen, wenn ich mit einem Feind konfrontiert werde, der die Vernichtung des Lebens als Ziel betreibt.«

Aus welchen Quellen schöpfte Einstein in extrem gefährlichen Zeiten Zuversicht und Tatkraft? Sein Credo hatte er schon 1930 formuliert, als er noch in Berlin lebte: »Das Schönste und Tiefste, was ein Mensch erleben kann, ist das Gefühl des Geheimnisvollen. Es liegt der Religion sowie allem tieferen Streben in Kunst und Wissenschaft zugrunde ... Zu empfinden, dass hinter dem Erlebbaren ein für unseren Geist Unerreichbares verborgen liegt, dessen Schönheit und Erhabenheit uns nur mittelbar und in sehr schwachem Widerschein erreicht, das ist Religiosität.« Da ist er wieder, Rachel Carsons *sense of wonder*. Meine These: Die Gewissheit, dass in der Welt Schönheit und Erhabenheit verborgen liegen, ist grundlegend, um angesichts von extremen Gefahren Wege aus der Angst zu finden und handlungsfähig zu bleiben.

*

Eine zweite Fallstudie: Im Alter von acht Jahren hörte ein schwedisches Mädchen, Jahrgang 2003, also ein Millennial, zum ersten Mal vom globalen Klimawandel. »Schaltet das Licht aus, wenn ihr aus dem Zimmer geht«, habe die Lehrerin ihrer Klasse beigebracht, erzählte Greta Thunberg später in einem Interview. Und: »Verbraucht nicht mehr Wasser als unbedingt nötig.« Den Lichtschalter umlegen, den Wasserhahn zudrehen. Warum das? »Wir müssen Ressourcen sparen, um unseren Planeten zu schonen.« Das Gefühl, das da etwas nicht stimme, eine Gefahr drohe, wurde von Beginn an eingebettet in eine Ahnung, dass jeder und jede, schon ein Kind, etwas dagegen tun könne. In den folgenden Jahren zogen die Nachrichten von einer globalen Krise die junge Schwedin in den Bann. Die Verschmutzung der Meere, die *Veränderung* des Klimas und so weiter. Ihre Angst wuchs. Irgendwann aß sie nicht mehr regelmäßig, sprach kaum noch. Eine Teilnahme am Unterricht im Klassenverband war nicht mehr möglich. In der Schulbibliothek gab ihr *eine* Lehrerin Nachhilfeunterricht. Greta erkrankte ernsthaft an einer Depression. Die verzweifelte Suche nach dem *safe space*, dem sicheren Raum, führte in die größtmögliche Enge, in das Kinderzimmer. Später die Diagnose: Asperger Syndrom. Ihr Weg aus der Angst lässt sich rekonstruieren.

Die Familie sorgte sich. Sie kümmerte sich. Sie ging pfleglich mit der Tochter um, fing sie auf. Im Kreis der Familie be*sprach* man die Ängste, die Ursachen psychischer Probleme und die großen Zusammenhänge mit der Krise des Planeten. Das Sprechen, die Sprache kamen ins Spiel und waren heilsam. Auch das Schreiben. Zusammen verfasste die Familie kurze Szenen über das Erlebte und das Gefühlte. Gretas Mutter, Malena Ernman, publizierte sie später unter dem Titel *Scener ur hjärtat*, Szenen aus dem Herzen. Bei der Arbeit daran, erzählte ihr Vater Svante, »ging es Greta so gut wie lange nicht mehr. Ich glaube, dass wir nach der Ursache geforscht und sie in Worte gefasst haben, war eine große Erleichterung für sie. Wir sahen, wie sie aufblühte und immer fröhlicher wurde.«

Das gemeinsame Reden und Schreiben gab ihr neue Energie. So ermutigt beteiligte sie sich an einem Schreibwettbewerb der

Tageszeitung *Svenska Dagbladet* zum Thema Umwelt. Ihr Beitrag gewann den zweiten Preis und wurde veröffentlicht. Im Frühsommer 2018 nahm Greta an einer Videokonferenz über den Kampf gegen den Klimawandel teil. Zwölf Leute waren dabei, ein paar Jugendliche, ein paar Erwachsene, darunter ein Klimaforscher. Greta hörte lange schweigend zu. Als jemand in der Runde vom Schulboykott an amerikanischen Schulen im Anschluss an einen bewaffneten Amoklauf erzählte, wurde sie hellhörig. Ein Modell für Aktionen gegen die Erderhitzung? Als jemand meinte, so eine Aktion müsse aber auch Spaß machen, wurde sie zornig: »Das Klima retten ist kein Spaß. Das ist eine ernste Sache.« Das war zu Beginn des Sommers 2018, der als einer der heißesten Sommer seit Beginn der Aufzeichnungen in die Geschichte eingehen sollte. Gut zwei Monate später, am 20. August 2018, begann Greta Thunberg, 15 Jahre alt, ihren »Schulstreik für das Klima«. Ganz allein, nur mit einem Pappschild *Skolstrejk för klimatet*, etwas Proviant und einer Isomatte. Auf dem Kopfsteinpflaster des Mynttorget, dem Platz vor dem Parlamentsgebäude in ihrer Heimatstadt Stockholm. Sie bekam Resonanz. Gleichaltrige schlossen sich an, Erwachsene äußerten Sympathie.

Greta Thunbergs Weg vom Kinderzimmer auf die Weltbühne vollzog sich binnen drei Monaten. Schon im Oktober bekam sie Einladungen zu Auftritten in Brüssel und Helsinki. Es folgte London. Dort sollte sie auf einer der ersten Kundgebungen einer ebenfalls ganz neuen Bewegung namens *Extinction Rebellion* reden. Der Name allein ist schon ein Alarmruf: *Extinction*, das ist die Auslöschung – von wildlebenden Arten, von Lebensräumen, die Auslöschung der Gattung Mensch selbst. Am 31. Oktober 2018 ergriff Greta in London das Mikrofon und begann zu sprechen: »Als ich ungefähr acht Jahre alt war …« – »Lauter«, erscholl es aus den hinteren Reihen. Greta begann von neuem, genauso leise. In dem Moment formierte sich ein Sprechchor aus den Stimmen der Leute ganz vorne. »ALS ICH UNGEFÄHR ACHT JAHRE ALT WAR …« Greta setzte ihren Satz fort: »...hörte ich zum ersten Mal von etwas, das sich Klimawandel oder Erderwärmung nannte« – »HÖRTE ICH ZUM ERSTENMAL VON ETWAS, DAS SICH KLIMAWANDEL ODER ERDERWÄRMUNG NANNTE«. Die Fürsorge der hartgesottenen britischen Aktivistinnen und Aktivisten ihrem jungen, zartbesaiteten Gast gegenüber hatte etwas Anrührendes. Die Botschaft, die sie ihr vermittelten: Jedes Wort von dir zählt. Alle sollen es hören können. Und so ging es weiter bis zum letzten Satz der Rede: »ES IST ZEIT ZU REBELLIEREN«.

Am Vorabend hatte Greta in dem Hotelzimmer, in dem sie mit ihrem Vater logierte, auf die Unterseite des Schreibtisches die Worte *to start a revolution* gekritzelt. Vermutlich hatte sie sich eine Zeit lang in diesem Winkel verkrochen. Vor Beginn der Kundgebung hatte sie sich mit Sicherheitsnadeln ein apfelgrünes Stück Stoff an den Anorak geheftet. Darauf prangten das Logo von *Extinction Rebellion*, eine Sanduhr im Kreis, und die Parole *Rebel for life* – Rebelliere für das Leben. Kein Zweifel: Die Schülerin, die den »Schulstreik für das (lebensfreundliche) Klima« initiiert hatte, kämpfte *für* etwas. Sie hatte etwas, *wofür* es sich zu kämpfen und zu rebellieren lohnte – um eine Revolution *für* das Leben zu starten. Und *for future,* für die Zukunft. Sie wandelte ihre Angst in *Fürsorge* um.

»Bist du Teil des Problems oder Teil der Lösung?« Ein markiger, dennoch kluger Spruch aus der Protestkultur der sechziger und der Alternativkultur der siebziger Jahre. Vielleicht wurde sich Greta Thunberg an diesem Tag bewusst, dass sie Teil der Lösung war. Gibt es ein stärkeres Elixier gegen die Angst?

*

Bange machen gilt nicht! wäre kein schlechter Wahlspruch für die diversen jungen Suchbewegungen der heutigen Zeit. Der Spruch kommt ziemlich leichtfüßig daher. Mit einer Portion Trotz und Eigensinn. Spielerisch, aber nicht verharmlosend. Die Redensart ist mir von Kindesbeinen an geläufig. Im ersten Lockdown der Corona-Pandemie ist sie mir wieder begegnet.

»Krisenvitamine: Kalendersprüche als Inspirationsquelle« – unter diesem Titel präsentierte der TV-Sender 3sat kurz nach Verhängung des ersten, harten Corona-Lockdowns eine kleine Reihe von Animationsfilmen. In der ersten Folge ging es um *Bange machen gilt nicht*. Den Sprechertext aus dem Off illustrieren bewegte Cartoonbilder: Es erscheint der Philosoph Theodor W. Adorno, umrahmt von Palmen, im kalifornischen Exil. Los Angeles, die Stadt der Engel und zugleich die Hölle auf Erden. Mit seiner Frau Gretel im Straßenkreuzer unterwegs, vorbei an einem Haufen verschrotteter TV-Geräte. Mit einer »*Make America great again*«-Baseballkappe, am Piano klimpernd. Untermalt von Easy-Listening-Fahrstuhl-Musik, die Adorno besonders verhasst war, verweist die sonore Erzählerstimme auf Adornos Kritik an Lifestyle und Kulturindustrie amerikanischer Prägung. Das Cover der zwischen 1944 und 1947 verfassten Aphorismensammlung *Minima Moralia* rückt ins Bild: Eine Ermutigung zum Denken jenseits der Norm. In großen Lettern erscheint als Zitat daraus die Sentenz *Bange machen gilt nicht*. Und: »Was wäre Glück, das sich nicht mäße an der unmessbaren Trauer dessen, was ist.« Schluss des Clips.

War der Spruch Adornos »Krisenvitamin« in einer Zeit der Trauer über den Zivilisationsbruch durch Krieg und Holocaust? Der locker-flockige Film verlieh dem mir schon lange vertrauten Satz plötzlich eine neue Aura. Ein Blick in das *Lexikon der sprichwörtlichen Redensarten*, dem dreibändigen Standardwerk des Erzählforschers Lutz Röhrich. Dort taucht die Redensart unter dem Stichwort »bange« auf. »Bange machen gilt nicht!«, heißt es dort, »ist mundartlich und literarisch seit dem frühen 19. Jahrhundert belegt«. Tatsächlich ist der Spruch in verschiedenen Dialektwörterbüchern verzeichnet.

Ein schöner Beleg findet sich in einem Glossar der Berliner Mundart mit dem Titel *Der Richtige Berliner in Wörtern und Redens-*

arten von 1878. Im Vorwort zitiert der Verfasser Hans Meyer zustimmend Goethes Urteil: In Berlin lebe »ein so verwegener Menschenschlag« beisammen, dass man »Haare auf den Zähnen« haben müsse, um sich »über Wasser zu halten«. Typisch berlinerisch, schreibt Meyer, seien die Neigung zu Kritik und Skepsis, ein gesundes Selbstvertrauen, Prägnanz und »Schnoddrigkeit«, definiert als Mix aus Respektlosigkeit und Schlagfertigkeit. Meyers Glossarium präsentiert das Wort »Bange« als Synonym für »Furcht«. Die Beispiele für dessen Verwendung sind: »Hab man keene Bange« und »Bange machen jilt nich«. Begrifflicher Gegenpol zu *Bange* ist das Wort *Kurage.* Entlehnt ist es aus dem Französischen der hugenottischen Flüchtlinge, die im 17. Jahrhundert in Preußen Asyl gefunden hatten. Abgeleitet davon ist »Zivilcourage«. Für Bismarck war diese das Pendant zum »Mut auf dem Schlachtfeld«. Der Eiserne Kanzler beklagte die fehlende Zivilcourage in Preußen. Noch Brecht griff auf das populäre Fremdwort zurück, als er seine Figur »Mutter Courage« nannte.

Das Berliner Dialektwörterbuch verzeichnet noch weitere Gegensätze zu »bange«. Das eine ist »kalt Blut«. Kaltblütigkeit erscheint hier als Synonym für Unerschrockenheit. Das andere ist »starke Nerven«. Das Wörterbuch nennt dazu noch das Wort: »Nervenkostüm«. Das Ende des 19. Jahrhunderts, als das Buch erschien, gilt als das Zeitalter der Nervosität. Die Umbrüche der Moderne, der ständige Wechsel von Boom und Krise, der Stress und die rasanten Beschleunigungsprozesse der Industriegesellschaft – vor diesem Hintergrund wurde »nervös« zu einem Synonym für labil und ängstlich. »Starke Nerven« dagegen avancierten zu einer vor allem Männern zugeschriebenen Tugend, nahe an dem damaligen Kult um »tapfer« und »heroisch«. Die Gemengelage der Wörter taucht heute unversehens in neuen Konstellationen auf. Ist *cool* das neue *kalt Blut?* Auf T-Shirts der Klimabewegung erscheint der Slogan »be a hero«.

Wie aber avancierte *Bange machen gilt nicht!* zum Wahlspruch Adornos und der Frankfurter Schule? Vermutlich kam der

Anstoß von Walter Benjamin. In den Krisenjahren der Weimarer Republik, zwischen 1929 und 1932, hatte Benjamin in der Kinderstunde des Berliner Rundfunks eine Serie von circa 30 jeweils etwa fünfzehnminütigen Auftritten. Gleich in der ersten Folge spricht er über den Berliner Dialekt, die, wie er sagt, »Berliner Schnauze«. Aus der Erfahrung seiner eigenen Kindheit um 1900, aus Erlebnissen als urbaner Flaneur ist er eng vertraut mit dieser Mundart. Seine Dialektkunde für Kinder garniert Benjamin mit Beispielen aus Hans Meyers Buch über den *Richtigen Berliner*. Auch Benjamin rühmt die Prägnanz dieser Sprache. Sie komme »aus der Arbeit« und entstehe »auf dem Omnibus und im Leihhaus, im Sportpalast und in der Fabrik«. Sein Fazit für das junge Publikum: »Das Berlinische ist heute einer der schönsten und genauesten Ausdrücke von diesem rasenden Lebenstempo«.

Einige Monate später, 1931, kommt Benjamin in der Radio-Kinderstunde auf das Thema Dialekt zurück. Inzwischen war die Erwerbslosigkeit in den Arbeitervierteln der Stadt dramatisch angestiegen, die Nazis waren auf dem Vormarsch. Am Mikrofon erzählt Benjamin von Streifzügen über die Wochenmärkte und durch die Markthallen Berlins und von der derben Sprache der Marktfrauen, Obstfrauen, Fischhändler, Sandlieferanten, Schundroman-Kolporteure und sonstigen fliegenden Händler. »Der Berliner Straßenhandel«, sagt er, »ist die hohe Schule der Berliner Schnauze.« Als »das große Berliner Schlagwort«, als den »Wahlspruch« für den »Typus« des Markthändlers zitiert Benjamin in der Sendung: »Bange machen gilt nicht.«

Sieben Jahre später, 1938, lebte Benjamin, inzwischen 48 Jahre alt, unter schwierigsten Bedingungen als Emigrant in Paris. Zu Beginn des Jahres hatte er ein paar glückliche Tage mit dem Ehepaar Adorno in San Remo verbracht. Dessen Abreise ins amerikanische Exil stand unmittelbar bevor. Entsprechend intensiv waren die Gespräche. Sie kreisten um Adornos Ideen für eine Theorie des Radios und der Massenmedien, um Benjamins eigenes Baudelaire-Projekt und in dem Zusammenhang um Gedanken, die er wenig später zu seinen Thesen *Über den Begriff der Geschichte* ausarbeiten sollte. Zurück in Paris, erhielt Benjamin zwei längere Manuskripte Adornos. In dem einen ging es um Richard Wagner, in dem anderen um die Theorie des Radios. Für dieses »Rundfunkexposé« bedankte sich Benjamin in einem Brief an den »lieben Teddie« vom 11. Februar 1938 mit den Worten: »Es gehört ... zu dem Erhellendsten, was ich von Ihnen kenne. Dazu kommt, dass eine wahrhaft erheiternde Unterstimme darin zur Geltung kommt: ein wie leise doch obstinat mitgesummtes ›Bange machen gilt nicht‹.«

Den Brief nahm Adorno mit in die USA. Blieb der Leitspruch für Benjamin selbst in seiner zunehmend verzweifelten Lage ein leiser, aber beharrlicher Unterton? Sein großes Thema in Paris war damals der Aufstieg der Moderne (und der Konsumgesellschaft) im Paris des 19. Jahrhunderts. In der Nationalbibliothek versenkte er sich monatelang in die entlegensten Quellen. Ein Leitmotiv seiner Recherchen blieb freilich die Suche nach einem »Staudamm gegen den Pessimismus«, den er bei dem Dichter Charles Baudelaire zu finden glaubte. Bei dessen Zeitgenossen, dem Berufsrevolutionär Blanqui, fand er eine verwandte Geisteshaltung: »Die Entschlossenheit, die Menschheit aus der jeweils ihr drohenden Katastrophe in letzter Stunde herauszureißen, ist gerade für Blanqui ...das Maß gebende geworden.« Auch Benjamins letzte Arbeit, die *Geschichtsphilosophischen Thesen,* kreisen darum. Dort zieht er eine Linie von den »feinen und spirituellen Dingen im Kampf der revolutionären Klasse«, die dort »als Zuversicht, als Mut, als Humor, als List, als Unentwegtheit« lebendig seien, bis hin zur jüdischen Glaubensgewissheit, dass jede Sekunde die »kleine Pforte« sei, »durch die der Messias treten könnte«.

Benjamin wurde von den Nazis in den Tod getrieben. Auf der Flucht über die Pyrenäen nahm er sich am 27. September 1940 das Leben. Seine *Thesen* wurden gerettet. Eine Abschrift schickte Hannah Arendt, der sie der Autor auf der Flucht durch Südfrankreich anvertraut hatte, an Adorno nach New York. Das war im Sommer 1941. Zu dem Zeitpunkt bereitete in Deutschland eine sogenannte *Zentralstelle für jüdische Auswanderung* unter Leitung von Eichmann die Deportation der europäischen Juden vor. Das Vernichtungslager Auschwitz war bereits in Betrieb. Die Wannsee-Konferenz stand bevor.

Walter Benjamins *Thesen* beeinflussten Adorno, als er mit der Arbeit an seinem Opus magnum *Minima Moralia* begann und einer dieser »Reflexionen aus dem beschädigten Leben« den Titel gab: *Bange machen gilt nicht.*

*

Angst und *bange* – die beiden Wörter hängen auch etymologisch zusammen. Die Brüder Grimm führen in ihrem Wörterbuch beide auf die Wurzel »eng« zurück. Die Rede ist also von einem Gefühl der Beengung und Beklemmung. Es ist etwas, was sich auch körperlich ausdrückt, einem die Brust zuschnürt, den Atem verschlägt, das Blut in den Adern gerinnen lässt, den Blick zum Tunnelblick verengt – den Blick auf das eine, angstbesetzte Phänomen. Im Extremfall fühlst du dich in die Enge getrieben wie das Kaninchen, das auf die Schlange starrt. Du gerätst in Panik.

Doch auch das Ideal der Furchtlosigkeit hat in unserer Kultur tiefe Wurzeln. So gut wie alle *Kinder- und Hausmärchen* der Brüder Grimm handeln davon. Gesammelt haben diese sie zwischen 1815 und 1856. Ihre Zeit aber ist die Traumzeit, ihr Zauberwald die Wildnis des Unbewussten. Dort überwinden die kindlichen Heldinnen und Helden ihre Ängste, kämpfen mit Wölfen, Hexen und Unholden und gehen siegreich und gereift daraus hervor. Ein Märchen erzählt »von einem, der auszog, das Fürchten zu lernen«. Oder ein Jüngling spricht zu einem Alten, der ihn dringend gewarnt hat: »Ich fürchte mich nicht, ich will hinaus und das schöne Dornröschen sehen.« »Märchen sind Entwürfe von Glück«, schrieb der aus Wien gebürtige, 1939 in die USA emigrierte Psychoanalytiker Bruno Bettelheim. »Niemand, so wollen sie uns glauben machen, ist jemals in einer so ausweglosen Lage, dass er sie nicht meistern kann. Keine Hexe, kein Zauberer erweist sich am Ende als so mächtig, dass sie nicht zu Fall zu bringen wären.«

*

»Bange machen« ist wohl eine Prägung Luthers. »...und macht jm angst und bange« heißt es in seiner Übersetzung des Buches Jesus Sirach, Kapitel 4, Vers 19. Die volle Wucht des Wortes entfaltet Paul Gerhardts Passionslied »Oh Haupt voll Blut und Wunden«, gedruckt zum ersten Mal 1656, kurz nach dem Dreißigjährigen Krieg, einer Epoche von allgegenwärtiger Gewalt, Hungersnöten, Pest-Pandemie und extremen Wetterereignissen. Der wortgewaltige lutherische Prediger an der Berliner Nikolaikirche hat eine kühne Steigerungsform von »bange« in seinen Text einfließen lassen: »Wann mir am *allerbängsten* /Wird um das Herze sein, /So reiß mich aus den Ängsten /Kraft deiner Angst und Pein.« Diese Strophe verwendete Johann Sebastian Bach 70 Jahre später in seiner Matthäus-Passion, wenn nach dem Bericht vom Tod Jesu am Kreuz der Chor einsetzt.

Der Urtext von allem ist das biblische *fürchte dich nicht*, auf Hebräisch *al tijrā*. Es enthält die Wortwurzel *jr*, was »beben«, »zittern« bedeutet. Wie im Deutschen erscheint das hebräische *jr* häufig im Kontext von *srr* – beengt, bedrängt, verängstigt, unter Druck. Der Satz zieht sich wie ein roter Faden sowohl durch das Alte wie auch durch das Neue Testament. »Fürchte dich nicht, Abraham, ich bin dein Schild« (1. Moses 15) ist die Botschaft Gottes an Abraham. In der Weihnachtsgeschichte heißt es dann: »Fürchtet euch nicht, denn ich verkünde euch eine große Freude, die dem ganzen Volk zuteil werden soll.« So lautet der Ruf des Engels an die Hirten auf dem Feld (Lukas, 2). Bei der Geburt Christi, also im Moment und Momentum der Zeitenwende, ist »Fürchtet euch nicht« die Botschaft. Die Freiheit von Furcht ist hier Folge einer vertrauensvollen Hinwendung zu einem helfenden und schützenden Gott. Bedingung für Angstfreiheit, könnte man sagen, ist ein Grundvertrauen in eine Macht, die größer ist als man selbst.

Was ist dann mit der Apokalypse? Ist sie die »Endzeit«, in der alles, was ist, der absoluten Auslöschung preisgegeben ist? Der radikale Abbruch der gegenwärtigen, unrettbar bösen Welt, das Verlieren aller Hoffnung? Nein, denn dahinter scheint stets das Bild eines neuen Himmels, einer neuen Erde auf. Das griechische Wort *apokalypsis* bedeutet erstmal nur Enthüllung, Entschleierung oder Offenbarung. So verstanden enthüllt jede aktuelle Katastrophe die Schrecken, die drohen. Sie ermöglicht den Blick in den Abgrund – auf das Ende der Welt, wie wir sie kennen. Eine solche Enthüllung, richtig verstanden, wäre kein Abbruch von allem, sondern eine Unterbrechung der Normalität. Sie ermöglicht, ja erzwingt die Umkehr.

Angst und *Enge* liegen auch im Chinesischen dicht beieinander. Das Zeichen für *Beklemmung* zeigt ein zwischen zwei Türflügeln 門 eingeklemmtes Herz 心: *mén* 悶. Angst und Beklemmung sind wie Trauer, Zorn, ausgelassene Heiterkeit extreme Gefühle und verlangen nach Ausdruck. Wer aber anhaltend darin verweilt, der schadet seiner Lebenskraft und dem harmonischen Miteinander. Daher die Bedeutung von »Maß und Mitte« im chinesischen Denken. Auch die Mitte ist kein Dauerzustand, eher ein Pendeln, bedarf des Suchens und Ringens. Einer der Wege aus dem Extrem führt, der chinesischen Medizin zufolge, über sein Gegenteil: Freude (Weitung) überwindet Trauer (Engung); Scham (Engung) überwindet Zorn (Weitung).

*

Eine neue Welle der Angst begann Anfang 2020. Eine Pandemie überzog, von der chinesischen Metropole Wuhan ausgehend, binnen kürzester Zeit den gesamten Planeten und stürzte die

Menschheit in eine existenzielle Krise. Innerhalb von zwei Jahren, so schätzt die Weltgesundheitsorganisation, starben 15 Millionen Menschen im Zusammenhang mit Covid-19. Anfänglich wusste man nur wenig. Es gab kein Heilmittel und keinen Impfstoff. Entsprechend groß war die Sorge überall auf der Welt. Was half gegen die Ängste?

Zunächst ging es darum, das Virus zu verstehen. Noch im Januar 2020 trat in den USA das Zentrum für Seuchenkontrolle und -prävention mit Sitz in Atlanta in Aktion. Es aktivierte ein *Emergency Operations Center*. Nur ein Tag später erging ein Eilauftrag an den *Graphic Service Branch*, die Abteilung für visuelle Kommunikation medizinischer Sachverhalte. Sie sollte der noch weitgehend unbekannten Virusmutation »ein Gesicht geben«, dem Feind eine »Identität« als Killervirus. Das war keine einfache Sache, denn das Coronavirus ist mikroskopisch klein – nur 0,12 bis 0,16 Mikrometer – und damit so gut wie unsichtbar. Selbst unter einem starken Elektronenmikroskop erscheint nicht mehr als ein verschwommenes Abbild. Daher mussten die Kommunikationsexperten kreativ werden und ein Phantombild schaffen, das Alarm schlagen, warnen, Abwehr und Verfolgung eines unsichtbaren Feindes in Gang setzen sollte. Kreiert wurde es in der letzten Januarwoche 2020, verbreitet hat es sich »viral« – wie das Virus selbst – binnen weniger Tage, überall auf der Welt. Es ist zu einem ikonischen Bild geworden, das von Anfang an unsere Vorstellung von COVID-19 prägte.

Wie visualisiert man ein bis dahin unbekanntes, mit bloßem Auge unsichtbares, aber tödliches Virus? Alissa Eckert, Grafik-Designerin am Zentrum, erzählt, dass das Bild möglichst nah an der Realität sein sollte. Nichts Spielerisches, nichts Niedliches, sondern eher »Drama«, krasse Kontraste. Etwas Kühnes, das aus dem medialen Kontext herauspoppt und den Blick fesselt. »Wir wollten der Öffentlichkeit keine Angst einjagen«, sagt ihr Kollege Dan Higgins, »aber wir wollten unbedingt, dass die Leute die Sache ernst nähmen.«

Der erste Schritt in diesem kreativen Prozess war ein Briefing mit den Virologen des Zentrums, die mit der Erforschung des Coronavirus befasst waren – und selber damals noch an vielen Punkten im Dunkeln tappten. Auf der Basis der Informationen, die sie ihnen über Struktur und Aufbau des Virus geben konnten, begann das Team, die Ästhetik des Bildes aufzubauen. Aus den Farbpaletten der Design-Software wählte man die geeignetsten Farbtöne aus. Rot- und Orangetöne vor allem. Dieser Teil war pure Imagination, denn Viren sind farblos. Hier ging es um das Spiel mit den Emotionen, die psychologische Tiefenwirkung des medial kommunizierten Bildes.

Entstanden ist ein bedrohliches Bild: Ein steingrauer, poriger Ball stellt den ummantelten Kern des Virus dar. Gespickt – gezackt – ist er rundum mit einem Kranz von feuerroten, keulenartigen Fangarmen. Sie repräsentieren die Spike-Proteine, die Organe, die an die menschlichen Zellen andocken und das Virus so rasend ansteckend machen. Auf dem Bild sind sie deutlich überrepräsentiert, an Zahl und durch die rote Signalfarbe. Die düsteren Schatten, die sie auf den grauen Viruskörper werfen, sind erst recht pure Fantasie. Ästhetische Mittel, um die hohe Ansteckungsgefahr dieses Virus zu kommunizieren. Kleine, gelbe, auf der Virusoberfläche verstreute Tupfer stellen die Envelope-Proteine dar. Diese sorgen für den Durchbruch in die Gastzelle hinein. Orangefarbig gestaltet sind die krümelartig auf dem Viruskörper angeordneten Membrae-Proteine. Sie verbinden sich mit den Membranen der gesunden Zellen in den Blutgefäßen und Atmungswegen des menschlichen Körpers und zerstören sie. Um das Gefühl zu erzeugen, dass der abgebildete Virus lebe, man ihn berühren und spüren und sich dagegen schützen könne, wurde er als 3D-Bild erzeugt.

Am 31. Januar wurde das Bild des Coronavirus für die Veröffentlichung freigegeben. Eine neue Ikone war geboren und trat ihren Weg in die globalen Medien an, um zu den von den Virologen empfohlenen, ja dringend geforderten radikalen Verhaltensänderungen zu motivieren. Die Fusion von Wissen und Fühlen, Computertechnologie und künstlerischer Fantasie kommunizierte rund um den Globus jedem und jeder – auch Menschen, die nicht lesen können – die Botschaft: Das Virus ist gefährlich, du musst es ernst nehmen; aber wir haben es auch durchschaut, wir haben es verstanden und können es besiegen. In einem Zusammenspiel von Wissenschaft, pharmazeutischer Industrie, staatlichem Handeln und aufgeklärter Zivilgesellschaft. Die neue Ikone war Teil dieses Narrativs.

In den verschiedenen Stufen und Wellen der Pandemie machte das ikonische Bild selbst verschiedene Mutationen durch. In leicht variierter Form- und Farbgebung blieb es allgegenwärtig. Es diente als Deko und Logo in der weltweiten medialen Berichterstattung. Als Trailer für die jeweils aktuellen Statistiken und deren Säulen, Kurven, Diagramme und Zahlenkolonnen. Als Hintergrund für Talking Heads aus Virologie, Politik und Zivilgesellschaft. Es diente als Einleitung für all die Reportagen von den Intensivstationen und Krematorien, aus den Innenstädten und Urlaubszielen im Wechsel zwischen Lockdown und Lockerung. Die sensationell schnelle Entwicklung von Impfstoffen, die ersten Zulassungen um die Wende zum Jahr 2021 und die folgenden großangelegten Impfkampagnen (zumindest in den reichen Ländern) bestätigten und stärkten das Narrativ, dass es uns gelingen wird, das Virus einzuhegen.

Doch bei aller Rhetorik vom »Krieg« gegen diese »Geisel der Menschheit« – das von dem ikonischen Bild und der medialen Sprache geprägte Narrativ bot nur einen »Tunnelblick« auf die Pandemie. Der Begriff des Tunnelblicks stammt aus der Augenheilkunde. Dort bezeichnet er eine krankhafte Einengung des Gesichtsfeldes. Dabei bleibt Wesentliches außen vor. Im Fall der Pandemie war es das Bewusstsein und tiefere Verständnis von Ursprung, Herkunft, den eigentlichen Ursachen der Pandemie. Viel zu selten wurde das Abbild des Virus in einen größeren Rahmen gestellt, viel zu selten erzählte man die größere Geschichte:

dass das Virus nicht im luftleeren Raum entstand, sondern wir sein Auftreten mit unserer Art, den Planeten zu besiedeln, quasi herausgefordert haben.

»Spiky Blob« wirkt auf den Betrachter wie ein Alien: außerirdisch. Das ist es aber nicht. Das Coronavirus kam aus der Wildnis. Es sprang zuerst von wildlebenden Tieren auf den Menschen über, bevor es in rasender Geschwindigkeit über Atemluft oder Berührungen von Mensch zu Mensch übertragen wurde. Der Ursprung dieser Pandemie ist »zoonotisch«, genau wie Ebola, HIV, Tollwut und Borreliose. Je enger Menschen, Haustiere oder Nutztierbestände mit wild lebenden Tieren in engen körperlichen Kontakt kommen, desto höher sind die Risiken für solche Zoonosen. Die Räume, in denen solche Kontakte stattfinden, haben sich in den letzten Jahrzehnten sprunghaft erweitert, besonders im globalen Süden. Die treibende Kraft dabei war die Expansion von industrieller Landwirtschaft und Agrobusiness. Sie verursachte die Fragmentierung vieler Habitate wilder Tiere und Pflanzen. Der Kahlschlag weiter Flächen im tropischen Regenwald, die Buschbrände und die Extraktion von Bodenschätzen durch den Bergbau zwangen zahlreiche Arten zur Wanderung in die Bereiche menschlicher Besiedlung. Auch der Klimawandel mit den gravierenden Veränderungen von Temperatur, Feuchtigkeit und Windverhältnissen erzwang oder begünstigte eine neue Mobilität von bis dahin relativ stabil an begrenzte Territorien und Lebensbedingungen gebundenen Tierpopulationen. Nicht zuletzt zwangen Armut und Hunger im globalen Süden immer mehr Menschen, auf tierische Proteine in jedweder Form zurückzugreifen.

Mit den wilden Tieren kamen bis dahin abgeschottet existierende Pathogene, Krankheitserreger, in direkten Kontakt mit Menschen. In solchen Situationen kommt es zum Ausbruch von Pandemien. Wir müssen endlich verstehen: Am Anfang war das unermessliche Leiden der Kreatur. Darauf folgte das tiefe menschliche Leid. Nichts davon passiert losgelöst und ohne Einflussmöglichkeit. Das Virus schwebt nicht im luftleeren Raum. Sicherlich hat das Virusbild seinen Job gut gemacht und durch ein aktives *Bange machen* die dringend notwendige Akzeptanz der Menschen für die pandemischen Maßnahmen erhöht. Aber es hat zugleich den Blick so sehr verengt, dass ein Handeln über die akuten Einschränkungen hinaus, eine Veränderung der Situation zum Guten hin (damit die nächste Pandemie nicht schon wartet), kaum möglich ist.

Dabei wäre eine solche Veränderung dringend nötig. »Wir sollten nicht warten«, sagt Delia Grace, Veterinärin, Epidemologin und Expertin für Ernährungssicherheit, »bis Leute krank werden, und dann versuchen, sie zu behandeln. Wir sollten vor allem für eine gesunde, eine intakte Umwelt sorgen, damit Leute gar nicht erst erkranken.« So schwierig sei es eigentlich gar nicht, diese neu auftretenden Krankheiten zu kontrollieren. Man müsse nur an den richtigen Orten und zur richtigen Zeit handeln. Aus ihrer eigenen Erfahrung in *Zoonotic Disease Units* in Uganda und Kenia verweist sie auf die lokale Ebene, die Gemeinwesen. Dort, wo Menschen, Viehbestände und Wildtiere in Kontakt treten, müsse man vorbeugend eingreifen. *Think globally, act locally*, um es mit einer alten Formel der UN-Umweltpolitik auszudrücken.

Eine neue Formel verbreitete sich während der Pandemie, eine, die dem engstirnigen Starren auf das Virus entgegenstand: *One health*. Nur eine Erde, nur eine Gesundheit. Der Begriff ruft dazu auf, Gesundheit ganzheitlich zu denken. Die Zusammenhänge zu verstehen, das »größere Bild« der physischen und psychischen Gesundheit, der Gesundheit von Mensch, Tier, Umwelt und Erde zu sehen und entsprechend zu handeln. Verbundenheit statt Isoliertheit, Handlungsoptionen statt Angststarre. Denn *Bange machen gilt nicht!*

*

Eins der anrührendsten Bilder aus dem globalen Lockdown im Sommer 2020 kam aus dem besonders leidgeprüften Indien. Es zeigt ein junges Mädchen, die 15-jährige Jyoti Kumari, wie sie ihren erkrankten Vater, einen Wanderarbeiter, auf dem Gepäckträger ihres Fahrrads transportiert. In der Zeit des Lockdowns, in der alle anderen Verkehrsmittel stillstanden, brachte sie ihn aus der Hauptstadt Neu-Delhi in ihr heimatliches Dorf. Zehn Tage waren die beiden in der Gluthitze unterwegs. *Awesome*, sagt man in der Sprache der Sozialen Medien – Jyoti ist wahrlich ehrfurchtgebietend. Doch die Verneigung vor einer solchen Heldin darf eine unbequeme Wahrheit nicht verdrängen: Opferbereitschaft muss oben anfangen. Auch das ist eine Lehre aus so vielen Krisen der Vergangenheit. Sie ist noch längst nicht durchgedrungen.

Anfang April 2020 hatte die indische Schriftstellerin und Menschenrechtsaktivistin Arundhati Roy in der Financial Times einen Essay mit dem Titel *Die Pandemie ist ein Portal* veröffentlicht. Sie erzählt, wie der Lockdown von Anfang an vor allem das Leben der niedrigen Kasten der indischen Gesellschaft zur Hölle machte. Ihr Text schließt mit einem flammenden Plädoyer. Diese Pandemie, schreibt sie, sei ein »Portal, ein Tor zwischen einer Welt und der nächsten. Wir haben die Wahl: hindurchzugehen und die Kadaver unserer Vorurteile und unseres Hasses, unserer Datenbanken, unserer toten Flüsse und rußigen Himmel hinter uns her zu schleppen. Oder wir können leichtfüßig hindurchschreiten, mit wenig Gepäck, bereit, eine andere Welt zu imaginieren. Und bereit, für sie zu kämpfen«.

Eine andere Welt zu imaginieren, ist möglich! Mitten in der Krise unsere Pforten der Wahrnehmung für Möglichkeitsräume, positive Energien und Handlungsoptionen zu öffnen – das wär's doch! Spiky Blob und das Narrativ, das heute vorherrscht, suggerieren, dass der Griff zur *reset*-Taste, die schlichte Rückkehr zu den Verhältnissen vor dem Ausbruch der Pandemie möglich und wünschenswert sei. Was wir dagegen brauchen, ist ein Bewusstsein, dass sich die Unterbrechung der Normalität nutzen ließe, um – wie auch die Klimaforscher fordern – »das Ruder herumzureißen«, einen neuen Kurs einzuschlagen und endlich Ernst zu machen mit der »Großen Transformation«.

*

Die Pandemie war noch längst nicht überstanden, als im Februar 2022 eine neue Welle der Angst anrollte. Auslöser war Russlands Krieg gegen die Ukraine. Der Angriff wurde begleitet von Putins unverhohlener Drohung mit einem Atomschlag, falls die NATO militärisch eingreifen würde. Am selben Tag erhöhte Putin die Alarmstufe für die nuklearen Angriffskräfte. Im Westen tat man das als Erpressungsversuch ab.

Ungefähr zur gleichen Zeit veranstaltete das Bundeskanzleramt in Berlin eine Dichterlesung zur Solidarität mit dem geschundenen Land. Die ukrainische Sängerin Mariana Sadovska richtete vom Podium aus einen verzweifelten Appell an das Publikum im Saal: »Aber wir können doch so einen Verbrecher wie Putin nicht davonkommen lassen, nur weil er mit der Atombombe droht ... Wenn die Welt untergeht, weil wir der Ukraine halfen, dann soll es halt so sein.« Eine kompromisslose Bitte, geboren aus Verzweiflung. Niemand widersprach. Andere Stimme warnten. Japans UN-Botschafter Ichiro Ogasawara etwa erklärte vor einem UN- Forum: »Als das einzige Land, das einen atomare Bombadierung in Kriegszeiten erlebt hat, ist sich Japan der katastrophalen Folgen voll bewusst ... So eine Tragödie darf sich *nie wieder* wiederholen.« NEVER AGAIN. Nie wieder.

*

Ein Flashback zurück in meine Kindheit in den fünfziger Jahren. Zu meinen Pflichten gehörte es, schon bevor ich selbst lesen konnte, morgens die Tageszeitung aus dem Briefkasten zu holen. Schon im Treppenhaus, auf dem Weg zurück in den dritten Stock des Nachkriegs-Sozialbaus, in dem wir wohnten, nahm ich flüchtig das Foto auf der Titelseite in Augenschein. In regelmäßigen Abständen zog mich dabei ein einziges düsteres Motiv in immer neuen Varianten in seinen Bann. Eine pilzförmige Wolke, *mushroom cloud*, starrte mir entgegen. Fotos der Wolkenformation, die nach der Zündung einer Atombombe zum Himmel aufsteigt, wurden zu Ikonen des Kalten Krieges.

Vom ersten Test 1945 über die Ernstfälle von Hiroshima und Nagasaki bis zum Abkommen zum Verbot überirdischer Tests 1963 detonierten etwa 500 Atombomben in der Atmosphäre. Auch als Mitte der sechziger Jahre die Tests unter die Erdoberfläche verlagert wurden, blieben diese Bilder unauslöschlich im kollektiven Bewusstsein haften, traumatisierten meine Generation überall auf der Welt. Das war nicht nur pure Angst. Noch etwas kam hinzu. Im Englischen spricht man von »thrill«, Angstlust, von »shock and awe«: Erschütterung durch die magische Schönheit der ikonischen Bilder, ehrfürchtige Angst. Vor der lebensbedrohlichen Macht der Technologie und vor den Machthabern, die über sie verfügten. Die Bilder, erst recht die bewegten Bilder auf der damals für uns neuen TV–Mattscheibe und der Kinoleinwand, strahlten eine morbide (kranke) Ästhetik aus. Erst jetzt, im Rückblick, wird mir bewusst, wie massiv in meiner Kindheit das Wort, das Bild, die Vorstellung nuklear verstrahlter Wolken Angst eingeflößt hatte.

Eine radioaktive Wolke entsteht in den Sekundenbruchteilen nach der Zündung der Bombe. Diese löst die nukleare Kettenreaktion im Inneren des metallenen Körpers aus. Die Detonation erzeugt einen gasförmigen Feuerball. Hitze breitet sich aus. Die Schockwelle aus Überdruck, Hitze und Feuersturm zermalmt die Strukturen an Ground Zero, dem Epizentrum, der Bodenoberfläche in nächster Nähe der Sprengung, Sie reißt einen Krater auf. Erde und Schutt werden zerstäubt, verstrahlt und emporgeschleudert. Die Druckwelle bildet eine Wand aus hochkomprimierter Luft, formt eine glühende, rötlich-braune Wolke aus

Staub, Rauch und radioaktiven Partikeln. Im Aufsteigen saugt sie Wasser aus der umgebenden kühlen Luft. Der Aufwind formt die Wolke zu einer Säule mit einer beulenförmigen Ausbuchtung im oberen Bereich. Sie kühlt sich ab, hört auf zu glühen, wird weiß. In circa 10 Kilometern Höhe stoßen die noch aufsteigenden Teile der Wolken in die Grenzschichten zwischen Troposphäre und Stratosphäre vor. An den dort zirkulierenden stabileren Luftschichten prallen sie ab, expandieren in die Breite, flachen ab. Der Wasserdampf gefriert. Jetzt formt sich eine Struktur, die an den Schaft und den Hut eines Pilzes erinnert – *mushroom cloud*. In dieser Form bleibt die radioaktive Wolke etwa eine Stunde lang sichtbar. Dann wird sie vom Winde verweht. Sie löst sich in die umgebende Atmosphäre auf, vereinigt sich mit den natürlichen Wolken, tarnt sich als heitere Natur. Als radioaktiver Niederschlag, Fallout genannt, kehrt sie irgendwann, irgendwo in Form winziger Partikel zur Erde zurück. Die Teilchen kontaminieren Böden und Gewässer mit radioaktiven Isotopen wie Strontium 90 oder Caesium 137. Deren Zerfallszeit ist extrem lang. Doch die Bedrohung ist bis dahin längst unsichtbar geworden.

»Heller als tausend Sonnen«: Der Blitz sei vom Mars aus zu sehen gewesen, vermuteten Wissenschaftler, die zu Augenzeugen des ersten Atombomben-Test am 16. Juli 1945 in der Wüste von New Mexico wurden. *Shock and awe*. Erschütterung und Ehrfurcht – und Hybris. Man erlebte den Aufstieg der Wolke in den Himmel als majestätisch, als erhaben, als dunkle Schönheit. Den Atomphysiker Robert Oppenheimer, Leiter beim Manhattan-Projekt, erinnerte das Schauspiel an einen Vers aus dem indischen Schöpfungsmythos *Bhagavid Gita*: »Jetzt bin ich zum Tod geworden, zum Zertrümmerer der Welten.« Hybris oder Verstörung? Entsetzen angesichts eines Abgrunds an Schuld – und Reue? In dem religiösen Urtext dient dieser Satz der Selbstbeschreibung des Gottes Krishna. Die Passage beginnt mit den Worten: »Sollte am Himmel der Glanz von tausend Sonnen gleichzeitig aufgehen, so würde diese Strahlung meiner Helligkeit gleichen.«

Das radikal Neue: die Erkenntnis, dass der Mensch selbst seine eigene Auslöschung in Gang setzen kann. Die Vernichtung der menschlichen Zivilisation war in den Bereich möglicher menschlicher Handlungen eingetreten. Die *mushroom cloud,* der Atompilz visualisierte und symbolisierte Endspiel, Endzeit, Apokalypse. Wenige Tage nach dem Test in Mexiko detonierten die Bomben über Hiroshima und Nagasaki. Den Bildern des Atompilzes in der Wüste folgten die Fotos vom Ernstfall in dichtbesiedelten Städten. Der Feuerball, der von der Erde aufschießende Pilz verwob sich mit den Bildern von schwarzem Regen und gespenstischen nuklearen Ruinen. Im Umkreis von 500 Metern von Ground Zero starben alle Menschen sofort. Bis Ende 1945 waren circa 140.000 Einwohner der Stadt tot. In diesem historischen Kontext stand Einsteins *Oh weh.* Das zarte Empfindungswort öffnete einen Zugang zu möglichen Wegen aus der Angst. Es signalisierte Trauer und Empathie für das Leid.

Auch Gegenbilder zum *mushroom cloud* gingen um die Welt. Eins davon war »*Hitokage no ishi*«: Ein Foto, das die Umrisse einer menschlichen Gestalt zeigt, die auf den Stufen eines Bankgebäudes in der Innenstadt von Hiroshima, 260 Meter von Ground Zero entfernt, gesessen hatte, auf die Öffnung der Bank wartend, als der Atomblitz einschlug, und der schwarze Regen fiel. Die Konturen der Frau, vermutlich die 42-jährige Mitsuno Koshitomo, brannten sich in den Stein ein. Der steinerne Abdruck gab der Trauerarbeit der Bevölkerung einen Ort. Er stand für das *nie wieder*, für Versöhnung statt Vergeltung. Heute ist er im Museum im Friedenspark von Hiroshima zu sehen.

In der Zeit des menschengemachten Atompilzes wurde ein Pilz aus der wilden Natur ikonisch:

Die Wolke zieht vorüber
löst sich auf
und ich rieche das Aroma des Pilzes.

Das Haiku des Dichters Koi Nagata feiert den Matsutake, einen Pilz aus der Familie der Ritterlinge. In der japanischen Tradition galt sein Duft seit Jahrhunderten als jedes Jahr neu sehnsüchtig erwarteter Künder des Herbstes. Er wurde verehrt und war wie die Kirschblüte im Frühling ein beliebtes Ziel von Familienausflügen. Sein Fleisch galt und gilt noch heute als Delikatesse und erzielt Spitzenpreise. Der Matsutake-Pilz soll am Ground Zero im Herbst 1945 aus dem Boden gekommen sein – so wie jedes Jahr.

Ikonisch wurden auch die Fotos der Hibaku-Bäume, der überlebenden Baumwesen von Hiroshima. Ein Gingkobaum ergrünte im nächsten Frühjahr wieder. Die Schwarzkiefer, der Sonnenschirmbaum, Weidenbäume, Eukalyptus, Bambus, Hanfpflanzen kamen zurück. Oleander und Azaleen blühten wieder auf. Wenn es eine Botschaft all dieser Pflanzen an die überlebenden Menschen gibt, dann lautet sie: Die Natur ist stärker. Das Leben geht weiter – selbst im Inferno.

*

Ich erinnere mich an einen Moment in meiner Kindheit. An jenem Tag, es war der 13. August 1961, ich war elf, stand auf einmal die Nachbarsfrau mit verweintem Gesicht vor unserer Wohnungstür: »Gibt es jetzt Krieg?« Die bange Frage überschattete unsere gesamte Kindheit. Wir hatten, könnte man sagen, eine behütete Kindheit an einem der heißesten Punkte des Kalten Krieges. Unsere Vorstellung von »Krieg« verband sich unlösbar mit den Bildern der Drohgebärden zwischen der Sowjetunion und den USA. Sie ließen uns erschauern, verfolgten uns bis in unsere Albträume hinein, quälten uns, traumatisierten uns. Im Herbst 1963 verfolgten wir atemlos die TV-Bilder von den sowjetischen Frachtern, die Raketen nach Kuba transportierten, hörten in den Nachrichten von der scheinbar unmittelbar bevorstehenden Konfrontation amerikanischer und sowjetischer Kriegsschiffe in der Karibik, bekamen mit, dass die Welt am Abgrund eines atomaren Schlagabtauschs stehen könnte. Was gab uns damals Zuversicht?

NIE WIEDER KRIEG – diese Parole war damals für mich eine Offenbarung. Ich entdeckte sie im elterlichen Bücherschrank, in einem Band mit Bildern und Tagebuchaufzeichnungen von Käthe Kollwitz. Darunter war das ikonische Plakat abgebildet, das die Künstlerin 1924, zehn Jahre nach Ausbruch des Ersten Weltkriegs für eine Antikriegsveranstaltung der Sozialistischen Arbeiterjugend in Leipzig geschaffen hatte. Die Zeichnung auf dem Plakat zeigt die Frontalansicht eines Jünglings mit wehendem Haar. Der Mund ist zu einem Ruf geöffnet. Die Augen sind weit aufgerissen. Die linke Hand ist aufs Herz gelegt. Der rechte, ziemlich muskulöse Arm streckt sich senkrecht empor. Hand und Finger formen sich zur Gebärde des Schwurs. In der schwungvollen Handschrift der Künstlerin, jedes Wort extra unterstrichen, füllt die Parole *Nie wieder Krieg* die freie Fläche zu beiden Seiten des Armes. Das Plakat hat Käthe Kollwitz mit Herzblut gestaltet. »Heut ist der zehnjährige Gedenktag. Heut schwört mein Plakat: Nie wieder Krieg«, schrieb sie an ihren älteren Sohn Hans (übrigens ein Jugendfreund von Walter Benjamin). Sein jüngerer Bruder Peter war als 18-Jähriger gleich zu Beginn des Krieges in einem Schützengraben in Flandern gestorben.

Die Trauer der Mutter – unermesslich. Das Plakat aber war eine Auftragsarbeit, die Inschrift vorgegeben. Der Auftrag kam nicht von irgendwie friedensbewegten Idealisten. Die »Nie wieder Krieg«-Komitees, die für den Protesttag in Leipzig mobilisierten, bestanden in der Mehrheit aus heimgekehrten Frontsoldaten sowie aus Frauen, die in den Munitionsfabriken geschuftet und die Steckrübenwinter ausgehalten hatten. Sie hatten in apokalyptische Abgründe geschaut und es hatte sich ihnen etwas »enthüllt«, das sie in die zwei Wörter *nie wieder* fassten. Das hatten sie zu ihrer *Sache* gemacht, für die sie durchaus auch *militant* zu kämpfen bereit waren: »Wenn ihr nur wollt: bei euch steht der Sieg! / Nie wieder Krieg!« (Kurt Tucholsky, 1922).

Das ist keine Ausmalung einer realitätsfremden Utopie, sondern der Schwur, alles zu tun, um Krieg, die Existenz des Militärs selbst, zu ächten. Es ist die Entschlossenheit, sich das Leben nicht durch die »todsichere Aussicht« auf immer neue Kriege »verhunzen« zu lassen (Karl Kraus, 1920).

In meiner Kindheit in den 1950er-Jahren war diese Entschlossenheit nach meiner Erinnerung weitgehend Konsens, gerade unter vielen, die im Zweiten Weltkrieg an der Front gekämpft hatten. Erst 2022 wurde dieser Konsens wirklich gekippt. Unter dem Vorzeichen der ausgerufenen »Zeitenwende« erschien *Nie wieder Krieg* vielen als hoffnungslos naiv und blauäugig, ja als Verrat an den Werten des Westens, als Flucht aus der Verantwortung. Das Gegenteil ist der Fall: *War is no solution.* Das englische Wort für Krieg ist aus dem angelsächsischen *wyrre,* dem altsächsischen *werran* hervorgegangen. Das hängt mit unserem Wort *Verwirrung* zusammen. *Nie wieder* ist die rationale Konsequenz aus dem Blick in den Abgrund – egal, ob in den Abgrund der militärischen Eskalation, der atomaren Vernichtung, der Erderhitzung oder der Pandemie.

Die Metapher eines »nuklearen Winters« ist heute wieder von beklemmender Aktualität. Das Szenario aus den 1980er-Jahren: Die Detonationen Hunderter Atomsprengköpfe überall auf dem Globus verursachen weltweit unkontrollierbare Feuerstürme in den Städten und Wäldern. Millionen Tonnen Rauch-, Ruß- und Staubpartikeln steigen auf, formieren sich zu einer undurchdringlichen Wolkendecke, blockieren wochenlang den Einfall des Sonnenlichts auf die Erdoberfläche. Die Temperaturen fallen weltweit um 10 bis 20 Grad. Fahles Licht, klirrende Kälte, nukleare Niederschläge. Die pflanzliche Photosynthese ist unterbrochen. Die Überlebenden finden sich auf einem dunklen, kalten, kontaminierten, chaotischen Planeten wieder. Homo sapiens mutiert zum postapokalyptischen »Mad Max«.

Etwas zu seiner *Sache* zu machen und damit an einer *gemeinsamen Sache* teilzuhaben, erweitert das Bewusstsein für eigene

Handlungsoptionen. Die Politik der Entspannung, heute spricht man von Deeskalation, war von großen Hoffnungen begleitet. Die Verweigerung des Kriegsdienstes wurde unter Jugendlichen zu einer, von Kirchen und anderen Institutionen wirksam unterstützten Massenbewegung. Eine kleine Kette von ikonischen Bildern, Symbolen und Gesten half uns damals, die lähmende Wirkung der Horrorbilder zu überwinden. Viele dieser Symbole sind heute wieder präsent: Die Friedenstaube zum Beispiel. Eine erste Version hatte Pablo Picasso drei Jahre nach der Hiroshima-Bombe kreiert. Sie diente als Logo für einen linken Weltfriedenskongress, der 1949 in Paris stattfand. Die bekannteste Variante zeichnete Picasso 1961 mit leichter Hand und unbeschwerter Eleganz. Da ist die Taube im Flug, einen Olivenzweig im Schnabel transportierend. Das Bild bezieht sich natürlich auf die alttestamentarische Geschichte von der Sintflut, die Gott in seinem Zorn über die Sündhaftigkeit der Menschen über die Erde bringt. Nur Noah und seine Familie, die einzigen Gerechten, lässt er überleben. Auf seiner Arche, beladen mit Vertretern aller Tierarten. Nach vierzig Tagen ließ Noah Tauben fliegen, um zu erkunden, ob die Flut und der Zorn Gottes vorüber seien. Eine Taube kehrt mit einem Olivenzweig zurück. Inmitten der Wasserwüste war wieder Land aufgetaucht. Ein untrügliches Zeichen, dass Friede und Versöhnung nahe waren.

Ein neues Symbol der Bewegung gegen die Atombombe ging in den frühen sechziger Jahren von England aus um die Welt. Entworfen hatte es der Grafiker Gerald Holtom. Nichts weiter als ein Kreis mit einer vertikalen Linie in der Mitte und zwei schräg nach unten abgewinkelten Strichen. Sie sind dem Flaggenalphabet entlehnt, das früher auf hoher See zur Verständigung in Notfällen benutzt wurde. Dort stehen zwei abgewinkelte Arme für den Buchstaben N, die vertikale Körperhaltung für das D. Die Kombination der Zeichen sollte ein »nuclear disarmement«, nukleare Abrüstung, versinnbildlichen. Geboren war das *Peace*-Zeichen.

Eng damit verbunden ist die *victory hand*. Aus der geballten Faust werden Zeige- und Mittelfinger gespreizt, sodass dass sie den Buchstaben V formen. Die Geste entstand in der belgischen Widerstandsbewegung gegen die Besatzung durch Nazideutschland, als Antwort auf das Hakenkreuz. Das V stand für *victoire* (Sieg) und *vrede* (Frieden). Im Sommer 1941 übernahm der britische Premierminister Churchill die *victory hand* und machte sie weltberühmt. Während des Vietnamkrieges mutierte das Zeichen zum Symbol der amerikanischen und dann der weltweiten Friedensbewegung. Sie nutzte die Geste als Zeichen der Verbundenheit und zum Ausdruck ihrer Entschlossenheit und – nicht zuletzt – ihrer Siegesgewissheit. *We shall overcome!*

Dieselbe Botschaft ging von der Regenbogenfahne aus. Sie wurde in Italien bereits in den frühen sechziger Jahren als Symbol der Friedensbewegung populär. In Streifen angeordnet, erschienen die sieben Farben des Regenbogens: rot, orange, gelb, grün, blau, indigo und violett, allerdings in umgekehrter Reihenfolge. International bekannt wurde die Peace-Fahne bei den Protesten gegen den Irakkrieg der USA und ihrer Verbündeten im Jahre 2003. Schon viel länger ist die Fahne auch ein machtvolles Symbol der Lesben- und Schwulenbewegung.

Alle diese Symbole waren und sind Erkennungszeichen: Du bist nicht allein. Sie stärken das rationale und emotionale Fundament für neue Ideen und Werte. Sie stiften Gemeinschaft, Solidarität, Mut und Zuversicht unter dem Druck akuter Bedrohung durch die Atombombe. Sie öffnen Handlungsoptionen. Von ihnen aus lassen sich Zugänge öffnen zu der Erkenntnis, dass Krieg keine Lösung ist.

*

Wichtig waren damals auch Spruchweisheiten – »*motivational sayings*«, wie man heute sagen würde. In den Momenten der größten Bedrohung tauchten sie in immer neuen Varianten auf.

Ob »Bangemachen gilt nicht!« in den heißen Momenten des Kalten Krieges, etwa in den Tagen des Mauerbaus in Berlin, eine Rolle spielte, weiß ich nicht mehr. Was ich nicht vergessen habe: Nur ein paar Wochen nach diesem angsteinflößenden Ereignis flimmerte in Schwarzweiß eine neue Samstagabend-Unterhaltungsshow über unsere noch ziemlich neue Mattscheibe. Die erste Folge, moderiert von dem Schauspieler Joachim Fuchsberger, kam live aus Westberlin. Aus dem Sportpalast, wenn ich mich nicht irre. Der Titel der Sendung: »Nur nicht nervös werden!« Eine moderne, ziemlich coole Fassung des alten Spruchs. Er knüpfte nahtlos an die Berliner Redensart vom »Nervenkostüm« und den »starken Nerven« an.

Eine weitere Variante schnappte ich ein paar Jahre später im Kino auf – »Angst essen Seele auf«. Der Filmtitel des jungen Regisseurs Rainer Werner Fassbinder aus dem Jahre 1974 zitiert eine seiner beiden Hauptfiguren. Der marokkanische Gastarbeiter Ali kommuniziert mit diesem Satz seiner Frau, der an Depressionen leidenden Münchner Putzfrau Emmi, ein Stück seiner Lebensphilosophie. »Angst essen Seele auf« klingt nach einer ziemlich wörtlichen Übersetzung aus Alis Muttersprache, dem marokkanischen Arabisch oder dem Tamazight, der Berbersprache.

Ich erinnere mich an einen Science-Fiction-Roman des britischen Autors John Brunner, der 1975 erschien. Er erzählt von der Selbstbehauptung autonomer Individuen und Öko-Gemeinschaften im Amerika einer nahen Zukunft. Ein obskures Machtzentrum namens »Tarnover« hat mittels Computertechnologie, Vernetzung und Überwachung eine totalitäre Konsum- und Wachstumsgesellschaft etabliert. Der Titel des Romans: *Shockwave Rider*. Was für eine Metapher! Die Rettung kommt von denjenigen, die auf den Schockwellen surfen, die sich also von den Schockwellen ihrer Gegenwart nicht Bange machen, nicht lähmen lassen, sondern ihnen die Stirn bieten, ihre Wucht nutzen, sich emporheben und tragen lassen, sie bezwingen und überwinden. Wow!

Aus der Szene der kalifornischen Surfer und Skateboarder kam ein paar Jahre später der Slogan »no fear!«. Klingt archaisch, deckt sich fast mit dem biblischen »fürchte dich nicht«, das in der frühen englischen Bibelübersetzung »fear not« lautete. Im sonnigen Kalifornien tauchte die Botschaft als Slogan von hedonistischen Jugendkulturen auf, dann als Markenzeichen in der Freizeitindustrie. Es zierte Outfit und Gear von Skateboardern und Inline-Skatern, Surfern und Extremsportlern. Waren diese Trendsportarten samt ihrer Logos und verbalen Botschaften schon so konzipiert? Nicht als bloße Freizeitvergnügungen, sondern unterschwellig als ein Weg zur Ermächtigung gegen Teenage-Angst und all die anderen Ängste, die im Leben folgen sollten? Körperbeherrschung, Mut und Risikobereitschaft verbanden sich mit der Suche nach der Leichtigkeit des Seins. Der Spruch »no risk, no fun« bindet beides ebenfalls zusammen. Damit vermarktete die Hollywood-Ikone Jane Fonda Aerobic- und andere Fitness-Übungsprogramme.

*

Zu Beginn des neuen Jahrhunderts lösten die Bilder von 9/11 einen tiefen Schock aus. Die einstürzenden Twin Towers des New Yorker World Trade Centers wurden 2001 zum Symbol für die Bedrohung durch den *jihad,* den »heiligen Krieg« des islamistischen Fundamentalismus. Beinahe 3000 Menschen starben in dem Inferno.

Mich bewegt bis heute ein alternatives Bild von 9/11. Der deutsche Fotograf Thomas Höpker hat es geschossen. Im Hintergrund ist die Skyline von Manhattan zu sehen, kurze Zeit nach dem mörderischen Anschlag. Der strahlend blaue Spätsommerhimmel wird gerade partiell von gewaltigen Rauchschwaden verdüstert, die aus den Twin Towers nach dem Aufprall der Flugzeuge aufsteigen und abziehen. Im Vordergrund aber, auf der Brooklyner Seite, lagern fünf junge Menschen am Ufer des East River. Eingerahmt von zwei hohen Zypressen und zwei Kübelpflanzen, einc Reihe hölzerner Pfähle führt ins pastellblaue Wasser des Flusses. Drei der jungen Leute sitzen auf einer langgestreckten Holzbank. Einer rittlings, die Frau hat ihre Beine hochgezogen, als ob sie sich auf der Bank sonnen wollte. Davor, auf dem Fußweg, hat sich einer in die Hocke gesetzt, der andere sitzt seitwärts auf einem Korbstuhl. Ihre Kleidung entspricht dem warmen Frühherbstwetter. T-Shirt, kurzärmliges Hemd, Muscle-Shirt. Sneaker, Sonnenbrille. Zwischen ihnen ist ein Fahrrad aufgebockt. Sie wirken entspannt – einfach cool.

Das weltbewegende Drama, das sich hinter ihnen abspielt, scheint sie nicht aus der Fassung zu bringen. Sie sind offenbar in ihr Gespräch vertieft, haben Blickkontakt miteinander. Keiner blickt Richtung Ground Zero. Der Fotograf hat sich erst vier Jahre später getraut, die Aufnahme zu veröffentlichen, und stieß tatsächlich auf zornige Proteste. Ist das Bild, dieses unheimliche Nebeneinander von Idylle und Inferno frivol? Dekadent? Ich lese es anders. Es scheint mir ein Sinnbild zu sein für eine Haltung, die man in New York seit den fünfziger Jahren mit dem Ausdruck »cool« bezeichnete. Coolness, so die schönste Definition, die ich kenne, ist »Anmut unter Druck«.

Ein Slogan wurde vor dem Hintergrund von 9/11 und der ein paar Jahre später folgenden internationalen Finanzkrise weltweit »Kult«: *Keep calm and carry on.* Auch das eine Flaschenpost aus Kriegzeiten. Das britische Informationsministerium ließ 1939 ein Poster mit dieser Inschrift entwerfen und in kleiner Auflage drucken. Weiße Schrift auf rotem Grund, verziert mit der britischen Krone. Im Fall einer deutschen Invasion wollte man die Botschaft massenhaft verbreiten. »Bleibt ruhig und macht einfach weiter.« Wobei ich *calm* in diesem Kontext mit *gelassen* übersetzen würde. Das »carry on« interpretiere ich heute auch nicht als »weitermachen« im Sinne von »business as usual«. Vor dem Hintergrund des Fotos von 9/11 sehe ich die Botschaft eher in der Entschlossenheit, sich auf der Suche nach einem *guten Leben* nicht aufhalten zu lassen.

*

Und jetzt? Es ist, wie es ist. Die Erscheinungsformen der multiplen Krise häufen sich, verstärken sich gegenseitig, werden bedrohlicher. Das ist gemeint, wenn wir sagen, die Welt gerät aus den Fugen. Wie könnte unter diesen Umständen eine Anatomie der Furchtlosigkeit aussehen? Einen, wie ich finde, immer noch aktuellen Entwurf hat der Neurologe und Therapeut Kurt Goldstein 1934 formuliert. Einer aus der Generation und dem geistigen Kosmos von Kollwitz und Einstein, Benjamin und Adorno. Sein Modell, kurz skizziert:

Die »Erschütterung« gehört zum Elementaren des Lebens und des Menschseins. Bei der Bewältigung der Welt, sagt Goldstein, gehe der Mensch von einem Zustand der Erschütterung zum anderen. Einerseits, und nie zu vergessen, sind es die positiven Erschütterungen, das »Erstaunen«, die Zustände des »lustbetonten sich Wunderns«. Ich habe sie in Kapitel 2 als Verzauberung und als WOW-Momente beschrieben. Zum anderen aber sind es die katastrophalen Erschütterungen, die Schocks, »das Erlebnis der Gefahr und der Gefährdung der eigenen Person«. Hier kommt es darauf an, sich nicht »überwältigen« zu lassen.

Goldstein unterscheidet wie die zeitgenössische Philosophie zwischen »Furcht« und »Angst«. Furcht impliziert die Frage nach dem wovor, also nach dem realen Objekt, der Ursache der Gefährdung. Im Zustand der Angst dagegen verschwindet dieses Objekt immer mehr aus dem Blick. Angst wird zunehmend gegenstandslos, diffus, letztlich panisch. Furcht stärkt die Sinne. Angst lähmt sie. Sie macht die adäquate Auseinandersetzung mit der Gefahr unmöglich. Doch in Situationen der existenziellen Bedrohung sind das die entscheidenden Fähigkeiten: die besondere Situation in einen größeren Zusammenhang einordnen können. Erwägen können, wie man sich verhält. Die zweckmäßigste Abwehrreaktion entwickeln. Lösungen suchen und zwischen lösbaren und unlösbaren Aufgaben unterscheiden. Angst vermeiden, ja, aber auch Furcht überwinden.

Goldstein geht an dieser Stelle einen entscheidenden Schritt weiter. Er nimmt Maß am Verhalten des Kindes, an seinem »Betätigungsdrang«, an seiner »Lust am Bewältigen von Aufgaben«. Zum Schlüsselwort wird jetzt »überwinden« – ein Wort, das Grimms Wörterbuch von »gewinnen« ableitet und als »kämpfend besiegen« definiert. Goldstein empfiehlt: Die Störungen, die durch den Zusammenstoß mit den Kräften der Umwelt entstehen, überwinden: »nicht aus Angst, sondern aus Freude an der Überwindung«. Das heißt, die Gefahr, die Bedrohung, die Risiken anzunehmen, sie sogar zu bejahen. Sie als Herausforderung auf dem Weg zu »Möglichkeiten, die noch nicht verwirklicht sind«, zu definieren. Das schließt die Möglichkeit der »Verwirklichung des eigenen Wesens«, der »Selbstverwirklichung« mit ein.

Kurt Goldstein wusste, wovon er sprach. Den Großteil seines beruflichen Lebens hat er der Therapie hirnverletzter Soldaten des Ersten Weltkriegs gewidmet. Wegen seiner jüdischen Abstammung und seines sozialdemokratischen Engagements wurde er gleich nach dem Reichstagsbrand in Berlin verhaftet, gefoltert und aus dem Land gejagt. Im Exil in Amsterdam schrieb er 1933/34 sein Opus magnum *Der Aufbau des Organismus.* In dem Kapitel »Das Phänomen der Angst« entwickelte er seine Theorie der Furchtlosigkeit und führte in diesem Kontext den Begriff der »Selbstverwirklichung« in die Fachsprache der Psychologie ein.

*

Erfolgreich kämpft man nur *für* etwas, nicht *gegen* etwas. Natürlich ist die Ablehnung, die Kritik an den herrschenden Missständen und der Kampf dagegen wichtig, genauso wie der Wille, die Verantwortlichen zur Rechenschaft zu ziehen. Aber eine nur-kritische Haltung zur Welt lässt sich diese auf Dauer nicht gefallen. Das macht krank. Eine komplette Fixierung auf das Falsche, auf ein »dagegen« ist kontraproduktiv, schürt letztlich Ängste und Resignation. Kritik bedeutet ursprünglich das Unterscheidenkönnen von »richtig« und »falsch«. Erst eine Vision vom Richtigen, für das es sich zu kämpfen lohnt, setzt die notwendigen positiven Energien frei. Das schlichte, etwas angestaubte Wort *Sache* benennt diesen Zusammenhang. Es ist das, was man zu tun und zu vollbringen hat. Das englischen Wort *cause* klingt möglicherweise etwas frischer. Die zeitgeistige Vokabel *Projekt* meint im Grunde dasselbe.

Das Vertrauen in die eigene Selbstwirksamkeit entwickeln. Also die Überzeugung, dass das eigene Denken, Fühlen und Handeln bedeutsam sind. Dass man damit etwas ausrichtet, etwas bewirken kann, »Teil der Lösung« werden kann. Von da aus ein Vertrauen in die Wirksamkeit des kollektiven Handelns der Vielen entwickeln.

Lernen, die Ängste in »Sorge« zu verwandeln. Dieses Wort ist im Deutschen wunderbar vielschichtig. Zum einen meint es »Kummer, Trauer, seelischen Schmerz über geschehenes, vorhandenes oder bevorstehendes Unglück« (*Grimms Wörterbuch*). Das ist das englische *sorrow*. Aber daneben steht die andere, ebenfalls »schon seit alter Zeit bezeugte« Bedeutung von »Sorge«, nämlich ein »auf Schutz, Erhaltung, Förderung gerichtetes Streben«. Das englische Wort dafür lautet *care*. Da wandelt sich das passive Erleiden von etwas zum aktiven Handeln für etwas. In der philosophischen Tradition von Sokrates und Platon bis Heidegger und Foucault wurde diese Bedeutung von »Sorge« zu einem Schlüsselbegriff. Ich möchte ihn in drei Dimensionen auffächern: Selbstsorge, Fürsorge und Vorsorge. Wichtig scheint mir, die drei Dimensionen nicht gegeneinander auszuspielen, keine Schlagseite entstehen zu lassen, sondern sie zusammenzudenken. Ein Gedankenblitz: Das Zusammenspiel, die sorgfältige Balance von Selbstsorge, Fürsorge und Vorsorge – das ist die Essenz von *Nachhaltigkeit*. Meine These: Der Horizont einer nachhaltigen Zukunft – die Sorge um das Leben auf dem Planeten jetzt und in Zukunft – öffnet gangbare Wege aus der Angst.

Eine Haltung kristallisiert sich heraus, möglicherweise richtungweisend für die Zukunft. Es besteht aus einem Ensemble von komplementären Eigenschaften, die jetzt besonders wertvoll werden: gelassen und entschlossen, cool und leidenschaftlich, behutsam und verwegen, weitsichtig und handlungsbereit, liebevoll und militant.

Kapitel sechs

Eine andere Welt ist möglich

Einspruch gegen die Alternativlosigkeit

Eine andere Welt ist möglich – Mantra, Motto, Wahlspruch, Schriftzug an der Wand. In vielen Sprachen auf Transparente gemalt, auf Mauern gepinselt, in Sprechchören skandiert. Nur ein einfacher, kurzer Satz. Woher kommt er? Woraus bezieht er seine Strahlkraft, seine Aura und Autorität? Gibt es Berührungspunkte, Schnittmengen mit den Vorstellungen von einer »höheren Welt«? Mit Utopia? Mit dem »Metaversum« des Silicon Valley? Die Suche nach »Anderswelten« führt aus der pulsierenden Realität von heute Schicht um Schicht in die Tiefe unseres kulturellen Gedächtnisses. Stets geht es dabei um die Bewahrung unserer Fähigkeit, eine radikal bessere Zukunft zu imaginieren und zur Sprache zu bringen. Bei diesem Spruch geht es ums Ganze.

*

»Wir stehen auf der Oberbaumbrücke und es ist magisch«, twittert die Klimaaktivistin Luisa Neubauer. Das Datum ist der 19. März 2021, der erste weltweite Klimastreik-Aktionstag nach der Unterbrechung durch die Corona-Lockdowns. Das Motto: *Another world is possible*. In Berlin ist eine Malaktion und eine Bootsdemo angesagt. Die Teilnehmerzahl ist auf 250 beschränkt. Nach mehrstündiger Arbeit, zeitweise im Schneetreiben, prangt der Slogan in riesigen weißen Lettern in 30 Metern Länge auf der

Asphalt-Fahrbahn der Spreebrücke. Die hat schon viel erlebt: erbaut im Kaiserreich, zerstört im Zweiten Weltkrieg, von 1961 bis 1989 als Grenzübergang zwischen West und Ost genutzt. Jetzt also verziert von einer Parole »*for future*«. Hannah Pirot, die Berliner Sprecherin der *Fridays for Future*, erklärt, was der Spruch für die Bewegung bedeutet: »Wir brauchen systemische Veränderungen. Die Klimakrise ist das Ergebnis von struktureller Ausbeutung und ökologischer Zerstörung.« In einem Interview ein paar Wochen zuvor hatte sie sich zum zivilen Ungehorsam bekannt: »Warum soll ich brav zur Schule gehen, wenn die Welt untergeht?« Quälende Fragen, schlaflose Nächte. Das Abitur riskieren? Sie fand, sie könne unmöglich nichts tun. Auf der Straße erlebte sie die Kraft der freien Meinungsäußerung. »Es ging gleich ums Ganze.« *Another world is possible.*

*

Schauplatzwechsel. Der Ort ist Davos, der mondäne Kur- und Wintersportort in der Glitzerwelt der Schweizer Alpen. Am 25. Januar 2019 mischte Greta Thunberg das »World Economic Forum« in Davos auf. Das dortige Prozedere ist dasselbe wie jedes Jahr seit 1981. Unter der Regie des 80-jährigen schwäbischen Entrepreneurs Klaus Schwab haben sich über 3000 »*global player*« aus Wirtschaft, Politik und Medien versammelt. Die meisten sind im Privatjet angereist. Sie wollen ihre »*grand strategy*« nachjustieren. Deren fundamentale Orientierung ist das Bestreben, alles und alle den Gesetzen des Marktes zu unterwerfen. Ihr Mantra: Wachstum, Produktivität und Wettbewerbsfähigkeit. Ihr Zukunftsdenken kreist um ein möglichst langes »weiter so« auf der Basis eines euphorisch inszenierten Fortschrittsoptimismus und Techno-Futurismus. Imprägniert ist er mit dem neoliberalen Credo aus den 1980er-Jahren: *There is no alternative* – es gibt keine Alternative.

Die Rhetorik von Davos ist geschmeidig. 2019 ist die Rede von einer »gemeinsam geteilten Zukunft in einer gespaltenen

Welt«. Sie hat jedoch immer auch eine radikale Komponente. Die für notwendig erachteten Kurskorrekturen inszeniert man als »*disruptive change*«. Das Wort »disruptiv« kommt vom lateinischen *disrumpere* – zerreißen, einreißen, zerbrechen, zerschlagen. »*Disruptive change*« ist die Abwandlung einer Formel des österreichischen Ökonomen Joseph Schumpeter aus den 1930er-Jahren. Der sprach schon damals von der »schöpferischen Zerstörung«. Gemeint war die Beseitigung überholter Strukturen und Produkte durch die innovative Dynamik des Marktes und des kapitalistischen Konkurrenzkampfes. Stets hat man in Davos den unbedingten Willen, die Zukunft zu gestalten. »*Shaping the future*« lautete 2019 das Motto, durch die »neue Architektur der Globalisierung« die Zukunft gestalten. Es muss sich alles ändern, so könnte man den Geist von Davos auf den Punkt bringen, damit alles so bleibt, wie es ist.

Greta Thunbergs kurzer Auftritt sprengt die selbstgefällige Routine:

> Unser Haus steht in Flammen. Ich bin hier, um euch zu sagen: Unser Haus steht in Flammen. ... Ihr sagt, nichts im Leben ist schwarz oder weiß. Das ist eine Lüge. Eine sehr gefährliche Lüge ... Entweder wir verhindern, dass eine irreversible Kettenreaktion in Gang gesetzt wird, die sich menschlicher Kontrolle entzieht – oder wir verhindern es nicht. Entweder wir entscheiden uns, als Zivilisation weiter zu existieren, oder wir tun es nicht. Das ist so schwarz und weiß, wie es nur geht. Es gibt keine Grauzonen, wenn es ums Überleben geht. Jetzt haben wir alle noch eine Wahl.

Nur eine einsame Stimme, die man ein paar Minuten lang auf dem riesigen Forum zu Wort kommen ließ? Die junge Schwedin nutzte die Bühne zu einer frontalen Attacke auf die Klasse der Superreichen und Mächtigen und deren Hoffnung, die Welt weiter nach ihrem Bild zu formen, zu verändern, zu optimieren. Ein

Angriff auf deren ewig folgenlos bleibende Lippenbekenntnisse zum nachhaltigen Wandel. »Erwachsene sagen ständig: Wir sind es den jungen Leuten schuldig, ihnen Hoffnung zu machen. Aber ich will eure Hoffnung nicht. Ich will nicht, dass ihr hoffnungsvoll seid. Ich will, dass ihr in Panik geratet. Ich will, dass ihr die gleiche Angst habt, die ich tagtäglich verspüre, und dann will ich, dass ihr handelt.« Greta Thunbergs Bezugsgröße in dieser Rede ist nicht der Homo oeconomicus, sondern Homo sapiens, der selbst die größte Herausforderung, vor die er je gestellt worden sei, die Klimakrise, noch meistern könne. Ihre Rede wurde zum Medienevent und entwickelt eine weltweite Dynamik.

Da ist etwas Bedeutsames passiert: Die im Diskurs über Nachhaltigkeit so oft beschworene Enkelgeneration ergreift selbst das Wort. Ihre Sprecherin markiert glasklar einen Antagonismus. Dem Credo der Davos-Leute »Unser *way of life* ist nicht verhandelbar« setzt sie ihre Gewissheit entgegen: Eine lebbare Zukunft für unsere Generation und all die folgenden ist nicht verhandelbar. Sie spricht dieser Klasse die angemaßte Deutungshoheit über die Zukunft ab.

Der Ruf nach einer radikal anderen Welt pflanzte sich fort und ging um die Welt in jenem Jahr 2019. Im November kam er noch einmal auf die große Bühne. Greta Thunberg sprach vor COP25, dem UN-Klimagipfel. Als sie fertig war, stürmten Klimaaktivisten das Podium, demonstrierten ihren Zorn, bevor sie mit hochgereckten geballten Fäusten und dem Sprechchor »*We are unstoppable – another world is possible!*« die Bühne wieder verließen.

*

Von Anfang an hatte sich der Slogan direkt gegen die Macht von Davos gerichtet. Auf die Weltbühne kam er im Januar 2001. Zeitgleich – und bewusst als Gegenpol zum Davoser Weltwirtschaftsforum – strömte in jenem Jahr in der brasilianischen Metropole Porto Alegre eine bunte »*multitudo*« von Aktivistinnen und Aktivisten aus aller Welt zusammen. In der Hitze des tropischen Sommers auf der Südhalbkugel formierte sich das »Weltsozialforum«. Dem neoliberalen »*there is no alternative*« hielt es seine eigene strategische Parole entgegen: »*Um outro mundo é possivel*« – eine andere, eine alternative Welt ist möglich.

Der kurze Satz wurde zwei Jahre später, auf dem Weltsozialforum des Jahres 2003, wiederum in Puerto Alegre, erweitert, angereichert und mit Leben erfüllt. Auf dem Podium bei der Abschlussveranstaltung saß Arundhati Roy, damals 42 Jahre alt, die schon damals weltbekannte indische Schriftstellerin. Das Thema im Giganthino-Stadion der Stadt: *Confronting the Empire* – dem Empire die Stirn bieten. Die Arena ist mit circa 20.000 überwiegend jungen Menschen gefüllt. Die Bühne ist geschmückt mit einem Bild des blauen Planeten, getragen und umfasst von Händen verschiedener Hautfarben, einer Karte mit den fünf Kontinenten und einem Banner mit dem Motto der Veranstaltung: »*Another world is possible*«. Arundhati Roys Vorredner an diesem Nachmittag war Noam Chomsky, der amerikanische Linguist und Imperialismuskritiker. Der einzige Weg, dem Empire die Stirn zu bieten, sagt er, sei es, »eine andere Welt zu kreieren, eine, die nicht auf Gewalt und Unterdrückung, Hass und Angst basiert.« Arundhati Roy beginnt ihre Rede mit einer Hommage an das Publikum und an ihren Vorredner und dem Versprechen, sich kurz zu fassen. Und tatsächlich, nach knapp 15 Minuten beendet sie die Rede, in der sie ihre Vision einer anderen Welt entfaltete. Und dieser Schluss hat es in sich.

> Unsere Strategie sollte nicht nur in der Konfrontation mit dem Empire liegen, sondern auch in einer Belagerung. Dem Empire den Sauerstoff entziehen. Es beschämen. Es verspotten. Mit unserer Kunst, unserer Literatur, unserer Sturheit, unserer Freude, unserer Brillanz, unserer schieren Unnachgiebigkeit. Und unserer Fähigkeit, unsere Geschichten zu erzählen.

> Geschichten, die sich unterscheiden von denen, die man uns in einer Gehirnwäsche glauben machen will. Die Revolution der Weltkonzerne wird kollabieren, wenn wir uns weigern, ihnen abzukaufen, was sie uns verkaufen wollen – ihre Idee, ihre Version der Geschichte, ihre Kriege, ihre Waffen, ihre Vorstellung von Alternativlosigkeit.

Dann zitiert Arundhati Roy die berühmten Schlussverse aus dem Gedicht *The Mask of Anarchy* des englischen Romantikers Percy B. Shelley: »*Ye are many – they are few*«. Ein simpler Satz, der Generationen von rebellischen Geistern als Kampfruf und Kraftquelle zum Durchhalten diente. »Denkt daran«, sagte Roy, »wir sind viele und sie sind wenige. Sie brauchen uns mehr als wir sie.« Und dann folgt ein zartes Bild: »Eine andere Welt ist nicht nur möglich. Sie ist im Entstehen. An einem stillen Tag, wenn du achtsam hinhörst, hörst du sie atmen.« Roys schönes Denkbild behauptet sanft und entschieden, dass im Schoß der alten Gesellschaft eine neue heranwachse und zu atmen beginne. Die Vorstellungen von Transformation und Durchbruch zu einer »anderen Welt« werden hier nuanciert von der Metaphorik des keimenden Lebens, des embryonalen Werdens, des Gebärens und der Entbindung.

*

Als sie zum ersten Mal gedruckt wurde, war die Parole nur eine Schlagzeile. Das Licht der Welt erblickte sie auf dem Cover einer französischen Zeitschrift. Auf der Frontseite eines Themenhefts der Zeitung *Le Monde diplomatique,* im Herbst 1998, stand in großen Lettern »*Un autre monde est possible*«. Der Leitartikel stammte aus der Feder von Ignacio Ramonet, dem damaligen Chefredakteur. Der gebürtige Spanier war im marokkanischen Tanger aufgewachsen, in einer Familie, die vor dem Franco-Regime geflüchtet war. Seit den frühen siebziger Jahren hatte er sich einen Ruf als linker Journalist und Kommunikationswissenschaftler aufgebaut. 1997 trat er als Ideengeber des globalisierungskritischen ATTAC-Netzwerkes hervor.

Sein Artikel handelte von einem »Bedarf an Utopie«. Der Fall der Berliner Mauer und die Implosion des Kommunismus hätten ein Vakuum hinterlassen, so Ramonet. Angesichts der Offensive des Kapitalismus, seiner schrankenlosen Expansion und der – wie Ramonet formuliert – »neoliberalen Barbarei« seien neue Vorschläge, Perspektiven, Ziele unabdingbar. Man müsse aus der Defensive herauskommen. Ramonet setzt auf die Graswurzelbewegungen und die Zivilgesellschaft, auf das Verbot der Steuerparadiese und die Förderung einer solidarischen Ökonomie, auf das Ende der Diskriminierung der Frauen, die Stärkung der UN und nicht zuletzt: auf das Prinzip der nachhaltigen Entwicklung. Er setzt auf den »Sinn für das Zusammenleben« und das »Gemeinwohl«, letztlich auf eine »Ethik der Zukunft«.

In einem Interview im Sommer 2019 habe ich Ignacio Ramonet gefragt, was damals, 1998, die neue Qualität des Slogans ausgemacht habe. »Ich glaube«, antwortete er, »man hatte einen Punkt erreicht, wo man von den bloßen ›Anti‹-Parolen genug hatte. Sie funktionierten nicht mehr. Sie waren zu defensiv. Die Atmosphäre jener Jahre zwischen 1995 und 2000 erforderte Vorschläge, Perspektiven, Ziele.« Dies sei gegen die neoliberale Ideologie gerichtet gewesen, gegen das kategorische »Es gibt keine Alternative«.

Der Gegner war die neoliberale Globalisierung und deren totalitärer Anspruch, alles den Gesetzen des Marktes zu unterwerfen. Überall auf der Welt spürte man damals, sagte er, dass Menschen nicht einverstanden waren mit diesem Credo – sowohl in den entwickelten Ländern als auch in den Ländern des Südens. Um diesem Gefühl, dieser Haltung einen gemeinsamen Raum zu geben, entstand das Weltsozialforum, als direkte Gegenveranstaltung zum Forum in Davos. *Sein* Slogan, *»Eine andere Welt ist möglich«*, war offen für alle Ideen, nicht hermetisch abgeschlossen, gab kein festes Programm vor. Inspiriert wurde Ramonet zu der Überschrift seines Artikels von einem Chanson der französischen Rockgruppe *Téléphone* von 1984: »*Je rêvais d'un autre monde / Où la Terre serait ronde / Où la lune serait blonde / Et la vie serait féconde.*« (Ich träumte von einer anderen Welt / wo die Erde rund wäre, / der Mond blond / und das Leben fruchtbar.)

*

Street Credibility gewann der Spruch in den weltweiten Protestbewegungen um die Jahrtausendwende. In Sprechchören hallte die Parole in verschiedenen Sprachen in den Straßen von Seattle (1999), Prag (2000), Genua (2001). Dort und anderswo gingen Hunderttausende auf die Straße, um gegen G-8-Gipfel und WHO-Treffen zu protestieren. In Genua reichte das Spektrum auf der Straße von katholischen Ordensschwestern und Pfadfindern über Umweltgruppen bis zum anarchistischen Schwarzen Block. Zum Schutz der elitären Treffen wurden jeweils riesige Polizeiaufgebote aufgefahren. Oft eskalierte die Situation und endete in nackter Gewalt.

Begeistert hat mich ein Foto aus dieser Zeit. Es stammt aus einem Bergdorf auf Sardinien. Ein Freund hatte es im Urlaub gemacht, auf einem Ausflug in die 4000-Seelen Gemeinde Orgosolo. Das Bauern- und Hirtendorf – auch als Banditennest verrufen – hat eine lange Tradition an Widerspenstigkeit und Eigensinn. Um 1968, als die Bevölkerung gegen die Ansiedlung eines NATO-Truppenübungsplatzes kämpfte, begannen einheimische Künstler die Mauern im Dorf mit *murales* – Wandbilder, Graffiti – zu verzieren. Viele waren politisch zugespitzt, manche im kubistischen Picasso-Stil gehalten. Das Foto war aus Aufnahmen von verschiedenen Abschnitten einer Mauer im Dorf zusammengesetzt. Die Montage zeigt globalisierungskritische Motive: Ein Demonstrationszug mit bäuerlichen Gestalten in der ersten Reihe zieht dem Betrachter entgegen. Eine barfüßige Frau auf Krücken humpelt neben einem Kind und einem Mann mit Gitarre einher. Hinter ihr in Schreibschrift: »Sie sagen, gegen die Globalisierung sein, hieße, gegen das Gesetz der Schwerkraft sein. Also sage ich: Nieder mit dem Gesetz der Schwerkraft (Marcos).« Etwas weiter zwei picassohafte Frauenfiguren mit Kindern auf dem Schoß und der Inschrift: »Mit bloßen Händen gegen den Krieg.« Und dann, ziemlich am Rand der Fotomontage, auf schmutzigblauem und lindgrünem Untergrund, flankiert von weißen Handabdrücken und roten Sternen, erscheint in großen, weißen, wellenförmig angeordneten Lettern: »*UN ALTRO MONDO É POSSIBILE*.«

*

Paris, Mai 1968. »Seit einer Woche sehe ich in den Blicken die Zukunft leuchten.« Mit diesen Worten fasste eine anonyme Stimme das Hochgefühl jener Tage zusammen. Begonnen hatte es Anfang Mai mit einem Teach-in von 400 Studierenden im Innenhof der Sorbonne. »Teach-in« – heute hat die Fachsprache über Künstliche Intelligenz diesen Begriff gekapert. Er bezeichnet dort das Anlernen, also die Abrichtung von Industrierobotern. Damals meinte das Wort eine studentische Massenversammlung. Sie diente dem Austausch von Informationen, der freien Aussprache, dem großen Ratschlag über die nächsten Schritte.

Am 3. Mai holt der Rektor die Polizei in die Universität. Sie löst das Teach-in gewaltsam auf. Es kommt zu spontanen Protestdemonstrationen und ersten heftigen Auseinandersetzungen mit der Polizei auf den Straßen des *Quartier Latin*. Der Streik wird ausgerufen. Der Rektor schließt die Sorbonne. Die Polizei setzt Knüppel, Wasserwerfer und Tränengas ein. Die »*enragés*« (»Wütenden«) antworten mit Pflastersteinen. Die Mauern und Wände werden mit Graffiti und Parolen übersät. Die Unruhen schwellen an. Die Nacht vom 10. auf den 11. Mai wird zur »Nacht der Barrikaden«. Etwa 20.000 junge Menschen, vielfach von Nachbarschaften im Viertel unterstützt, verteidigen das *Quartier Latin* gegen die militärisch vorgehenden Truppen der Polizei, die das Viertel einkesseln und Treibjagden auf Menschen veranstalten. Es fließt Blut. Zum Schutz baut man an den Zufahrtsstraßen Barrikaden aus allem verfügbaren Material: Baugerüste, Reklametafeln, parkende Autos (manchmal von den Besitzern selbst vorgefahren). Sie reißen das Pflaster auf. Überall entstehen große sandige Kreise.

Das Fieber steigt. Angst verwandelt sich in die Euphorie, den Flow der kollektiven körperlichen Arbeit, des gemeinsamen Kampfes von Zehntausenden. Es ist eine heroische, pathetische Anstrengung, sich mit Barrikaden vor der alten Welt, gegründet auf Konsum und Geld und Gewalt, zu schützen, die neue »andere Welt« zu verteidigen. Die Barrikaden markieren und symbolisieren den tiefen Bruch. Pflastersteine fliegen, Tränengas, Knüppel. Im Morgengrauen hat die Polizei die Kontrolle wiedergewonnen. In den nächsten Tagen und Wochen geht die »permanente Diskussion« weiter: Generalstreik, Fabrikbesetzungen überall in Frankreich. Bei den Wahlen Anfang Juni gewinnen die Gaullisten. Ein Wandbild illustriert die Stimmung, das 2022 von überraschender Aktualität ist: Eine Herde Schafe auf den Weg zurück in ihren Pferch, die Überschrift »*Retour à la normale*« – Rückkehr zur Normalität.

Was bleibt? Vielleicht vor allem anderen die Poesie und Energie der allgegenwärtigen »Schrift an der Wand«. Viele dieser Sprüche sind surrealistisch angehaucht. Spielerisch entfalten sie ihren Ernst. In einem fröhlichen Wechselspiel von Realität und Utopie. Die Leichtigkeit des Seins geht einher mit einer existenziellen Suche nach Wahrheit. Eine Handvoll der Parolen, Graffiti, Wandbilder überliefert besonders authentisch den Spirit und das Vermächtnis des Pariser Mai '68.

»*Sous le pavé, la plage*« – Unter dem Pflaster liegt der Strand: Das war ein paar Nächte im Mai ein reales Erlebnis bei der Arbeit mit Hammer, Meisel und Brechstange auf den Plätzen des *Quartier Latin*. Poetisiert zu der Vision, dass unter der harten, versiegelten Oberfläche der urbanen Lebenswelt eine Kindheitslandschaft erscheinen möge. Das Meer, der Strand, das ist das Glück, aus Sonne, Wind und Wellen, aus endlosem Horizont und grenzenloser Freiheit. Der Durchbruch, sagt die Parole, sei nur ein paar Steinwürfe entfernt.

»*La passion de la déstruction est une joie créatrice*« – Die Leidenschaft, zu zerstören, ist eine schöpferische Freude. Ob bewusst oder nicht wird hier ein ironisches Spiel mit dem Gegner, dem Wirtschaftsliberalismus, angezettelt. Lassen sich dessen Parolen von der »schöpferischen Zerstörung« und »disruptive change« umfunktionieren? Oder steckt gar im Liberalismus eine gewisse Portion Anarchismus?

»*Soyez réalistes, demandons l'impossible*« – Seid Realisten, fordert das Unmögliche. Realistisch? Möglich? Unmöglich? Wer bestimmt darüber? Wer erzählt die Geschichten? Wie werden sie »gerahmt«? Ihr habt es in der Hand. »Nichts ist unmöglich« wurde Jahrzehnte später zum Werbeslogan von Toyota.

»*Prenez vos désirs pour des réalités*« – Nehmt eure Begehren (Wünsche, Träume) als Wirklichkeiten. Schämt euch nicht eurer intimsten Regungen. Sie haben ihre eigene Realität, sind Teil der großen Realität. Individuelles Begehren verdichtet sich zum kollektiven Zeitgeist, wird zur Motivation für entschlossenes Handeln.

»*L'imagination au pouvoir*« – Die Imagination (Einbildungskraft, Fantasie) an die Macht. Vielleicht der Schlüssel zum Pariser Mai. Die Bilder (»*imagines*«) im Kopf, die Einbildungskraft, die Vorstellungskraft sind Quellen, aus denen potenziell machtvolle Energien fließen. Wie können diese jemals selbst »zu einer Macht werden« und eine »andere Welt« vorbereiten? Das ist die Schlüsselfrage des Mai '68. Eine Woche nach der Nacht der Barrikaden spricht der weltberühmte Philosoph Jean Paul Sartre mit »Dany le Rouge« – Daniel Cohn-Bendit, einem 23-jährigen Soziologiestudenten, Sohn deutsch-jüdischer Eltern und Sprecher dieser Bewegung. In seiner Studentenbude in der Rue Dantzig stehen die Bände von Bloch und Trotzki neben den gesammelten Jahrgängen der OSO-Nachrichten, der Schülerzeitschrift an der Odenwaldschule, dem Internat an der Bergstraße. »Die einzige Chance der Bewegung«, sagt er dem greisen Philosophen, »besteht in dieser Unordnung, die es den Leuten ermöglicht, frei zu reden, und die in eine gewisse Form der Selbstorganisation münden kann.« »Was an eurer Aktion so interessant ist«, antwortet Sartre, »ist, dass sie die Imagination an die Macht bringt«.

*

London, Sommer '71. Der Song *Imagine* von John Lennon und Yoko Ono entsteht im Landhaus des Paares, Tittenhurst Park in Ascot, an der westlichen Peripherie von London. In diesem aristokratischen Ambiente hat das Künstlerehepaar den Song geschrieben und in einem dreiminütigen Videoclip inszeniert und zelebriert.

Wenn das Piano mit den Anfangstakten beginnt, gehen die beiden unter dem alten Baumbestand eines Parks im Nebel. Die Kamera zeigt sie von hinten. Ein Paar, schwarzgekleidet, Schulter an Schulter, Hand in Hand, ein 30-jähriger Engländer, seine 37-jährige japanische Frau, zwei freie Geister. *Imagine there's no heaven / It's easy if you try …* Wenn die Stimme einsetzt, kommen sie ins Offene, gehen an grünem, von Büschen bewachsenen Rasen vorbei auf die schneeweiße Hauptfront eines georgianisch-klassizistischen Herrenhauses zu. *No hell below us / Above us only sky …* Lennon legt den Arm um die Schulter seiner Frau. Das Paar erreicht das von zwei Säulen verzierte Portal, nimmt die Stufe zum Eingang, hält einen Moment inne. Ein Schild kommt ins Bild: *This is not here …* Wir betreten, so glaube ich die

Botschaft zu verstehen, nicht ein aristokratisches Herrenhaus, sondern den vornehmsten Bezirk unseres Bewusstseins: den Sitz der Vorstellungskraft, den inneren Palast, wo unsere kostbarsten Tagträume von einer besseren Welt ihren Ursprung haben. *Imagine all the people / living for today ...* singt die Stimme, während die beiden im Eingang verschwinden. Ein abgedunkelter, halbrunder Raum. Allein durch die Schlitze der Vorhänge fällt etwas Licht. *Imagine there's no countries / It isn't hard to do ...* Yoko Ono, nun in weißem knöchellangem Kleid, öffnet den ersten Vorhang, lässt Tageslicht herein. *Nothing to kill and die for / And no religion too ...* Der erste Blick fällt auf den an einem weißen Steinway-Flügel sitzenden, in sein Lied vertieften Sänger. *Imagine all the people living life in peace ...* Von links nach rechts die Fensterfront abschreitend öffnet Yoko Vorhang um Vorhang, flutet den Raum mit Sonnenlicht. *Imagine no possessions / I wonder if you can ...* Lennons feierlicher Gesichtsausdruck kommt groß ins Bild. Sein Blick wechselt zwischen Klaviertasten und Kameraauge. *No need for greed or hunger / A brotherhood of man ...* Das frische Grün des Gartens dringt mit dem Licht in den Raum, während Yoko sich durch den nun hellen Raum auf das Klavier zubewegt und neben ihrem Gatten Platz nimmt. *Imagine all the people / Sharing all the world ...* Das Paar ist hinter dem Flügel in der Totalen zu sehen. Ein weißes Stirnband bändigt ihr langes pechschwarzes Haar. Ihr Blick richtet sich nach innen, während er die letzte Strophe beginnt: *You may say I'am a dreamer / But I'm not the only one ...* Sie blicken sich in die Augen. *I hope some day you'll join us / And the world will live as one.* Ende des Liedes. Eine Vogelstimme zwitschert vor dem Fenster. Die Augen leuchten. Ein langer Kuss.

Imagine wirkte als Hymne einer Generation. Worauf beruht ihre immense Kraft? Zum einen auf der Melodie, nur vom Piano *sostenuto* gespielt und durch ein raffiniert-schlichtes Streicherarrangement untermalt, von Lennons kraftvoller Stimme gesungen. Der Komponist sprach selbstironisch vom »*sugar-coat*«, vom

Zuckerguss des Songs. Die eingängige und eindringliche Musik verband sich organisch mit der revolutionären Botschaft des Textes. »Ein antireligiöser, antinationalistischer, antikonformistischer, antikapitalistischer Song«, sagte Lennon in einem Interview, »praktisch das Kommunistische Manifest.«

Vor allem aber nahm der Song den Zeitgeist auf, der in der Luft lag. Das planetarische Wir-Gefühl der Astronautenperspektive, die neue Theorie der Grundbedürfnisse, den egalitären Geist von 1968. Der Tagtraum von *Imagine* erzählt von einer geistig-spirituellen Kettenreaktion unter den einfachen Leuten, den Massen, der Multitudo in der *einen Welt*. Er formuliert die kulturrevolutionäre Gewissheit, dass eine andere Welt möglich ist.

*

Die Feier der Imagination, so zentral für die Gegenkulturen der sechziger Jahre, hatte eine wichtige Quelle der Inspiration im französischen Surrealismus. Als eine Blaupause für die Parole von der »anderen Welt« gilt ein Satz, der dem Schriftsteller Paul Eluard zugeschrieben wird. »*Il y a assurément un autre monde, mais il est dans celui-ci.*« Eluard hat den Satz allerdings nur zitiert. Formuliert hatte ihn hundert Jahre zuvor der Schweizer Mediziner und Philosoph Ignaz Troxler, der um 1800 bei dem Romantiker Schelling in Jena studiert hatte. Bei ihm lautet er auf Deutsch: »Freilich gibt es eine andere Welt, aber sie ist in dieser, und um alle Vollkommenheit zu erreichen, muss sie nur recht entdeckt und bekannt werden. Der Mensch muss den künftigen Zustand in der Gegenwart suchen, und den Himmel nicht über der Erde, sondern in sich.« (Troxler, um 1830).

Paul Eluard gehörte zum inneren Zirkel der Surrealisten. Deren Programm war die Imagination einer »anderen« Realität, die sie jenseits und »über« der gegebenen verorteten. Eluards Buch mit dem besagten Satz erschien Anfang Juni 1939, in der unmittelbaren Vorkriegszeit. Die Zeit nach dem Scheitern der Volksfront in Frankreich, nach dem blutigen Ende der Spanischen Republik, die Zeit von Stalins Schauprozessen und Hitlers Einmarsch in Österreich und der Tschechoslowakei. Es war auch die Zeit einer ungeheuren Anspannung und Nervosität, Lähmung und Verzweiflung in den Reihen der progressiven Bewegungen in Europa. Unter dem Titel »*Donner à voir*« (zu Sehen geben) versammelt Eluard in dem schmalen Band eigene Prosastücke, Aphorismen, Denkbilder, Traumbilder, Gedichte. Er vermischt sie mit den Stimmen von Weggefährten aus der Literatur wie André Breton und der Malerei wie Picasso, Dali, Max Ernst sowie Zitate von Vorläufern, vor allem aus dem 19. Jahrhundert. Aus dieser Mixtur entwirft er eine Poetik des Surrealismus. »*Voir*«, der schöpferische Akt des Sehens und Widerspiegelns, ist darin zentral. Die poetische Sprache und die Bildwelten des Surrealismus inspirieren die Imagination. Sie machen sie zu einer Ressource für die Wahrnehmung von Alternativen und für die Kraft zum Widerstand in einer schier ausweglosen Lage.

*

In jener historischen Konstellation, als der große Clash unmittelbar bevorstand, blühte der Topos von einer »anderen Welt« während der 1930er-Jahre auch an anderen Stellen in Europa auf. Zu einer Keimzelle solcher Entwürfe wurde die nonkonformistische Szene der englischen Universitätsstadt Oxford.

Dort erblickte ein Roman über eine »*Otherworld*« in einer zunächst kleinen Auflage das Licht der Welt: *The Hobbit*. Imaginiert hatte diese »Anderswelt« ein Professor, der den Lehrstuhl für Altenglisch, Angelsächsisch und germanische Sprachen an der Universität Oxford innehatte. J. R. R. Tolkien war bestens vertraut mit Mythologie und Literatur der Angelsachsen und Wikinger, kannte aber auch die keltischen und finnischen Sagen der Völkerwanderungszeit. *The Hobbit* erschien 1937, in dem

Jahr, als in Paris Paul Eluard an seiner Kunst des Sehens arbeitete. Die ersten Motive seiner Geschichten hatte Tolkien schon als Kriegsteilnehmer am 1. Weltkrieg verfasst, in den Kasernen und Camps der britischen Armee, in den Schützengräben der mörderischen Materialschlacht an der Somme 1916. Aber auch eine Kontrasterfahrung aus dieser Zeit hatte ihn nachhaltig inspiriert: Ein Bild tiefsten Glücks mitten im Krieg. An einem Urlaubstag fern der Front, den er mit seiner späteren Frau verbrachte, sah er sie tanzen. Auf einer verwunschenen Waldlichtung in Yorkshire, barfuß, elfengleich, mit leuchtenden Augen, inmitten von blühenden Schierlingspflanzen. »Ich versuchte, Tagebuch zu schreiben, doch das war nicht mein Ding. So wandte ich mich dem ›Eskapismus‹ zu – oder besser gesagt: Ich transformierte Erlebnisse in eine andere Form und Bildwelt mit Morgoth, den Orks und mit den Elben, welche die Schönheit und Anmut des Lebens repräsentieren.«

Die »*Otherworld*« steht in der frühmittelalterlichen Literatur Irlands für das keltische Elysium, das »Land der Lebenden«, die »Insel der Freude« und der Frauen, für einen magischen Bezirk außerhalb des menschlichen Erfahrungsraumes, erreichbar auf abenteuerlichen Ausfahrten, in Booten aus Kristall. Tolkien verlegt die Anderswelt in eine imaginäre Zeit und in einen Raum, den er »*Middle Earth*« nennt, die von Zwergen und Elben, Hobbits, Orks und Trollen bewohnte »Mittelerde«, einem Festland mit der Topografie des nördlichen Europas. *Middle Earth* ist die Bühne für den Kampf um den Ring der Macht und dessen Zerstörung, den Kampf zwischen Gut und Böse, Licht und Finsternis, Sterblichkeit und Unsterblichkeit. Für Tolkien ist sein Werk auch die Suche nach einer anderen Welt in der unseren:

> Denn gewiss gab es ein Eden auf dieser sehr unglücklichen Welt. Wir alle sehnen uns danach und versuchen ständig, einen Blick davon zu erhaschen: Unsere ganze Natur, dort wo sie das Beste, das am wenigsten Korrumpierte hervorbringt, ist durch-

> tränkt vom Gefühl des Exils, der Vertreibung aus dem Garten Eden ... Soweit wir zurückgehen können, ist der vornehmste Bezirk des menschlichen Geistes erfüllt mit den Gedanken von Brüderlichkeit, Frieden und gutem Willen und mit der Trauer um den Verlust dieser Werte.

Blanker Eskapismus? Regression? Oder ein Wegweiser zur Befreiung der menschlichen Potenziale? In demselben geistigen Klima des Oxforder Non-Konformismus ist der Romancier und Essayist Aldous Huxley groß geworden. Allerdings verließ er in jenem Jahr 1937 Europa und wanderte in die USA aus. Ein paar Jahre zuvor hatte ihn sein Roman *Brave New World* weltweiten Ruhm eingebracht. Die rabenschwarze Anti-Utopie spielt im Jahr 623 nach Henry Ford. Die Kinder kommen aus der Retorte. Sie werden früh konditioniert auf das Leben in einer Kastengesellschaft, in der alle sorglos und glücklich produzieren, konsumieren, Sex haben und sich mithilfe einer synthetischen Droge namens »Soma« einlullen. Bis auf eine kleine Minderheit von Wilden, die in Reservaten leben und das Leben in der »schönen neuen Welt«, die sie »*the other place*« nennen, verachten.

In den USA wandte sich Huxley unter dem Einfluss der lebensreformerischen, mystischen und esoterischen Strömungen jener Jahre in den USA verstärkt den positiven Energien zu, den menschlichen Potenzialen. 1954 veröffentlichte er einen langen Essay mit dem Titel *The Doors of Perception* – Die Pforten der Wahrnehmung. Huxley beschreibt darin das Erleben einer »anderen Welt«. Er protokolliert einen Drogentrip unter dem Einfluss von Mescalin als »Durchbruch« zu einer anderen Wahrnehmung von Wirklichkeit. Zunächst breite sich »stoische Gelassenheit« aus. Es öffneten sich die »Türen in der Mauer« und »verschiedene andere Welten« träten hervor. Und zwar in ihrer nackten Existenz. An dieser Stelle seines Textes zitiert Huxley auf Deutsch ein Wort des mittelalterlichen Theologen, Mystikers und Ketzers Meister Eckhart: *Istigkeit* – der Seinsgrund. Mit dem Titel seines Essays spielt Huxley auf einen Satz des englischen Romantikers William Blake an: »Würden die Pforten der Wahrnehmung gereinigt, erschiene einem alles so wie es wirklich ist: In seiner Unermesslichkeit.« Huxleys Drogentrip und dessen literarische Verarbeitung hatten einen gewaltigen Einfluss auf den »kalifornischen Traum« – in den sechziger Jahren inspirierte er *The Human Potentials Movement.* Ausgehend vom *Esalen Institut*, einem inmitten einer spektakulären Küstenlandschaft nördlich von San Francisco gelegenen Lernort, ging es dieser Bewegung darum, die menschlichen Potenziale zu erkennen und zu mobilisieren.

Huxleys Vermächtnis wirkt bis in die inneren Zirkel des Silicon Valley von heute hinein. Dessen »kalifornischen Traum« lese ich als schillerndes Amalgam aus »just-do-it«-Pragmatismus, »forever young«-Utopismus und Techno-Futurismus. Sind die Innovationen aus dem Silicon Valley Werkzeuge, um die »Pforten der Wahrnehmung« zu öffnen? Endet der Weg in die »schöne neue Welt« im Metaversum? Sind sie darauf ausgerichtet, Profite zu generieren, um einer kleinen Elite der Reichen und Superreichen das eigene Überleben zu sichern? Lauert im Hintergrund des kalifornischen Traums gar die alte NASA-Vision von »Erdflucht« und »Terraforming«, der Besiedlung des Mars für den Fall, dass die Erde unbewohnbar geworden sein wird?

*

Der Topos von einer »anderen Welt«, von einer »höheren Welt« oder, wenn man so will, von einem »Metaversum«, war leitmotivisch für den »deutschen Traum«. Jedenfalls für die Spielart, wie sie sich um 1800 im »Kosmos Weimar«, dem Schmelztiegel von Humanismus und Ökologie, Klassik und Romantik, Naturforschung und idealistischer Philosophie, herausbildete.

Nicht umsonst steht das zentrale Symbol der Romantik, die »blaue Blume« als »Inbegriff aller romantischen Sehnsucht nach dem Unendlichen und Unerreichbaren. Ein genauerer Blick auf dieses zarte Pflänzchen lohnt sich. Der Geowissenschaftler, Dichter und Philosoph Novalis hat das Sinnbild in seinem 1799 begonnenen Romanfragment »Heinrich von Ofterdingen« kreiert. Es spielt in der Phantasiewelt eines idealisierten Mittelalters. Die blaue Blume ist darin ein Traumbild. Gleich zu Anfang erscheint sie Heinrich, der Hauptfigur, als er sich in einer Mondnacht unruhig auf seinem Lager wälzend »in eine andere Welt« hinüberschlummert. Er folgt seinem Traumpfad durch einen dunklen Wald zu einer Felsenschlucht, klettert über bemooste Steine, gelangt über eine Bergwiese zu einer hohen Klippe, betritt eine weitläufige Tropfsteinhöhle. An einem Wasserbecken entkleidet er sich, schwimmt mit einem leuchtenden unterirdischen Strom zu Tage und findet sich schließlich auf weichem Rasen an einer von dunkelblauen Felsen umgebenen Quelle. Diese Traumsequenz ist stark erotisch aufgeladen. Das zugrunde liegende naturästhetische Konzept hat Novalis an anderer Stelle formuliert: »Die ganze Landschaft soll ein Individuum bilden – Vegetation und unorganische Natur – Flüssige, Feste – Männliche – Weibliche geognostische Landschaften –. Natur Variationen ... Eine Landschaft soll man fühlen wie einen Körper.« In der Quelle nähert sich der Traum Heinrichs und seinem Höhepunkt:

> Was ihn ... mit voller Macht anzog, war eine hohe lichtblaue Blume, die zunächst an der Quelle stand und ihn mit ihren breiten glänzenden Blättern berührte ... Endlich wollte er sich ihr nähern, als sie auf einmal sich zu bewegen und zu verändern anfing; die Blätter wurden glänzender und schmiegten sich an den wachsenden Stängel, die Blume neigte sich ihm zu, und die Blütenblätter zeigten einen blauen ausgebreiteten Kragen, in welchem ein zartes Gesicht schwebte ...

Es ist das Gesicht einer jungen Frau. Die blaue Blume ist eine Verschmelzung von menschlichen und pflanzlichen Zügen, ein surreales Mischwesen. Die Essenz romantischer Naturphilosophie ist hier poetisch gestaltet: sich der Naturzugehörigkeit des Menschen wieder bewusst werden. Die Entfremdung aufheben, die Einheit von Natur und Geist wiederherstellen. »Gehören«, fragte Novalis, »Tiere, Pflanzen und Gesteine, Gestirne und Lüfte nicht auch zur Menschheit? Und ist sie nicht ein bloßer Nervenknoten, in dem unendlich verschieden laufende Fäden sich kreuzen?«

Aus dem Traum von der blauen Blume wird Heinrich von der Stimme und der Umarmung seiner Mutter geweckt. Gleich darauf wird er jäh mit dem Realitätsprinzip konfrontiert. »Träume sind Schäume«, bedeutet ihm sein Vater, ein biederer Goldschmiedemeister, der längst sein Tagwerk aufgenommen hat. Ganz im Geist der Aufklärung erklärt er dem Langschläfer die Entzauberung der Welt: »Die Zeiten sind nicht mehr, wo zu den Träumen göttliche Gesichter sich gesellten ... In dem Alter der Welt, wo wir leben, findet der unmittelbare Verkehr mit dem Himmel nicht mehr statt .... und statt jener ausdrücklichen Offenbarungen redet jetzt der heilige Geist mittelbar durch den Verstand ...«

Heinrichs Antwort führt uns mitten hinein in die Traumtheorie der Romantik, in ihren Spirit. Auch er glaube nicht mehr an eine »göttliche Schickung«. Doch, so fragt er, »ist nicht jeder, auch der verworrenste Traum, ein bedeutsamer Riss in dem geheimnisvollen Vorhang ..., der mit tausend Falten in unser Inneres hereinfällt? ... Mich dünkt der Traum eine Schutzwehr gegen die Regelmäßigkeit und Gewöhnlichkeit des Lebens, eine freie Erholung der gebundenen Phantasie«. Nein, Träume sind keine Schäume, auch keine Zufälle. In der Psychologie der Romantik hat der Traum das Potenzial, das alltägliche Handeln mitzubestimmen. »Denn ich fühle es«, sagt Heinrich zum Vater, »dass er in meine Seele wie ein weites Rad eingreift, und sie mit mächtigem Schwung forttreibt.« Die »andere Welt« ist in der romantischen Konzeption eine »höhere Welt«. Aber, so heißt es in Novalis' Roman: »Die höhere Welt ist uns näher, als wir gewöhnlich denken. Schon hier leben wir in ihr, und wir erblicken sie auf das inngste mit der irdischen Natur verwebt.« Im Unterschied zum Jenseits der Religionen, aber auch zum Metaversum des Silicon Valley ist diese »höhere Welt« verwebt, also vernetzt mit der lebendigen Natur – und als Möglichkeitsraum immer präsent.

Die Phantasie an die Macht. Darin sind sich Novalis und Friedrich Hölderlin einig. Beide verstehen sich keineswegs als Feinde der Aufklärung, sondern als deren kritische Fortsetzer. Das lineare Fortschrittsdenken und die »kalte«, instrumentelle Vernunft wollen sie durch eine »höhere Aufklärung« (Hölderlin) überwinden. Einmal nur sind sich die beiden jungen Wilden begegnet, 1795 in Jena. Zu dem Zeitpunkt arbeitete Hölderlin gerade an einer Vorstufe zu seinem Briefroman *Hyperion*. Sein Fluchtpunkt aus der »bleiernen Zeit« der deutschen Gegenwart ist ein imaginiertes Griechenland. Unter dem heiteren Himmel der Ägäis, im Ambiente eines mediterranen Gartens suchen der junge Hyperion und Diotima, die Heldin des Romans, im Gespräch nach einem neuen »Bild der Geselligkeit«, einer anderen Art, »zusammen zu seyn«, nach der wahren »Heimat unseres Herzens«. In diesem Kontext erscheint der Topos von der anderen Welt: »Oft leb' ich unter ihr im Geiste, fuhr Diotima fort, und mir ist, als wär' ich ferne in einer andern Welt, und ich entbehre der gegenwärtigen so leicht – wir singen andre Lieder, wir feiern neue Feste, die Feste der Heiligen in allen Zeiten und Orten, der Heroen des Morgen- und Abendlands ... Und wenn auf unsern Wiesen die goldne Blume glänzt, in seiner bläulichen Blüte das Ährenfeld uns umrauscht, und am heißen Berge die Traube schwillt, dann freun wir uns der lieben Erde, dass sie noch immer ihr friedlich schönes Leben lebt.« Zurück zur Natur und einer naturgemäßen Lebensweise – bei Hölderlin ist das nicht zuletzt eine Rückkehr zur direkten griechischen Polis-Demokratie. Darin sieht er die zeitgenössischen revolutionären Ideale von

Freiheit, Gleichheit und Brüderlichkeit widergespiegelt. Eine andere Welt ist möglich? Auch in der bleiernen Zeit? Hölderlins Hymne *Patmos* enthält seine Flaschenpost für das 21. Jahrhundert: »Wo aber Gefahr ist, wächst / Das Rettende auch.«

Was also bedeutet die »andere Welt« im Kosmos Weimar und Jena? Surreale Traumwelt? Real existierende Parallelwelt? Ein okkultes Geisterreich? Vollzieht sich hier die Säkularisierung religiöser Vorstellungen von Diesseits und Jenseits? Der Topos ist weit offen für eine Vielfalt von Deutungen und Assoziationen.

Der Philosoph Hegel, ein Jugendfreund Hölderlins, charakterisiert das »Himmelreich« der Bergpredigt in seiner frühen Schrift *Der Geist des Christentums* als eine »andere Welt«, in der »ein anderes Recht und Licht«, eine »andere Gerechtigkeit« herrsche. In der *Phänomenologie des Geistes* geht er noch einen Schritt weiter und setzt der »vorgefundenen allgemeinen Wirklichkeit eine andere Welt, anderes Recht, Gesetz und Sitten« entgegen.

Schelling, Mitschüler Hegels und Hölderlins im Stift Tübingen, interessiert sich während seiner Professur in Jena vor allem für die »Productivität«. Aber im Unterschied zu den heutigen Davos-Pilgern geht es ihm um die »Productiviät in der Natur«, um die »Permanenz« des »sich selbst organisierenden Ganzen« – man könnte sagen, es geht ihm um *Nachhaltigkeit*. Auch Schelling sprach über eine andere Welt, die in der bestehenden enthalten ist: »Je mehr wir die Eingeschränktheit dieser Welt erkennen, desto heiliger wird uns jede Erscheinung einer höheren und besseren in ihr sein.« Er mahnt, die Grenzen zwischen beiden Welten »in Ehren zu halten … da sonst alles ohne Unterscheidung in einanderflöße und wir bald weder in der einen noch in der anderen Welt recht zu Hause wären.«

Das wirkmächtigste Gedicht der Weimarer Klassik ist zweifellos Schillers Ode *An die Freude* aus dem Jahr 1785. In der Vertonung Beethovens ist sie heute rund um den Globus bekannt und steht für die universalen Werte von Freiheit und Menschenrechten. Seit 1985 ist sie auch die Hymne der Europäischen

Union. Schon in den ersten Versen beschwört der damals 25-jährige Dichter das »Elysium«, die »Inseln der Seligen« in der griechischen Mythologie. Es ist der Ort der Sterblichen, denen die Gunst der Götter Unsterblichkeit verliehen hat. Schillers Gedicht wurde als eine »große Kantate des Kosmos« bezeichnet, es ist aber auch eine Ode an eine »andere Welt«. Schiller feiert die »Freude« und als Quelle der Freude die wechselseitige zwischenmenschliche Anziehungskraft in allen ihren Spielarten: Freundschaft, eheliche Liebe, »Sympathie«, »Wollust«, kollektiv erlebte trunken-ekstatische Bewusstseinszustände und – übergreifend – die Brüderlichkeit, die das »Erdenrund« umspannende Solidarität. »Alle Menschen werden Brüder« ist der Vers, den Beethoven in seiner Vertonung von 1827 so vehement hervorhebt. Schiller rückt hier – modern ausgedrückt – die zivilgesellschaftlichen Strukturen in den Fokus: die intime Zweierbeziehung, den Freundschaftsbund, die gesellige Runde, die »heilgen Zirkel« der emanzipatorischen Bewegungen. Sein Text ist eine Attacke auf die feudale Klassengesellschaft seiner Zeit. Die Verse »Deine Zauber binden wieder, / was der Mode Schwert getheilt« zielen auf die gesellschaftliche Konvention, auf die politische Macht, die von ihr betriebene rigide Spaltung der Gesellschaft in Klassen, die Aufteilung der Welt in Nationen, Machtsphären und Rassen. Allein die ›Freude‹ könne die Basis für neue Bindungen zwischen den Menschen bilden. In dem Wort schwingen Erotik, Empathie, wechselseitiger Respekt und Solidarität mit.

Schillers Ode bleibt jedoch keineswegs anthropozentrisch auf die Sphäre der zwischenmenschlichen Beziehungen fixiert. Sie ist von einem Denken über Natur und Kosmos geprägt. Die dritte Strophe erklärt die Natur – als fruchtbare, Leben spendende *mater natura* angesprochen – zur Quelle der Freude, und zwar für »alle Wesen«. Die provokanten Verse »Wollust ward dem Wurm gegeben / Und der Cherub steht vor Gott« spielen auf Linnés Hervorhebung der Sexualität in der Natur an. Und gleichzeitig auf die antike, in der Frühaufklärung durch Leibniz und andere neu belebte Vorstellung von der »großen Kette der empfindenden Wesen«. Von der unbelebten Materie über die einfachsten Formen von Leben bis hin zu überirdischen Wesen erstreckt sich eine innige Verkettung, ein untrennbarer Zusammenhang. Direkt anschließend bringt Schiller – wie in zahlreichen anderen seiner Texte – seine »kosmologische Metaphorik« in Gang: Die zwischen den Menschen bestehende Anziehungskraft setzt er gleich mit der zwischen Himmelkörpern wirkenden Gravitation, der von Newton 1666 enträtselten Massenanziehung. Das kosmische Geschehen tritt in Analogie zu den seelischen Bewegungen. Beides, sagt Schiller an anderer Stelle sei »Widerschein« einer »einzigen Urkraft«, die zugleich im außerirdischen Kosmos und in der Welt der menschlichen Gefühle wirksam sei und die tote Materie ebenso wie die Fülle des Lebens trage und bewege.

*

Die Parole heutiger Globalisierungskritiker hätte bei den Denkern der europäischen Frühaufklärung je nach Temperament ein sanftes Lächeln oder ein zorniges Stirnrunzeln ausgelöst. Als die »beste aller möglichen Welten« bezeichnet der 1646 in Leipzig geborene Philosoph Gottfried Wilhelm Leibniz das von den Astronomen der Renaissance erforschte Universum. Seine Formel ist leicht misszuverstehen. Ist sie eine Rechtfertigung der herrschenden Zustände? Verklärt sie die bestehende Ordnung zu einer »heilen Welt«? Meint sie also das Gegenteil von »eine andere Welt ist möglich«? Zunächst: »Welt« ist für Leibniz die ganze ihm überschaubare und erkennbare Welt mitsamt ihren Naturkonstanten und Naturgesetzen. Bei dem Blick auf dieses Ganze fragt er sich, wieso Gott bei seinem Schöpfungsakt aus einer unendlichen Vielfalt möglicher Welten gerade diese ausgewählt und ins Werk gesetzt habe. Seine Antwort: Gott handelte rational. Seine Schöpfung ist »zugleich die einfachste an Prinzipien und die reichhaltigste an Erscheinungen« – und an Potenzialen. Mit einem Minimum an Regulierungen eröffnet diese Welt die größtmögliche Fülle an Spielräumen. Sie ist die bestmögliche, gerade weil sie die Freiheit zulässt, ihre Potenziale zu entfalten und ihre Qualitäten zu vervollkommnen. Sie erlaubt dem Menschen, so interpretiert der französische Philosoph Gilles Deleuze die Formel, eine »subjektive Hervorbringung von Neuartigem, also eine Schöpfung«. »Die beste aller möglichen Welten« ist nicht die Beschreibung eines Zustandes, eher eine Aufforderung zur Kreativität. Sie will die Gewissheit vermitteln: die Möglichkeit, die Welt zu verbessern, ja zu vervollkommnen, ist in der bestehenden Welt angelegt, also erreichbar. Das wäre dann gar nicht so weit entfernt von »eine andere Welt ist möglich«. Die Anhänger von Leibniz' Theorie der »besten Welt« – *mundus optimus* – nannte man übrigens damals schon »Optimisten«. Das ist der Ursprung unseres heutigen Begriffs.

Ein Zeitgenosse und Gesprächspartner von Leibniz war der niederländisch-jüdische Philosoph Benedictus de Spinoza. Seine posthum veröffentlichte *Ethik* ist gleichzeitig »konservativ« und subversiv. *Suum esse conservare* – sein eigenes Sein bewahren, die Selbsterhaltung – ist für ihn der Grundtrieb des Menschen. Darin ist er sich mit seinem Lehrer Descartes und anderen Denkern der Frühaufklärung einig. Doch wo Descartes den Menschen als Meister und Besitzer der Natur inthronisiert, um dessen Überleben zu sichern, formuliert Spinoza die größte denkbare Aufwertung der Natur. Er erklärt Gott und Natur für identisch. »*Deus sive natura*« – Gott oder, wenn du so willst (*si vis*), die Natur. Das ist das lebendige Urwesen, das aus sich selbst heraus da ist und mit absoluter Notwendigkeit die Fülle seiner Potenziale aus sich heraussetzt.

Spinoza betrachtet die Natur unter zwei Perspektiven: Die *natura naturata* ist die »gewirkte«, geschaffene, sozusagen die empirische Natur. Davon unterscheidet er die *natura naturans*, die in der *natura naturata* wirkende, lebendige, aktive und produktive Kraft. Die Unterscheidung ist wesentlich. Als *natura naturata* ist die Natur dem menschlichen Willen verfügbar. Sie ist manipulierbar und reproduzierbar. Die vitalen Kräfte der *natura naturans* aber sind übermächtig und unverfügbar. Sie sind die Fülle des Lebens, die Macht des Lebens selbst. Spinoza beharrt darauf, dass der Mensch nur Teil der Natur sei und dass »jedes Teil der Natur mit dem Ganzen verbunden ist« und »mit den anderen Teilen zusammenhängt«. Damit gibt er das Projekt der »humanen Selbstbehauptung« keineswegs auf, sondern bettet es in den größeren, den ökologischen Zusammenhang, in das »Netz des Lebens« ein.

Damit erscheint am Beginn der europäischen Aufklärung ein hochentwickeltes, genuin nachhaltiges Zukunftsdenken. Spinoza bringt die unbegrenzte Dauer, die zeitliche Dimension des Seins, ins Spiel: »Jedes Ding strebt gemäß der ihm eigenen Natur, in seinem Sein zu verharren.« Das schließt einen Willen zur Entwicklung mit ein. Vernünftig ist zum Beispiel, »ein größeres zukünftiges Gut einem geringeren gegenwärtigen … vorziehen«. Spinozas These: »Es liegt in der Natur der Vernunft, die Dinge unter dem Gesichtswinkel der Ewigkeit zu betrachten.« Mit diesem Blick werden Dinge der Zukunft gleichermaßen wahr und relevant wie die Dinge der Gegenwart und Vergangenheit. So wird die Verantwortung für die Zukunft und die zukünftigen Generationen zu einer Konstante des Denkens.

Was heißt das für die Gestaltung eines zukunftsfähigen Gemeinwesens? Die Vernunft gebietet es, die Bewahrung des eigenen Seins nicht nur mit der Bewahrung der natürlichen Lebensgrundlagen, sondern auch mit dem Wohlergehen des anderen zu verknüpfen. Spinoza glaubt an eine gerechte Verteilung der Güter und an die Macht der »*multitudo*«. Das ist die »bunte Menge«, das gemeine Volk. Das ist auch die Gleichheit aller noch so Verschiedenen. So erscheint Spinozas Philosophie als ein kühner Entwurf für eine »andere Welt«. Eine Flaschenpost aus der Vergangenheit für die rebellischen und alternativen

Bewegungen um 1968, für die »Autremondisten« in Porto Alegre, die Klimastreikenden auf der Oberbaumbrücke und ihren zukünftigen Fortsetzern.

*

Berlin, Frühjahr 2022. »Liebe Mitbürgerinnen und Mitbürger, wir sind heute in einer anderen Welt aufgewacht.« Die Stimme der deutschen Außenministerin Annalena Baerbock am Morgen des 25. Februar 2022. In der Nacht hatte Putins Russland den Krieg gegen die Ukraine begonnen. Die Hölle eines grausam geführten Krieges als »andere Welt«? Als »Zeitenwende«, wie Bundeskanzler Olaf Scholz wenige Tage später formulierte? Sicher, durch diesen Rückgriff auf Gewalt sind Millionen von Ukrainern und Ukrainerinnen in einer veränderten Welt erwacht, und ebenso wir, die wir mit ungläubigem Schrecken auf die Bilder blickten. Diese Veränderung stellt aber lediglich ein besonders erschreckendes »Weiter so« in der Logik imperialer Politik dar, die die Reichen und Mächtigen seit Jahrhunderten betreiben. Eine »andere Welt« im Sinne einer Alternative zum Status quo ist das nicht.

In dieser Lage ist das Denken in »Alternativen« so dringlich wie nie. Das Wort leitet sich ab von dem lateinischen »*alter*«. Das bedeutet wörtlich: der eine von zwei, der andere, im Sinne von »entgegengesetzt«. »Alternative« im heutigen Gebrauch in vielen Sprachen meint: Es gibt andere Möglichkeiten. Zwischen ihnen hast du die Wahl. Ein »Paradigmenwechsel« ist der Übergang von kohärenten, in sich stimmigen Denkmustern zu anderen, entgegengesetzten. Mit anderen Worten: zu einer neuen Sicht der Dinge. Man kann das Denken in Alternativen auch analog zur neoliberalen Rhetorik als »disruptiv« bezeichnen. Oder mit Schumpeter als »schöpferische Zerstörung«. Man kann es aber auch als »systemsprengend« beschreiben – nicht umsonst tauchen die Parolen »eine andere Welt ist möglich«

und »System Change, not Climate Change« auf Demos oft im Zweierpack auf.

»Andere Welt«, »Systemwandel« (Systemwechsel), »Große Transformation«, »Nachhaltigkeit«. Wir brauchen jetzt große Ideen und Begriffe, die aufs Ganze zielen, und sollten sie in unser Vokabular aufnehmen. Denn angesichts der planetarischen Dimension der Krise ist es mit kleinteiligen Lösungen und Trippelschritten nicht getan. Die Parole von der »anderen Welt« macht keine Aussage über die Wahrscheinlichkeit, dass wir die multiplen Krisen des 21. Jahrhunderts noch meistern werden. Doch sie ist ein starker Einspruch gegen die grassierende Endzeitstimmung, die unser Handeln lähmt. Sie beflügelt das Denken über Möglichkeitsräume, fordert uns auf, die Weggabelung zu suchen, wo ein Irrweg begann, und einen anderen Weg einzuschlagen. Sie formuliert nicht mehr und nicht weniger als die Gewissheit, dass die Möglichkeit einer lebbaren, lebenswerten und liebenswerten Zukunft real vorhanden ist.

Kapitel sieben

Draußen zu Hause

Die Idee von friluftsliv

»Draußen zu Hause«. Vor 20 Jahren war der Werbeslogan eines angesagten Outdoor-Ausrüsters allgegenwärtig. Ziemlich genial und ein wenig paradox. In dem TV-Spot wandert eine Gruppe junger Leute im Gänsemarsch zügig über einen alpinen Berggrat. 26 Sekunden lang große Landschaft, alles im Flow, leichtes Gepäck, funktionales Outfit. Im Hintergrund tönt rockige Gitarrenmusik.

Der Slogan behauptet lakonisch: Das »Draußen« ist auch ein »zu Hause«. Spielerisch hebt er starre Gegensätze auf, verflüssigt Grenzen: zwischen den »eigenen vier Wänden« und dem »freien Himmel«, Geborgenheit und Freiheit, Zivilisation und Wildnis. Spruch und Spot kommunizieren ein neues Lebensgefühl für das 21. Jahrhundert: Es besteht in einer organischen Verbindung von Naturverbundenheit und Freiheitsdurst, Gemeinschaftssinn und Respekt vor der Natur, ja Geborgenheit im Schoß der Natur. Unterschwellig höre ich eine Warnung heraus: Du wirst in Zukunft körperliche und mentale Robustheit – Resilienz! – brauchen. Sei bereit für ein Leben außerhalb der Komfortzonen.

Leben im Freien, Leben an der frischen Luft, sich der großen Natur aussetzen. Die norwegische Sprache verfügt über ein wunderbares Wort dafür: »*friluftsliv*«, das »freie-Luft-Leben«.

*

Alle reden über Klima und Klimawandel, über Erderhitzung und extreme Wetterereignisse, über Energiewende und erneuerbare Energie. Dabei verbringen die meisten von uns bis zu 90 Prozent ihrer Zeit in geschlossenen Räumen. Wir pendeln zwischen unseren vier Wänden und Fahrzeugkabinen, Büroräumen oder Fabrikhallen und Einkaufszentren. Dort sind wir abgeschottet von Wind und Wetter. Überall atmen wir Luft, die erwärmt oder gekühlt ist, gefiltert und mit technischen Mitteln klimatisiert, reguliert und normiert. Wir verbringen mehr und mehr Zeit im Netz. Dort holen wir uns die Informationen. Dort formen sich unsere Anschauungen, unser Wissen über den Klimawandel, auch unsere Ängste. Im Cyberspace weht aber kein Lüftchen. Kein Duftfeld, kein lebendiger Klang, keine Bodenhaftung.

Wir machen uns Sorgen über das Artensterben. Doch wie viele Baumarten, Gräser, Frühblüher, Pilze, Singvögel, Schmetterlinge und Insekten um uns herum können wir überhaupt noch unterscheiden, erkennen und benennen?

Wir sprechen über die Energiewende und die Mobilitätswende. Aber welchen Anteil an unserer Mobilität hat die Bewegung aus eigener Körperkraft, unter freiem Himmel, zu Fuß oder mit dem Fahrrad? Körperliche Anstrengung gerät an den Rand unserer Arbeitswelt, verschwindet auch aus unserer häuslichen Komfortzone. Ist nicht Muskelkraft die elementarste Form der erneuerbaren Energie?

Wir reden von einer solaren Zukunft. Aber wie oft schauen wir hin, wenn die Sonne aufgeht oder untergeht, wenn Sonnenwende ist, wenn Vollmond oder Neumond am nächtlichen Himmel aufziehen? Bleibt unsere Rede nicht abstrakt und unwirksam, wenn wir die Naturphänomene gar nicht mehr anschauen und wahrnehmen? Wenn wir uns mit ihnen nicht mehr innerlich verbunden fühlen und folglich nicht mehr wirklich über sie sprechen können? Was ist eine Weltanschauung wert ohne die Anschauung der Welt? Und ohne die Fähigkeit, darüber zu kommunizieren? Schließlich entsteht die Intimität zwischen Mensch und Natur über das Erleben und Fühlen, aber immer auch über die Sprache.

*

»Jeden Morgen geht die Sonne auf / in der Wälder wundersamer Runde …« Ein altes Lied kommt mir in den Sinn, versetzt mich in die Lagerfeuernächte meiner Kindheit. »… und die schöne, scheue Schöpferstunde, / jeden Morgen nimmt sie ihren Lauf«. Damals öffneten uns diese Verse ein magisches Fenster zu den Landschaften, in denen wir wanderten, und zu der Zeitordnung von Natur und Kosmos, die uns so selbstverständlich war wie die frische Luft, die wir atmeten.

Und heute? Jeden Morgen leuchtet das Smartphone auf, vibriert, piepst, alarmiert, reißt den Nutzer aus dem Schlaf, zeigt ihm die digitale Uhrzeit. Es verbindet ihn mit seiner »*community*«, vernetzt ihn mit der digitalisierten Welt. So beginnt der Tag. Wir verbringen mehr und mehr unserer Arbeitszeit, Freizeit, Lebenszeit vor Bildschirmen und Displays. Mit Mausklicks oder Daumenbewegungen navigieren wir durch die virtuellen Räume des Internets. Die audiovisuellen Medien machen tendenziell alle Räume be*seh*bar. Be*geh*bare Räume dagegen verschwinden aus unserem Leben. Die Sturzflut an Bildern und Informationen hält über den Tag an. Bis zum Ende des Tages und den ersten Versuchen, in den Schlaf zu sinken. Die Kombination von rasender Beschleunigung und fataler Bewegungsarmut tut uns nicht gut. Die Überdosis von künstlichen Welten bringt uns aus der Balance. Stress, ursprünglich eine Strategie von Körper und Seele, um in Ausnahmesituationen kurzfristig alle Kraftreserven zu mobilisieren, wird zum Dauerzustand. Auf lange Sicht ist das nicht lebbar. Diese ungeheure Dynamik der Moderne wirkt zerstörerisch. Auf die Natur. Auch auf unsere menschliche Natur. Es gibt keine Alternative.

Wirklich nicht? Hinter den menschengemachten, technisch erzeugten Phänomenen wirkt nach wie vor machtvoll eine andere Raum-Zeit-Ordnung. Eine, die nicht von der linearen Zeit der Uhr und vom Takt der Ampelanlagen oder Fließbänder beherrscht ist. Es ist die zyklische Zeit von Natur und Kosmos, die von der Sonne, Mond und Sternen, also von den Bahnen der Gestirne vorgegeben ist. Es ist der Raum, der sich, von der Sonne beleuchtet, immer wieder neu und immer wieder anders allen unseren Sinnen öffnet. Das ist die naturgegebene Raum-Zeit-Ordnung, von der alles Leben auf diesem Planeten abhängt. Jeder Tag, jede Stunde *»friluftsliv«* ist ein unersetzliches Medium, um in diese fundamentale, naturgegebene Raum-Zeit-Ordnung einzutauchen und sich an den Urphänomenen neu auszurichten.

*

»Jeden Morgen geht die Sonne auf …« Ich erinnere mich an einen Tag im Hochsommer 2021. An Momente von Sommerseligkeit in Zeiten von Corona und Erderwärmung. Unser Rückzugsort in der Sommerhitze war – wie schon so oft – die Ostseeinsel Hiddensee. Mein Himmelskalender sagt mir: Sonnenaufgang 4:50. Bei Dämmerungsbeginn mache ich mich auf den Weg von unserem Quartier im Norden der Insel, steige von der Siedlung am Bodden den sandigen Weg hinauf zum Dornbuschkliff, wo an der Kante der Steilküste der Leuchtturm aufragt. Die Mondsichel ist schon untergegangen. Die Luft hat sich über Nacht auf 18° abgekühlt. Der Wind weht schwach aus Südost. Über Wiesenbuckel führt der Weg stetig aufwärts. Der Wegrain liegt noch im fahlen Licht, viele Blüten sind noch geschlossen. Zäune grenzen eine Pferdekoppel ein. Die Wiesen sind frisch gemäht. Dann schulterhohe Ginsterheide, schon fast verblüht. Das Vogelkonzert ist erwacht. Eine Amsel singt einsam auf einem Zaunpfahl, Singdrossel und Buchfink fallen mit ein. Der erste Kuckucksruf hallt vom Bodden herauf. Zwei Stück Schwarzwild queren den Weg vor mir, stürmen den Hang hinab. Ein Rehbock schreckt. Auf dem Plateau angekommen, suche ich mir den besten Aussichtspunkt. Über mir kreist das Leuchtfeuer des Dornbusch-Leuchtturms. Weit im Nordosten ist das Signal des Leuchtturms von Kap Arcona an der Nordspitze von Rügen zu erkennen.

Morgengrauen. Der Bodden liegt grau hinter dem Schilfgürtel. Jenseits des schmalen Streifens Wasser die bewaldete Küstenlinie von Rügen. Auch die Ostsee ist noch grau. Ebenso die Wolkenbank, die im Westen vorüberzieht. Dann erscheint die Morgenröte. Ein Streifen im Nordosten färbt sich zartrosa, breitet sich aus, rötet sich. Ein kurzer Strich flammt auf. Etwa dort, wo hinter dem Horizont die Insel Bornholm liegt. Der Strich taucht aus dem Meer auf, wächst und rundet sich zu einem Feuerball. Binnen fünf Minuten ist die Sonne voll da. Die Morgenröte in den Wolken verblasst. Der Tag nimmt seinen Lauf. Auf dem Rückweg ist das Vogelkonzert abgeklungen. Nur der Kuckuck ruft noch. Eine Formation Schwäne fliegt über den Bodden, lässt sich auf der Wasserfläche nieder.

Einige Stunden später steht die Sonne im Zenit, hat die Luft auf fast 30° erwärmt, als ich wieder den Hang zum Dornbusch emporsteige. Die Vegetation am Wegrain ist inzwischen aufgeblüht. Das Gelb von Johanniskraut, Habichtskraut, und Königskerze harmoniert mit dem Blau von Wegwarte, Natternkopf, Ochsenauge. Dazwischen rote Tupfer Mohn, das Weiß von wilder Möhre und Sand-Nelke. Eine Lerche steigt vom Boden auf, rüttelt, ihre Gesangsglocke bildet sich über mir, vibriert, während die Lerche höher in den Himmel steigt, bis ich sie nicht mehr sehe. Zwischen Ginsterheide und Schafkoppel suche ich mir einen Platz, lasse mich im kniehohen Gras nieder, strecke mich aus, bette den Kopf auf den Rucksack. So erdverbunden wie nur möglich. Der Boden ist weich und warm, ich bin auf Augenhöhe mit den Grashalmen. Wiesenfuchsschwanz, Honiggras, Lieschgras bewegen sich in der sanften Brise. Das Gras hinter dem Weidezaun ist gemäht. Es riecht so süß nach Heu und Thymian. Ein Kohlweißling flattert vorbei, später ein Trauermantel. Eine Ameise krabbelt mir über die Hand. Insektensummen, sanfte Brise, kein menschengemachtes Geräusch. Wolken schauen! Nicht die einzelnen, sondern den Wolkenstrom. Dünne, luftige, weiße Felder ziehen über die Himmelsbläue, fächern sich auf, ballen sich neu, lösen sich auf. Die Zeit steht still. Irgendwann in dieser Mittagsstunde erhebe ich mich aus dem Gras, streiche mit der Hand darüber, um es wieder aufzurichten. Keine Spuren hinterlassen.

Inselsommer. Heidsommerglut. »Sommerseligkeit«. Was für ein gutes altes Wort. Jedes Kind kennt diese Stimmung, sehnt sich danach, sucht sie. Jedes Jahr aufs Neue. Sie ist ein zarter Schwebezustand, eine Art von Entrückung, ein Geflecht aus objektiver und subjektiver Realität. Die Leichtigkeit des Sommers beginnt im Kopf. Wie lange noch? Wir sollten jede Gelegenheit nutzen, sie zu erleben, darüber zu sprechen, das Erleben in unserer Erinnerung abspeichern, um es reaktivieren zu können, wann immer möglich. »Ich habe Angst vor dem Sommer«, sagte mir neulich jemand, der die »tropischen Nächte« kaum aushält.

In der Nacht zieht ein Starkregengebiet über die Küste und die Inseln von Mecklenburg-Vorpommern. Stundenlang zucken Blitze, rollen Donner über Hiddensee. Sturzbachartig prasselt der Regen auf den Boden, trommelt aufs Dach und gegen die Fenster. 100 Liter auf den Quadratmeter, erzählen Einheimische am nächsten Tag, so viel wie sonst in zwei Monaten. So viel wie nur ganz selten seit Beginn der Wetteraufzeichnungen vor hundert Jahren.

*

Nicht einmal eine Woche später, in der Nacht vom 14. auf den 15. Juli, zog ein Tiefdruckgebiet von Westen über die Eifel und die angrenzenden Mittelgebirge, blieb dort hängen, wurde »stationär«. Stundenlanger Starkregen verursachte binnen weniger Stunden in den Tälern eine katastrophale Überschwemmung. Ein Freund, der in einem Dorf oberhalb des Ahrtals wohnt und die Landschaft liebt, schrieb mir: »Danke für die Anteilnahme, unser Haus steht unter Wasser und die Straßen drumherum sind zum guten Teil weggespült, aber wir leben und machen mit Nachbarn und Freunden das Beste draus.« Ein paar Tage später eine Rundmail:

> Wir sind durch Dauereinsatz (Pumpen, Schöpfen, Raustragen von durchnässten Möbeln, Papieren, Büchern) zwar erschöpft und entsetzt über das, was geschehen ist, aber alles in allem wohlauf. Das Haus ... ist wieder leergepumpt. Sorgen machen die feuchten Wände, die Folgen für die Gebäudestabilität und der Schimmel ... Weiter unten im Ahrtal hat es sehr viele Tote gegeben, über hundert ... das Schönste an dem Übel ist die enorme Hilfsbereitschaft, die sich hier in wunderbarer Vielfalt und Fülle zeigt, auch wenn es nicht wenige Gaffer und sogar Plünderer gibt. Man wünscht sich, dass von der überwältigenden Solidarität etwas bleibt, wenn die Folgen der Katastrophe überwunden sind .... Aber vielleicht schaffen wir es als Gesellschaft ja diesmal, die Sache mit dem Klimaschutz konsequent anzugehen.

*

»ES WURDE HEISSER.« Mit diesem schlichten Satz, in Großbuchstaben gedruckt, beginnt ein Roman, den ich im Herbst 2021 las. Und eine Seite weiter: »... dann durchbrach die Sonne den östlichen Horizont. Sie blitzte auf wie eine Atombombe ...« Die Eingangsszene des Öko-Science-Fiction-Romans *Das Ministerium für die Zukunft* des US-Schriftstellers Kim Stanley Robinson spielt irgendwann in den 2030er-Jahren in Indien, in einer Ortschaft in der Gangesebene. Es ist der 12. Juli – und noch kein

Monsun in Sicht. Dafür liegt ein riesiges Hochdruckgebiet über der Gangesebene, hängt am Himalaya fest. 38 Grad, 60 Prozent Luftfeuchtigkeit schon am Morgen. Sengende Hitze wie in der Sauna, den ganzen Tag über. Alte sterben, Kinder sterben. Im Morgengrauen kommen die Leichenwagen. Stromausfall, die Klimaanlagen fallen aus. Frank May, Vertreter einer humanitären Hilfsorganisation, eine der beiden zentralen Figuren des Romans, hat noch einen Generator und einen Benzinvorrat, holt Anwohner in seine Büroräume. Ein bewaffneter Trupp dringt ein, raubt mit vorgehaltener Waffe den Generator. Frank sieht nur eine Lösung: »Runter zum See! Geht ins Wasser!«. Draußen zu Hause? Lebenselixier Wasser? Von wegen. Die Menschenmenge verbringt die Nacht im See, Kopf an Kopf, bis zum Hals im fauligen Wasser stehend. Leichen treiben auf der Wasseroberfläche. Ein giftiger Todeshauch steigt auf. Der Tümpel ist heißer als Badewasser. Das Blut kocht. Die Hitze steigt in den Kopf. Die Sonne geht auf. »Alle waren tot.«

So endet das Kapitel. Der »*heat dome*«, die Hitzeglocke über Nordindien fordert in dem Roman Millionen Opfer. Frank hat überlebt, ist stark traumatisiert. Vergeblich versucht er, sich einer indischen Untergrund-Ökogruppe anzuschließen, die sich im Strudel der Klimakatastrophe der direkten Aktion verschrieben hat. Sie heißt NEVER AGAIN! – Nie wieder! Frank wird zum Einzelkämpfer. In der Schweiz begegnet er einer irischen Politikerin namens Mary Murphy, die dort eine UN-Organisation leitet. Deren Auftrag: dem Pariser Klimaschutzabkommen endlich zum Durchbruch zu verhelfen – mit allen Mitteln. Das ist das »Ministerium für die Zukunft«. Bleibt noch Zeit, so die große Frage, die das Buch aufwirft, um das Ruder herumzureißen?

*

Ein großer Sprung in Raum und Zeit, zurück in die Epoche, als der verhängnisvolle Weg in das industrielle und fossile Zeitalter gerade erst begonnen hatte, sich aber gleichzeitig alternative Wege, Entwicklungspfade in eine andere Moderne auftaten. Ein Gespräch im Hause Goethe über das Freie-Luft-Leben als Lebenselixier. Am 11. März 1828, vier Jahre vor seinem Tod, führte Goethe eine lange Unterhaltung mit seinem Mitarbeiter Johann Peter Eckermann. Auslöser waren, wenn man dem Protokoll Eckermanns trauen darf, dessen wiederholte Klagen über schlechte Träume und Antriebslosigkeit. Goethe hatte ihm empfohlen, einen Arzt aufzusuchen. Vermutlich sei die »kleine Stockung« schon durch einige Gläser Mineralwasser zu beheben. An diesem Tag, als Eckermann erneut mit den Symptomen einer depressiven Verstimmung erschien, riss Goethe der Geduldsfaden. Er führte, mit einem ironischen Lächeln, Napoleon ins Feld, dessen von Walter Scott verfasste Biografie er gerade las. Napoleon habe sich »in dem Zustand einer fortwährenden Erleuchtung« befunden. Das sei der Zustand der »Productivität«, in dem »das Außerordentliche entsteht«.

Das Gespräch wurde grundsätzlich: Was sind die Voraussetzungen und Quellen geistiger Produktivität? Sei sie das, fragte Eckermann, was man sonst mit »Genie« bezeichne? Goethe holte weit aus, wobei er, wie sein Protokollant mehrfach anmerkte, im Zimmer auf und ab schritt. »Jede Produktivität höchster Art ..., jeder große Gedanke, der Früchte birgt und Folge hat, steht in Niemandes Gewalt und ist über alle irdische Macht erhaben.« Diese Faktoren seien freilich nicht dem eigenen Willen unterworfen und er rate dazu, »nichts zu forcieren«.

Behutsam lenkte Eckermann das Gespräch wieder auf sein eigentliches Anliegen. Er fragte, ob es natürliche Mittel gebe, eine produktive Stimmung hervorzubringen oder zu steigern. Einige Gläser Wein beispielsweise? Das komme auf die Umstände und auf den Einzelnen an, meinte Goethe, und schloss in wenigen Sätzen eine Theorie der kreativen Naturverbundenheit an: »Es liegen ... produktivmachende Kräfte in der Ruhe und im Schlaf; sie liegen aber auch in der Bewegung. Es liegen solche Kräfte im Wasser, und ganz besonders in der Atmosphäre. Die frische Luft des freien Feldes ist der eigentliche Ort, wo wir hingehören; es ist, als ob der Geist Gottes dort den Menschen unmittelbar anwehte und eine göttliche Kraft ihren Einfluss ausübte.«

Goethe variiert hier ein Leitmotiv aus Jean-Jacques Rousseaus 1782 posthum veröffentlichten *Confessions*. Für den französischen Philosophen war das Wandern in der offenen Landschaft eine Praxis, um die eigenen Gedanken zu »beseelen« und zu »beleben«. Die Verbindung von frischer Luft und körperlicher Bewegung versetze Körper und Geist in Schwingungen und erzeuge eine »größere Kühnheit des Denkens«.

Als leuchtendes Beispiel aber verweist Goethe auf den englischen Dichter, Abenteurer und Rousseau-Verehrer Lord Byron. Dieser habe »täglich mehrere Stunden im Freien« gelebt – »bald zu Pferde am Strande des Meeres reitend, bald im Boote segelnd oder rudernd, dann sich im Meere badend und seine Körperkraft im Schwimmen übend«. So sei er, behauptete Goethe, »einer der productivsten Menschen« geworden, »die je gelebt haben«. Was an Goethes Äußerungen verblüfft, ist die Engführung der Vokabeln frisch, frei und produktiv. Sie bindet die Gemeingüter »frische Luft« und »im Freien leben« an die Vorstellung von »großen Gedanken« und »Produktivität höchster Art«. Wegzehrung für die Kreativen von heute?

Über seine eigene intime Erfahrung von wilder und freier Natur hat Goethe ein bemerkenswertes Gedicht geschrieben. *Einsamste Wildnis* beginnt mit den Versen: »Ich sah die Welt mit liebevollen Blicken / Und Welt und ich, wir schwelgten im Entzücken.« Einfühlung, Empathie, Resonanzen steuern Goethes Blick auf die Umwelt. Das ist die radikale Gegenperspektive zu dem Tunnelblick auf die Krisen und Katastrophen, der uns heute zu lähmen droht.

*

Um die Mitte des 19. Jahrhunderts lag das Thema überall in Europa sozusagen in der Luft. Rousseaus Denken, zusammengefasst in der griffigen Parole »*retour à la nature!*« war noch sehr präsent. Die Suche nach dem einfachen Leben in freier Natur war ein Topos der Zeit. Die »*plein air*«-Malschule von Barbizon bei Paris beeinflusste die Landschaftsmalerei in ganz Europa. Jenseits des Atlantiks veröffentlichte Henry David Thoreau 1854 ein brillant geschriebenes – nicht zuletzt von Goethe und der europäischen Romantik beeinflusstes – Buch über seinen Rückzug in eine selbstgebaute Hütte am Ufer eines kleinen Sees seiner Heimat Neuengland.

1859 verfasste der norwegische Schriftsteller Henrik Ibsen ein langes episches Gedicht mit dem Titel »*Paa Vidderne*« (Auf den Höhen). In dem Text erschien zum ersten Mal eine heute weltweit wirkmächtige Wortschöpfung: »*friluftsliv*«. Die Ballade handelt von einer Flucht in die Wildnis. Sie erzählt von einem jungen Mann, der, schuldbeladen, mit seinem inneren Dämon ringend, mit leichtem Gepäck, Rucksack und Gewehr, sein Dorf am Fjord verlässt und in die Berge geht. Die archaische Landschaft der Fjälls und das freie Leben des Jägers in Wind und Wetter ziehen ihn immer stärker in den Bann. Der Wintereinbruch verhindert den Abstieg ins Tal. Das lyrische Ich des Gedichts folgt, wenn auch nicht ohne Anfechtungen, dem Ruf der Wildnis, in den sich auch dämonische Stimmen mischen. Wildwasser und Stürme, Sonnenstrahlung auf Gletschereis erfrischen, stärken – ja stählen – nicht nur die Physis, sondern auch die Gedanken. »In der kargen Fjällhütte«, heißt es in einer Strophe im Zentrum des Gedichts, »verstaue ich meine reiche Beute.« Und dann: »*Der er krak og der er grue, friluftsliv for mine tanker.*« (Dort ist eine Bank, dort ist ein Herd /und Freiluftleben für meine Gedanken). Am Ende des Gedichts steht der Entschluss, dem Leben im Tiefland zu entsagen. Zugunsten einer »höheren Sicht auf die Dinge«. Denn: »Hier oben auf den Höhen ist Freiheit und Gott / dort unten tappen die andern.«

Zu Beginn des 20. Jahrhunderts machte das Wort *friluftsliv* im Norwegischen und anschließend in den anderen skandinavischen Sprachen Karriere: Als Begriff der Alltagssprache, der Pädagogik, ja der Politik. Maßgeblichen Anteil daran hatte der norwegische Polarforscher, Nationalheld und Friedensnobelpreisträger Fridtjof Nansen. In einer Rede an die Schuljugend des Landes im Juni 1921 gab er dem Wort eine gegenüber Ibsen erweiterte Bedeutung. *Friluftsliv* meinte bei ihm: Weg von der Masse, raus aus dem ewigen Jagen – heute spricht man von Beschleunigung – dem verwirrenden Lärm der Städte; raus in die Natur, in den großen Raum der Landschaft. So definierte Nansen in seiner programmatischen Rede die Essenz der Idee.

Heute gehört *friluftsliv* zur Alltagskultur, zum nationalen Selbstverständnis, zur Identität Skandinaviens. Nils Faarlund, norwegischer Pionier der Idee seit den 1970er-Jahren, schätzt, neun von zehn Norwegern machen mit. Der Begriff ist allgegenwärtig, in den staatlichen Bildungsplänen ebenso wie in den Reklamebotschaften der Outdoor-Szene. Er handelt vom Rückzug auf Zeit in das Reich der wilden, freien Natur und der rauen, frischen Luft und vom Respekt vor der ökologischen Integrität. Er meint alle Spielarten des aktiven Lebens »draußen«: Rucksackwandern, paddeln, bergsteigen, skilaufen, jagen, zelten, schwimmen, klettern, angeln, segeln. *Friluftsliv* gilt als ein Weg zu einer höheren, »nachhaltigen« Lebensqualität. Seine Praxis trägt nicht unwesentlich dazu bei, dass die nordischen Länder im »World Happiness Report« der UNO, also bei der Messung des Glücks-Index, regelmäßig auf den vorderen Plätzen landen.

Rikt liv med enkle midler – Ein reiches, erfülltes Leben mit einfachen Mitteln: So beschrieb der norwegische Philosoph und Bergsteiger Arne Næss in den 1990er-Jahren die Grundidee von *friluftsliv*. Für ihn war sie eingebettet in einen umfassenden Denkansatz, den er *dypøkologi* (Tiefenökologie) nannte. Ihm geht es zuallererst um die »Selbstverwirklichung für alles Lebendige«. Das Wohl und Gedeihen allen Lebens, des menschlichen und des nicht-menschlichen, der ganze Reichtum und die Vielfalt der Lebensformen, hätten einen Wert an sich und in sich. Wir Menschen seien eingefügt in die Lebensprozesse auf dem Planeten, stünden in dauernder wechselseitiger Abhängigkeit mit der Welt um uns herum, trügen eine besondere Verantwortung für deren Erhaltung. Næss bindet die Lust am Leben in der freien Natur an eine radikal ökologische Politik, die der fortschreitenden Plünderung des Planeten und dem schrankenlosen Bevölkerungswachstum Einhalt gebietet.

*

Friluftsliv ist ein kostbares Wort, meint Nils Faarlund, »eins der beliebtesten in unserem Wortschatz«. Damals war er Mitstreiter und Bergsteiger-Kamerad von Arne Næss. Aufgewachsen ist er auf einem Bauernhof am Ufer des Mjösa, des größten Binnensees Norwegens, »mit der freien Natur als selbstverständlicher Heimat«. Seine frühe Leidenschaft gehörte dem Bergsteigen. »Der Blick in den Abgrund vernichtet die Dichotomie zwischen Körper und Bewusstsein ... besonders wenn die Lebensgefahr die tiefe Anwesenheit fordert.« Was für ihn die Essenz der Idee sei, fragte ich ihn. »*Friluftsliv* ist Überschussleben in der Natur«, antwortet er. Es ist »Heimkehr«. Es liege uns in den Genen. Es ist »die Erde berühren«. Aber leicht, »denn wer Spuren hinterlässt, stört die Muster der freien Natur«. *Friluftsliv* sei das Erlebnis der Begegnung. Im Sinne von Martin Bubers Ich-Du-Beziehung. Achtsam werden auf die Stimme, die Sprache des Lebens. »Mit Stille spricht die freie Natur – indem sie schweigt.« Eine große Inspiration sei für Næss und ihn Spinozas Begriff *hilaritas* gewesen. Wörtlich übersetzt bedeutet das lateinische Wort »Heiterkeit«. Für Faarlund ist es »der Modus tiefer Freude, wenn unser kleines Selbst in dem großen Selbst der Natur aufgeht.«

*

Eng verwandt mit den Ideen der Tiefenökologie ist der Begriff der »Biophilie«. Er kommt ursprünglich aus der humanistischen Psychologie der Zeit nach dem 2. Weltkrieg. Geprägt hat ihn der nach Mexiko emigrierte deutsche Sozialphilosoph Erich Fromm. Er entwickelte »Biophilie« als Kontrapunkt zu »Nekrophilie«. In den Konsummustern der westlichen Industriegesellschaften und deren Logik von Wettbewerb, Gewalt und Krieg entdeckte Fromm eine Nähe von Verbrauchen und Vernichten, eine inhärente Tendenz zum Tod und zum Töten. In diesem »nekrophilen« Kontext erscheine der Mensch als Mittel zum Zweck und die Natur als Lager von Ressourcen, das dem unbeschränkten Zugriff und Raubbau offen sei. Biophilie dagegen bedeutet für ihn die »Liebe zum Leben und zu allem Lebendigen«. Sie umfasst die Liebe zur Natur und die »aktive Liebe zum anderen Menschen« gleichermaßen. Auch die Fähigkeit, die Vielfalt in Natur und Gesellschaft zu genießen. Die lebende Substanz, so Fromm 1964, tendiere dazu, »sich mit andersartigen und gegensätzlichen Wesenheiten zu vereinigen und einer Struktur gemäß zu wachsen.«

Dieses Konzept griff in den 1980er-Jahren der amerikanische Evolutionsbiologe Edward O. Wilson auf. Im Kontext seiner folgenreichen Wortschöpfung »Biodiversität« definierte er »Biophilia« als »die unbewußte Neigung der Menschen, die Nähe der übrigen Lebensformen zu suchen«. Unsere Existenz hänge von dieser Neigung ab. Unser Geist entfalte sich daran. Aus dieser angeborenen Biophilie leite sich unsere Sehnsucht nach freier Landschaft, relativ unberührter Natur und nach Wildnis ab. »In der Wildnis sucht der Mensch neue Lebenskraft und das Urerlebnis des Wunderbaren, und aus der Wildnis kehrt er in jene Teile der Erde zurück, die kultiviert und nach seinen Bedürfnissen gestaltet sind. Die Wildnis erfüllt uns mit Frieden, weil sie uns ein Bild völliger Selbstgenügsamkeit vermittelt. Sie übersteigt die menschliche Fantasie.«

*

Biophilie und *friluftsliv* sind Elemente desselben Lebensgefühls. Beide Vorstellungen haben viele Berührungspunkte mit dem traditionellen deutschen Ideal von »Naturverbundenheit«, ebenso mit dem amerikanischen Konzept von »the great outdoors« und dem japanischen »Shinrin-yoko« (Waldbaden). Die aktuelle Pandemie steigert die Atemnot. Sie brachte den Zwang zu Homeoffice und Quarantäne mit sich. Wir gewöhnten uns an das Tragen einer Mund-Nasen-Maske. Die Bilder von künstlich beatmeten Patienten auf den Intensivstationen lösten Angst und Schrecken aus. Eines scheint sicher: Das Virus attackiert eher in geschlossenen Räumen als draußen, eher indoor als outdoor. Bringt uns der Corona-Schock zu einer neuen Wertschätzung von frischer Luft und dem Leben im Freien?

Was ist ›frische‹ Luft eigentlich? Die Lufthülle in den bodennahen Schichten besteht überall aus knapp 80 Prozent Stickstoff, 20 Prozent Sauerstoff, geringen Anteilen von Edelgasen und Wasserdampf und schließlich 0,03 Prozent Kohlendioxid. Reinheit und ›Frische‹ beziehen sich nicht direkt auf diese chemische Zusammensetzung, sondern auf das, was in der Luft schwebt. Es geht um die Belastung mit natürlichen Stäuben und Pollen, vor allem aber um anthropogene Schadstoffe wie Feinstäube und Umweltgifte. Die Zonen großer Belastung decken sich weitgehend mit den Ballungsgebieten von Besiedlung, Verkehr und Industrie.

Eine Landkarte unserer Reinluftgebiete würde erstmal nur die relativ große Entfernung dieser Regionen von den hauptsächlichen Quellen der Luftverschmutzung abbilden. Auf den zweiten Blick erscheinen die heilklimatischen Zonen von der See bis zu den Alpen. Die Karte lässt ein buntes Muster aus Klimareizen und Schonfaktoren erkennen, denn nun kommen Standortbedingungen wie Höhenlage, Pflanzendecke, Wasserflächen, Wind- und Sonnenexposition ins Spiel. Die reich gegliederte, kleinteilige, einem Flickenteppich ähnelnde Struktur der mitteleuropäischen Landschaften entfaltet ihr natürliches Potenzial.

›Frisch‹ also ist die staubarme, pollenarme Luft der Küstenstreifen, der Mittelgebirgskämme und Hochgebirgsplateaus. Es ist die von Erdrotation und Sonneneinstrahlung bewegte, die zirkulierende, turbulente, aufgemischte, durch Wärmeströme und Kaltfronten, Aufwinde und Fallwinde chaotisch durcheinandergewirbelte, aus den Wildnisgebieten der Atmosphäre sich speisende Luft. Es ist das Sauerstoffmolekül, das vorgestern noch über die Geysire Islands oder die Wellenkämme der Biskaya fegte, vor Sekunden durch das Kronendach des Laubwaldes wirbelte, und das ich in diesem Moment begierig einsauge und über die Lungenbläschen in meine Blutbahn sende. Durch die Luft, die ich einziehe und ausstoße, bin ich Teil des unendlichen Gebens und Nehmens in der Natur, kommuniziere ich mit der Atmosphäre des blauen Planeten, mit dem Kosmos, in dem er schwebt.

Die meiste Zeit atmen wir unwillkürlich. Die Atmung ist ein sich selbst regulierendes System mit enger Fühlung zum vegetativen Nervensystem. Unablässig kontrolliert es den Sauerstoff- und Kohlendioxidspiegel im Blut. Auf das Feinste ist es darauf eingestellt, jede der Millionen Zellen des Körpers lebenslänglich, ohne eine einzige Unterbrechung mit exakt der lebensnotwendigen Menge an Sauerstoff aus der Atmosphäre zu versorgen. In jeder Minute unseres Lebens holen wir uns mit den durchschnittlich 12 bis 16 Atemzügen, die wir in diesem Zeitraum machen, aus der Luft die etwa 300 Milliliter Sauerstoff, die wir im Zustand der Ruhe brauchen. Und genauso verlässlich ist die Atmung darauf eingestellt, noch der entferntesten Zelle des Körpers das Kohlendioxid zu entziehen, es an die Atmosphäre abzugeben und der Pflanzenwelt für die Fotosynthese zur Verfügung zu stellen. Frische Luft ist ein Wunderwerk der Natur. So wie die Atemwege und Blutbahnen, durch die unser Organismus sie aufnimmt.

»Wo ist aber euer innerer Wert«, hatte Nietzsche gefragt, »wenn ihr nicht mehr wisst, was frei atmen heißt?« Das Geheimnis des freien Atmens heißt: Bewegung. Sich an der frischen Luft bewegen, sie auf der Haut spüren, sie tief einatmen, stundenlang, bei Wind und Wetter, zu allen Jahreszeiten – darin liegt ein wesentlicher Impuls zum Wandern. Ausdauerndes Gehen aktiviert die Tiefatmung. Die kraftvolle körperliche Bewegung in frischer Luft ist die beste Atemtherapie. Die Aufwertung des Wanderns, die schon seit einiger Zeit anhält, wird nach Corona verstärkt weitergehen. Die neue Wertschätzung von Frischluftgebieten, von »Sommerfrischen«, ebenfalls. Darin liegt die Zukunft eines nachhaltigen Tourismus. Eines klug dosierten, über die Fläche und die Jahreszeiten verteilten Tourismus, der die Falle des »Overtourismus«, der Überfüllung, vermeidet.

Doch die entscheidende Lehre aus dieser quälenden Zeit der Pandemie scheint mir: Eine nachhaltige Zukunft vor allem vom lebendigen Grün her zu denken. Die gedankliche und materielle Basis ist längst da. Die Europäische Union hat in den letzten Jahrzehnten ein großangelegtes Netz von Rückzugsgebieten und Wanderwegen für die Wiederausbreitung unserer heimischen Flora und Fauna geschaffen. Dieser »Netzausbau«, in der EU »Natura 2000« genannt, ist von fundamentaler Bedeutung für die Integrität und Stabilität unserer Ökosysteme und damit unser aller Lebensgrundlagen. Er sollte in jedem Fall vor allen anderen Formen des Netzausbaus Priorität haben. Das bedeutet: das Primat von »Erdpolitik« (Ernst Ulrich von Weizsäcker) über all die geopolitischen Machtspiele, von »terrestrischer« Politik (Bruno Latour) über die überzogene Digitalisierung der Lebenswelt. Von den grünen Lungen des Planeten und Europas her denken, von den heimischen Wäldern und urbanen Grüngürteln her, und nicht primär von der Technologie und den Geschäftsfeldern und Geldströmen eines Green Deal. Jede urbane Frischluftschneise ist von Bedeutung, jedes Fleckchen naturnaher Wald, jeder Wasserspiegel, jedes Stück Wildnis, jedes Flora-Fauna-Habitat, ja jeder Gartenteich und Komposthaufen. Sonst rauben wir uns und den nachfolgenden Generationen die Luft zum Atmen – und den Trost der Bäume.

*

Vor einiger Zeit habe ich mit *Qìgōng*, der chinesischen Bewegungskunst, angefangen. Auf einer kleinen, versteckten Lichtung in dem Eichenwäldchen hinter meinem Gartentor habe ich mir einen Sitz angelegt. Nur ein Holzklotz, angelehnt an eine schätzungsweise hundertjährige Eiche. Ein kleiner Rundweg im Laub, hundert Schritt lang, macht meinen Rückzugsort vollständig. Ringsherum schlanke Birken, junge Ebereschen, Traubenkirschen, ein paar Eiben und Ilex, Brombeerranken, viel Totholz, nach jedem Orkan mehr. Die Waldvögel, Amsel, Rotkehlchen, Buchfink, Schmetterlinge, Insekten, ab und zu ein Eichhörnchen teilen den Ort mit mir. Nur ein kaum sichtbarer Trampelpfad führt vom Gartentor dorthin. Keine Menschenseele stört mich hier. Die Spaziergänger, fast alle mit Hund unterwegs, bleiben auf den Wegen ringsum. Nur gedämpft zu hören ist das Lärmband der Autobahn und das Dröhnen eines nahen Chemieparks. Umgeben von diesem eigentlich höchst unwirtlichen Ambiente habe ich mir meinen Gaia-Platz angelegt. Dort bin ich in der Regel zweimal am Tag, jeweils eine knappe halbe Stunde lang. Im Wechsel der Jahreszeiten, bei Wind und Wetter, Regen und Sonne, manchmal auch im Mondschein. Dort mache ich meine schlichte, von *Qìgōng* inspirierte Übung.

Rat holte ich mir bei Gudula Linck, Philosophin, Sinologin, Buchautorin und *Qìgōng*-Lehrerin in Freiburg. »Wörtlich bedeutet *Qìgōng* 气功 »Arbeit am *Qì*«, an der Lebenskraft«, schrieb sie mir. »In der Praxis geht es um ein konzentriertes Sich-selber-Spüren. Die geschmeidigen Bewegungen, mit Ein- und Ausatmen korreliert, dienen dazu, das *Qì* in Leib und Körper zum Fließen zu bringen. Zwischen den Bewegungen wird immer wieder auch das Innehalten geübt. So kommt von selbst Langsamkeit auf, Aufmerksamkeit und eine Gemütsruhe aus der eigenen Mitte: ›Sei umsichtig, hüte dich, sei aufrecht in deinem Verhalten. Lass deine Gedanken nicht geschäftig werden und siehe, wie ruhig der Atem durch deine Nase geht!‹ Wer Arme und Beine bewegen kann, kann auch *Qìgōng*. Noch die schlichteste Arm- oder Fußbewegung (Heben-Senken, Öffnen-Schließen), wenn sie mit Aufmerksamkeit und dem Atmen einhergeht, ist *Qìgōng*. Immer geht es mit Naturbildern einher: ›Frühlingswind in Weidenbäumen‹, ›Den Mond umarmen‹, ›Himmel und Erde verbinden‹. So ist *Qìgōng* nicht nur Übung für Gesundheit und Wohlbefinden, nicht nur Bewegungskunst, sondern eine wunderbare Handhabe, das Sein mit der Natur, das Mittendrin, immer wieder zu spüren und einzuverleiben.«

*

»Mit Stille spricht die freie Natur – indem sie schweigt«: Nils Faarland hat einen vitalen Punkt angesprochen. Die lebendige Stille der Natur ist beredt. Die Körpersprache der Steine und Felsen im Wechsel von Licht und Schatten, Sommerglut und Eis. Das Plätschern der Quelle, das Rauschen der Meeresbrandung. Der Wind in den Baumwipfeln, das Rascheln des Grases. Die Metamorphose der Pflanzen im Lauf der Jahreszeiten und in ihrem Lebenszyklus von Keimen, Wachsen und Vergehen. Die Bewegungen und Laute der Tiere in der freien Natur. Die »Signaturen«, die Zeichensprache der Dinge und Lebewesen, neu wahrnehmen und in sich aufnehmen – mit allen Sinnen. Das würde unsere verbale Sprache der Zuversicht vielleicht entscheidend erweitern und stärken.

Kapitel acht

Weniger ist mehr

Lob des Minimalismus

Weniger ist mehr? Klingt erstmal paradox. Nach Quadratur des Kreises, nach magischer Formel. Es ist ein Lockruf, aber rätselhaft. Was ist das »mehr« im »weniger«? Was gewinnst du, wenn du loslässt? Droht dann nicht vielmehr der Absturz – ins Nichts? Mut zum Weniger erfordert ein Grundvertrauen, dass genug da ist – für dich, für alle. Aber was ist genug? Es ist das Gegenteil von zu viel. Und das Gegenteil von zu wenig. Das klingt gerade hochaktuell, oder? *Weniger ist jetzt.*

*

Erste Annäherung: *Weniger ist leer* – ist ein preisgekrönter Werbeslogan. Er wirbt für die Bekämpfung des Hungers im globalen Süden. Das dazugehörige Bild zeigt eine Tonschale mit einer Handvoll Reis. Die Form ist archaisch. Ein leicht eckiges Rund, geformt wie ein von Hand geschriebenes »o«. Rötlich-braun, wie Terrakotta. Reiskörner bedecken den Boden der Schale. Aber nur knapp. *Weniger ist leer* Punkt. Der kurze Schriftzug zieht sich von links über den oberen Rand des Plakats. Daneben klafft eine Lücke. Rechts das Wort »Brot«. Nächste Zeile: »für die Welt«. Die Schrift ist schwarz. Bis auf das »o« in Brot. Das ist farblich mit dem Gefäß abgestimmt. In der linken unteren Ecke des Plakats, kompakt in fünf Zeilen gedruckt, der Text: »Es gibt so viele, die hoffen auf mehr, um überleben zu können. Ihre Unterstützung hilft uns, den Hunger zu bekämpfen. Ihre Spende hilft.« 23 Wörter, 135 Zeichen, die Länge eines Tweets. Das ist alles.

Wie ist diese Werbeikone, 2021 mit dem Deutschen Nachhaltigkeitspreis ausgezeichnet, entstanden? Ich fragte Wolfram Heidenreich von der Marketing-Agentur »Gute Botschafter«. Das Design ist schon ein paar Jahre alt. 2005 kam der Auftrag von »Brot für die Welt«, der Hilfsorganisation der evangelischen Kirche. Sie ist schon seit Anfang der sechziger Jahre für die »Dritte Welt«, wie man damals sagte, tätig. Eine – wenn man so will – »Marke« mit sehr hohem Bekanntheitsgrad. Welche Vorgaben hatte die Agentur? Keine, sagt Heidenreich. Die Hilfsorganisation wollte einfach ein neues Logo, um die eigenen Ziele modern zu kommunizieren. So machte sich das Team an das Brainstorming. Die erste Idee, einen Brotkorb zum Bildmotiv zu machen, wurde verworfen. Das hätte das Missverständnis verstärkt, »Brot für die Welt« organisiere vor allem die Verteilung von Nahrungsmittelspenden in Hungergebieten. Tatsächlich geht es um Hilfe zur Selbsthilfe. Eine Milchschale? In manchen Ländern gilt Milch gar nicht als Nahrungsmittel für Menschen. Reis aber gehört weltweit zur Top 5 der Nahrungspflanzen. So kam man auf die Reisschüssel. Die auf dem Bild ist nicht handgetöpfert, sondern am Computer generiert. Ihre Form sollte gleichzeitig wie ein Auge wirken, das den Betrachter anschaut und seine Aufmerksamkeit fesselt. Der lakonische Satz formuliert die Botschaft des Sinnbilds aus: Nimm die Handvoll Reis weg und die Schale ist leer. Er ist eine ironische Verfremdung der Redensart »weniger ist mehr«. Die kennt jeder. Ein geflügeltes Wort. Nur ein minimaler Eingriff: »mehr – leer«. Reimt sich sogar, verkehrt aber den Urtext ins Gegenteil. Genauer gesagt, es stellt den paradoxen Spruch vom Kopf zurück auf die Füße. Die Steigerung von weniger ist – nichts. Spruch und Bild kommen leichtfüßig daher. Ohne Elendsbilder, ohne erhobenen Zeigefinger. Doch Wort und Bild erweisen sich schnell als höchst prägnant, anschaulich und vielschichtig. Im Kopf entstehen Bilder, Assoziationen und ein Aha-Effekt – eine Erkenntnis. Und die enthält ein großes Narrativ. Es erzählt von der ungerechten Verteilung der Güter in der Welt. In welcher Wirklichkeit leben wir, leben andere? Und was können wir, jeder einzelne, tun? Das Plakat, sagt Heidenreich, ziele nicht auf Mitleid, sondern auf Solidarität.

*

Zweite Annäherung: *Immer mehr, nimmersatt.* Anfang 2022 geisterte eine schier unglaubliche Nachricht durch die globalen Medien: In den ersten beiden Jahren der Covid-19-Pandemie hätten die Superreichen dieser Welt, das 1 Prozent, ihre Besitzstände verdoppelt. In demselben Zeitraum, so die Studie der britischen Hilfsorganisation Oxfam, hätten die armen Länder und die Ärmsten in den reichen Ländern am stärksten gelitten. Dieselben Muster scheinen auch in den ökonomischen Verwerfungen zu wirken, die der Krieg in der Ukraine ausgelöst hat. Diese erschreckende Vergrößerung des Grabens zwischen Arm und Reich einfach so zuzulassen, war, denke ich, eine fatale politische Entscheidung. »Fatal« nicht nur im Sinne von »schicksalhaft«, wie im lateinischen Wurzelwort, sondern auch in der Bedeutung von »tödlich«, wie im heutigen Französischen und Englischen.

Denn eines scheint mir glasklar: Jede politische Strategie der Reduktion erfordert den Willen zu mehr Gleichheit. An diesem archimedischen Punkt müssen Umdenken und Umkehr ansetzen. Die Strategie der Selbstbeschränkung muss »oben« anfangen. Sonst ist sie zum Scheitern verurteilt. Denn das Unheimliche ist: Das süße Leben der 1 Prozent erscheint »unten« allzu oft als nachahmenswert. Die Philosophen sprechen von »Mimesis« (Nachahmung): Ich will es auch so gut haben wie die da oben. Ein – in diesem Zusammenhang verhängnisvoller – Sinn für Gerechtigkeit macht sich geltend: Der Überfluss steht *auch mir* zu. Entweder allen oder keinem. Der

Lebensstil der Eliten, so provozierend er wirkt, ist letztlich gar nicht mal das Entscheidende. Es ist vielmehr die Art, wie sie ihre riesigen Vermögen anhäufen: durch die Ausbeutung von Natur und Mensch. Beides muss gestoppt werden. Die Eliten müssen jetzt Verantwortung übernehmen – oder rigoros zur Verantwortung gezogen werden.

Es kann nicht länger bloß um ein »gerechteres« Verteilen und Umverteilen des »immer mehr« gehen. Der Plünderung des Planeten Einhalt gebieten und – mit dieser Maßgabe! – die Grundbedürfnisse, die *basic needs* aller, auch die der kommenden Generationen, berücksichtigen ist erst wirklich nachhaltig. So kommt Gerechtigkeit anders ins Spiel und verbindet sich mit dem Gedanken der »Ermächtigung« (*empowerment*). Der Kampf gegen den Hunger beispielsweise nimmt uraltes Wissen der »*local people*«, ihre Fähigkeit zur Selbstversorgung wieder auf, verknüpft sie mit neuen »konvivialen« Technologien. Daraus entsteht »Ernährungssouveränität«.

In der Geschichte führte die Übernutzung der verfügbaren Ressourcen auf längere Sicht stets in den Kollaps von Gesellschaften. Zur Übernutzung kamen dabei immer weitere Faktoren wie die zu große Ungleichheit innerhalb der Gemeinwesen und die mangelnde Lernfähigkeit der Eliten. Im globalen Dorf des 21. Jahrhunderts gilt das erst recht. Mehr Gleichheit ist keine realistische Option? Wirklich nicht? In dem Roman *Das Ministerium für die Zukunft* bringt Kim Stanley Robinson ein ziemlich praktisches Beispiel aus der amerikanischen Gesellschaft von heute. Er fand es ausgerechnet bei der US-Navy. Das Jahresgehalt eines Admirals, schreibt er, liege bei 200.000 Dollar. Niemand verdiene mehr. Die Pointe dabei: »Das Verhältnis zwischen niedrigstem und höchstem Lohn beträgt ungefähr eins zu acht.« Robinsons flapsig formulierter Vorschlag für eine zukunftsfähige Gesellschaft: Die Untergrenze auf einem Niveau festlegen, das »jedenfalls genug für ein anständiges Leben« biete. Wenn die Obergrenze das Zehnfache davon betrage, wäre das »immer noch ein Haufen« Geld. Aber der Abstand zwischen unten und oben wäre erträglich. Woher kommt dann aber die Motivation, sich einzubringen mit allem, was man hat und kann? Robinson spricht von »Korpsgeist«: eine Sache der Ehre. Ein Verhaltenskodex. An genau dieser Stelle bekommt die Formel *Weniger ist mehr* ihren Stellenwert. Sie ist ein Lockruf, sich auf eine andere Logik einzulassen.

*

Ganz gewiss ist »teilen« ein Schlüsselwort im Wörterbuch der konvivialen Sprache. Auch hier lohnt sich ein Blick auf seine Herkunft. Das Altsächsische verfügte über zwei semantisch nah verwandte Wörter: *dêlian* bedeutete zerschneiden, trennen, aufteilen. Daraus wurde im heutigen Deutschen das Wort »teilen«, im Englischen »deal« im Sinne von austeilen, Waren verbreiten, damit handeln, neuerdings auch: mit Drogen »dealen«. *Sceran* ist das altsächsische Wort für schneiden, aufteilen, zuteilen. Daraus entstanden unsere Wörter »Schere«, das Schneidewerkzeug und »Schar«, die Abteilung aus einer größeren Gruppe. Im neuen Englisch wurde *sceran* zu »share«. Doch sowohl *teilen* als auch *share* haben sich von der Vorstellung des »Zerteilens« und »Verteilens« immer stärker gelöst. Der heutige Sprachgebrauch rückt *teil*haben und *teil*nehmen am großen Ganzen in das Zentrum der Wortbedeutung. Man denke an die *sharing economy.* Oder an den Vers aus John Lennons und Yoko Onos Song: »Imagine all the people / *sharing* all the world …«. Oder auch an die alte deutsche Volksweisheit: Geteilte Freude ist doppelte Freude, geteiltes Leid ist halbes Leid.

*

Folgen wir dem Lockruf des *Weniger ist mehr,* erweitern wir das Wortfeld. Reden wir zum Beispiel vom »Minimalismus«. Schönes Wort, oder? Es leitet sich ab vom lateinischen »minimus«. Das ist die Steigerungsform, der Superlativ, von »parvus« – klein, gering, wenig. Im Wortschatz der Sechziger wurde es chic: »Minimal art«, »Minirock«, »small is beautiful«. In den Achtzigern kam die »minimalinvasive« Chirurgie auf. Sie zielt auf eine möglichst geringe Verletzung der Gewebe, um so die schnellstmögliche Heilung zu sichern.

Reden wir von der »Reduktion«: »Reduce, reuse, recycle« – die 3-R-Regel für den Umgang mit Ressourcen. Sie lädt uns ein, den Verbrauch zu reduzieren, Dinge wiederzuverwenden und dann wieder in den Kreislauf zurückzugeben. Wir assoziieren »schlank«, »verschlanken«, »gesundschrumpfen«. Eigentlich attraktive Wörter, vorausgesetzt, sie lassen sich von dem faden Beigeschmack des neoliberalen Neusprechs befreien. Dort diente »Verschlankung« als Euphemismus für die Massenentlassung von Beschäftigten, die Abwälzung der Lasten auf andere.

»Selbstbeschränkung« dagegen ist in allen Weisheitslehren der Menschheit eine der höchsten Tugenden. Reden wir vom »Einfachen«, von der »Eleganz des Einfachen«, von der »unerschöpflichen Kraft des Einfachen« (Heidegger), vom »Hang und Zwang« zum »einfachen Leben«. Und reden wir von dem »Leichten«, vom »leichten Gepäck«, von »unbeschwert« und »schwerelos«. Von »ressourcenleicht« und schließlich – alles überwölbend – von der »Leichtigkeit des Seins«.

Diese kleine Kaskade von Wörtern setzt ein Zeichen: Das Prinzip Weniger meint keinesfalls den Absturz in die Schäbigkeit und Plattheit. Es macht vielmehr den Weg frei zur Erfahrung von Fülle und Intensität des Lebens. Unter diesem Vorzeichen erst gelangen wir zu der Schlüsselfrage: Was ist das »Mehr«, das wir gewinnen, wenn wir zu einer Strategie des »Weniger« übergehen? Folgen wir also dem Lockruf des Minimalismus. Reden wir von dem »Einfachen, das schwer zu machen ist« (Brecht).

*

Noch eine Annäherung, aus ganz persönlicher Erfahrung: »Denn es reist sich besser / *mit leichtem Gepäck*«, sang die deutsche Popgruppe Silbermond im Jahr 2016. *Travel light*, sagen die Wildnis-Wanderer in den USA in der Tradition der indigenen Stämme, der Jäger und Fallensteller. Denn je weniger du mit dir schleppst, desto mehr kommt unterwegs auf dich zu. *Mit leichtem Gepäck* – das ist meine Art, zu wandern.

Einfach verschwinden. Den Rucksack packen, verschwinden. Unterwegs auf sich allein gestellt sein. Niemanden brauchen. Mit wenig auskommen. Den Weg verlassen können. Auch mal ohne Weg gehen. Flexibel reagieren können. Natur erleben. Sich selbst in einer großen Landschaft erleben. Keine Spuren hinterlassen. Autonom, selbstgenügsam, autark sein. »*Autárkeia*«, das griechische Ursprungswort, übersetzt man neuerdings mit »Selbstmächtigkeit«. Das Erlebnis weitgehender Freiheit ist Essenz und Faszinosum des Wanderns. Die Ausrüstung hat dem zu dienen. Sie ist dazu da, die Spielräume dafür zu schaffen und zu erweitern.

Was wir am Körper und auf dem Rücken tragen, ist dann »funktional«, wenn es uns optimal hilft, unser Ziel zu erreichen. Das ist freilich nicht in erster Linie der Punkt B am Ende unserer Route. Das Ziel liegt im Erlebnis des Weges und des Unterwegsseins selbst. Wann und wo der Wanderer, die Wanderin Momente des Glücks oder der Bewusstseinserweiterung erlebt, ist nie vorhersehbar. Meistens geschehen sie auf dem Weg und nicht erst am Ziel. Alles, was die Durchlässigkeit für den Strom der Eindrücke von außen und der Regungen von innen steigert, ist willkommen. Alles, was uns an Bewegung und Wahrnehmung hindert, was uns von Natur und Kosmos und unserer Gefühlswelt abschottet, ist Ballast. Damit ist keiner radikalen Askese das Wort geredet. Es gibt ganz gewiss ein »zu viel«, aber eindeutig auch ein »zu wenig«. Wer stundenlang mit zu wenig Kleidung vor Kälte bibbernd unterwegs ist, hat nur noch einen Gedanken: ins Warme kommen. Wo eine Wanderung freudlos wird, wo sie die Gesundheit eher gefährdet als kräftigt, ist ebenfalls eine Grenze der Belastbarkeit überschritten. Die richtige Balance finden, für sich persönlich, prägt den individuellen Stil des Wanderns. All' meine Erfahrung spricht für einen sorgfältigen Minimalismus.

Leicht gesagt. Immer wieder tappt man in die Falle des Zuviel. Unterschwellig folgen wir erstmal der Logik: Je mehr wir mitnehmen, desto besser sind wir gegen alle Eventualitäten geschützt, desto besser gelingt die Wanderung. Dass diese Logik nicht stimmen kann, schwant jedem, der beim Aufbruch unter der Last des Rucksacks ins Taumeln kommt. Die Hoffnung, dass Körper und Geist sich nach ein paar Tagen an die Belastung gewöhnen, erweist sich als trügerisch.

Eins scheint besonders wichtig: Die Freude am Gehen nicht von der Qual des Tragens zerstören lassen. In diesem Licht ist die Frage der Ausrüstung zu bedenken. Nach der Wahl von Raum, Route und Jahreszeit für die Wanderung lauten die zwei Schlüsselfragen: Was brauche ich wirklich? Und: Wo liegt für mich persönlich die Grenze der Tragfähigkeit? Hier geht es um die genaue Bestimmung der eigenen Prioritäten. Was brauche ich dort, wo ich hin will, für die Zeit, die ich unterwegs bin, bei meiner aktuellen körperlichen Verfassung, wirklich? Das erinnert an eine alte, schlichte Weisheit: »Packt euren Rucksack leicht! Zieht euch leicht und schön an«, so formulierten sie die Berliner Wandervögel vor dem Ersten Weltkrieg. »*Travel light*« und »*pack light, be safe*« sind Parolen der Backpacker in den nordamerikanischen Wildnisreservaten. Alles weglassen, was verzichtbar ist. Aber auch alles mitnehmen, was für das Gelingen einer Wanderung unverzichtbar ist. Die Bewertung ist natürlich subjektiv. Für den einen sind Wanderstöcke ein absolut notwendiges Requisit. Der andere braucht seinen Vorrat an hochprozentiger Zartbitterschokolade. Bruce Chatwin, der nomadische Geist, hätte auf seinen Wegen durch die Wildnis Patagoniens oder Australiens eher seinen Reisepass geopfert als sein Moleskine-Notizbuch. Darauf zu achten, dass man genug dabeihat, um unterwegs die Wanderlust zu erhalten und die Pforten der Wahrnehmung weit offen zu halten, wäre das Element der Sorgfalt in einer minimalistischen Strategie.

Im Vordergrund steht dabei nicht, Strapazen und Entbehrungen zu vermeiden. Die sind nämlich etwas Wertvolles. Du gehst an deine Grenzen, aber dosiert, selbst auferlegt, selbstbestimmt, also aus eigenem Willen. Wenn du merkst, es reicht, kannst du die Anstrengung zurückfahren oder abbrechen. Die Strapaze sollte also von vornherein eingeplant sein. Überstrapazierung und jede Form von äußerem Zwang sind zu vermeiden. Du arbeitest für eine gewisse Zeit am Limit, aber verlierst nicht die Kontrolle. Was bleibt? Du hast deine Leistungsfähigkeit in einem Bereich wahrgenommen, in den du normalerweise gar nicht erst kommst. Und das ist ein gutes Gefühl. Sobald du öfter an deine Grenzen gehst, merkst du, die Grenze bleibt nicht an derselben Stelle. Sie verschiebt sich. Oder besser gesagt: Du verschiebst sie. Du merkst: Deine Fähigkeiten wachsen mit den Anforderungen, die du erfolgreich bewältigt hast. Das ist das »*runner's high*«: das Hochgefühl und Glücksgefühl, das man empfindet, wenn eine Strapaze erfolgreich bewältigt ist. In diesem Augenblick, also in der Abklingphase, erfolgt die Endorphin-Ausschüttung. Da sind sie, die Glückshormone. Der Körper signalisiert dir mit einer physiologischen Reaktion: Du hast es geschafft, alles ist gut. Strapazen gehören zum Wandern, aber sie sollten vom Profil des Geländes ausgehen, vom Auf und Ab des Weges, von den Unbilden der Witterung – und nicht von dem bleiernen Gewicht, das du auf dem Rücken mit dir schleppst.

Den Weg zum persönlichen Wanderglück muss jeder selbst suchen. Man bestimmt selbst, wo genug ist. Für sich selbst die Grenzen der Belastbarkeit zu finden und einzuhalten, kann einem niemand abnehmen. Ein sorgfältiger Minimalismus aber hilft, neue Handlungsräume und Ebenen beim Wandern zu erschließen. Das Prinzip des Weniger wird ein Hebel zur Steigerung der Intensität. Und es reduziert die Kosten. Wandern hat mit Freiheit zu tun, aber auch mit Gleichheit. Es ist ein Element des guten Lebens, zu dem Menschen aus allen Schichten unabhängig von ihrer Kaufkraft gleichen Zugang haben sollten. Diese »demokratische« Dimension hat das Wandern in der Vergangenheit immer gehabt. Sie ist unbedingt zu bewahren. Die Lektion des Wanderns für die Einübung nachhaltiger Lebensstile wäre dann: die Überwindung der Verzichtsangst. Und: dass es oft nur ein Minimum an Dingen braucht, um ein Optimum an Wohlbefinden zu erleben.

*

Eines Tages fällt dir auf,
dass du 99 % nicht brauchst.
Du nimmst all den *Ballast*
und schmeißt ihn weg.
Denn es reist sich besser
mit leichtem Gepäck.
(Silbermond)

Das Wort »Ballast« stammt ursprünglich aus dem Schwedischen. Im Mittelalter, zur Zeit der Hanse, bezeichnet man so ein Gewicht an Sand oder Steinen, das eine Kogge für Fahrten ohne Ladegut ganz unten im Bauch des Schiffes aufnahm, um dessen stabile Lage im Wasser zu gewährleisten. Im Hafen, wenn neue Fracht geladen wurde, hat man den Ballast abgeworfen. Er war im Unterschied zum Frachtgut »bara last«, nur Last. In der Fachsprache der schwedischen Seeleute wurde das Wort zu »barlast«, dann zu »ballast« verkürzt. In dieser Fassung wanderte es ins Deutsche und in andere Sprachen ein. In der globalisierten Seefahrt von heute ist das Verfahren – und das Wort – aus der Hansezeit immer noch gebräuchlich, ja verbreiteter denn je. Die Öltanker und Containerschiffe haben spezielle Tanks für

Ballastwasser. Die darin enthaltenen Organismen wandern in diesen Tanks um den Globus, gelangen in die Flora und Fauna der Gewässer, in denen die Tanks entleert werden, und richten dort als invasive Arten verheerende ökologische Schäden an. Dieser Ballast ist nicht mehr nur etwas Überflüssiges. Er ist zerstörerisch.

Die Metapher »Ballast abwerfen« meint die Befreiung von etwas, das man nicht oder nicht mehr braucht. Sie schafft Raum für eine neue, leichtere Ladung, für das wirklich Wichtige. Ballast abwerfen ist das Gefühl der Erleichterung, ein Glücksgefühl.

*

Pack deine Siebensachen! Die Redensart kenne ich aus meiner Kindheit. Immer wenn ich sie aus dem Mund meiner Mutter hörte, schaute ich um mich und überlegte, welche sieben Dinge sie wohl meinte. Heute weiß ich: Das Zahlwort sieben symbolisiert die geringe Menge. Es ist das Eigentum eines Menschen, der wenig besitzt. Es sind seine – noch ein wunderbares Wort – *Habseligkeiten*. 2004 wurde es zum schönsten Wort der deutschen Sprache gekürt. Die Verbindung von »wenig haben« und »selig« führt in den Kern unserer Problematik. Je weniger Sachen jemand besitzt, desto größere Bedeutung haben diese wenigen Dinge, desto enger sind sie mit seinem Leben verbunden. Desto funktionaler, haltbarer und schöner – nachhaltiger – sollten sie nach Möglichkeit sein.

Siebensachen, Habseligkeiten. Goethe schätzte beide Wörter. Ich erinnere mich an einen meditativen Gang rund um Goethes Gartenhaus in Weimar. Es ist der kleine Flecken Land am Rande des Ilmparks, von dem er sagte, er ströme »Erdgeruch und Erdgefühl« aus. Hier hat er die täglich kräftiger werdenden Sonnenstrahlen des Vorfrühlings genossen – und die Energie des Mondes. »Füllest wieder Busch und Tal / Still mit Nebelglanz, / Lösest endlich auch einmal / Meine Seele ganz«. An diesem Platz hat Goethe Spargel und Erdbeeren geerntet. An diesem Platz hat er seine Theorie der Genügsamkeit gelebt. »Ich trockne nun ietzt an meinen Sachen. Sie hängen um den Ofen«, schreibt er nach einem Gang durch den Regen. Und dann: »Wie wenig der Mensch bedarf, und wie lieb es ihm wird wenn er fühlt wie sehr er das wenige bedarf.« Herder pflichtete ihm bei: Man müsse »jeden Augenblick … genießen und weiter nichts, als was uns die Natur gibt, begehren«. Ist das Verzicht? »Entbehren«, sagt Herder, bedeute für ihn nur: »aus meinem Leben nehmen, was nicht hineingehört«. Und Wieland, eine dritte Stimme aus dem vielstimmigen Kosmos Weimar, formulierte in einem Neujahrsspruch auf das Jahr 1774: »und minder ist oft mehr«. Da ist sie, die Blaupause für »weniger ist mehr«.

*

Der Spruch klingt wie eine fernöstliche Weisheit. In die Welt gesetzt wurde er aber vom Bauhaus, der legendären Schule für Design und Architektur. Der spätere Bauhaus-Architekt Mies van der Rohe hat ihn als junger Berufseinsteiger 1908 im Architekturbüro von Peter Behrens in Berlin aufgeschnappt. Diesen Moment erzählt er so: Behrens habe ihn mit einer Zeichnung beauftragt. Es ging nur um ein Detail an der Fassade der AEG-Turbinenfabrik. In seinem Übereifer habe er ihm gleich einen ganzen Stapel von Entwürfen auf den Tisch gelegt. Der Kommentar von Behrens: »Weniger ist mehr.« Den lockeren Spruch machte Mies van der Rohe zu seinem Wahlspruch. Nach seiner Emigration hat er ihn auch in den USA eingebürgert: »Less is more.« Sein Ideal war ein Minimalismus, bei dem nichts mehr wegzulassen und nichts mehr hinzuzufügen wäre. Der Spruch wurde in den »goldenen« zwanziger Jahren zum Markenzeichen für das Bauhaus. In diesem Laboratorium der europäischen Moderne, gegründet 1919, versuchte man unter der Leitung von Walter Gropius schon vor nunmehr hundert Jahren Funktionalität, Einfachheit und

Schönheit zusammenzubringen. Erst in Weimar, dann in Dessau. Bis zum Verbot durch die Nazis.

Das Bauhaus wollte die Beschränkung auf das Notwendige im Dienste des Lebendigen. Weg mit der Schwere der alten Bauten, all dem gründerzeitlichen Pomp und Dekor, dem Stuck und Plüsch aus dem 19. Jahrhundert. Roland Günter, Architekturtheoretiker und Kenner der Bauhaus-Philosophie, hat mir die Grundzüge der Idee erklärt: Vertiefung ist das Entscheidende, die Suche nach dem Wesenskern. Der Minimalismus ist funktional, elementar, anfassbar, leicht begreifbar. Das »befreite Wohnen« hat dem Leben zu dienen. Vom Boden gelöste Volumina, die Illusion schwebender Leichtigkeit, eines fließenden Raumes. Durchlässigkeit, keine Abschottung von der Außenwelt, von der Natur. Licht, Luft, Sonne – durch ein Maximum an Transparenz erreichbar. Ein Skelett aus Stahl oder Beton, viel Glas. Viel Weiß, ansonsten dominieren die drei Grundfarben Rot, Gelb, Blau. Der Außenraum durchflutet den Innenraum. Die innere Raumaufteilung ist flexibel. Das hereinströmende Licht erhellt die Wände, erzeugt Flächen, Linien, einen szenischen Licht-Raum. Kleine Balkone, Loggien, Dachterrassen schaffen Zugänge zum Leben im Freien. Das Individuum soll souverän und angstfrei die Szenerie betreten, sich in seiner Umgebung wahrnehmen, bleiben wollen. Der Leib im Rahmen seiner elementaren Bezüge ist das Maß. Gestalten nicht mit der Fülle, sondern mit einem Minimum. Reduktion, sagt Roland Günter, ist Konzentration auf das Wesentliche.

Das Bauhaus war ein Kind der Krise. Viele seiner kreativen Geister hatten noch kurz vorher die nackte Not, die existenzielle Angst erlebt – in den Bunkern, den Unterständen, den Schützengräben, im Niemandsland auf den Schlachtfeldern des Ersten Weltkrieges. Die Nachkriegszeit war von Krisen geschüttelt. Wo Menschen nur wenig haben, müssen sie lernen, mit dem Wenigen auszukommen. Dann lauten die Fragen: Ist das nötig? Ist das wesentlich? Überdeckt es das Wesen oder hebt es das Wesentliche hervor? In prekären Zeiten muss man zum Eigentlichen vordringen. Dabei eine Balance zu finden, das richtige Maß, ist eine große Kunst. Dem Bauhaus und seinen Nachfolgern ist das keineswegs immer gelungen. Gegen den Absturz in die Monotonie, Uniformität und Brutalität der Betonwüste war man keineswegs gefeit. Vom Bauhaus führte auch ein Weg in die Plattheit der Plattenbauten. Und doch ist die Strahlkraft der ursprünglichen Ideen bis in unser 21. Jahrhundert wirkmächtig.

2021 brachte die EU eine Initiative für ein »Neues Europäisches Bauhaus« auf den Weg. Das Ziel, in den Worten von Ursula von der Leyen: »Den Raum schaffen, gemeinsam darüber nachzudenken, wie ein neues Lebensgefühl in einem gesünderen, digitaleren, nachhaltigeren Europa gestalterisch umgesetzt werden kann.« Es gehe um »lebenswerten und bezahlbaren Wohnraum und um Klima- und Umweltschutz«. Von der Leyen sieht das Neue Europäische Bauhaus als Teil des Green Deal. Den aber definiert sie als »unsere Wachstumsstrategie«. Vom Prinzip Weniger ist dort nicht die Rede.

*

Sonnenaufgang um 5 Uhr 40. In der Morgendämmerung gehe ich den Pfad über die Bergkuppe, tauche ein in das dichte Grün eines Waldes, suche mir einen Platz auf einem Felsbrocken am östlichen Abhang des Berges und warte. Ich bin auf dem Monte Verità im Tessin, dem Berg der Wahrheit auf der Südseite der Schweizer Alpen. Für eine kurze, kostbare Zeit um 1900 war dieser Ort durch ein Siedlungsprojekt Landmarke und Reallabor für eine andere europäische Moderne – auch für das Bauhaus. Im Hochsommer 2019, diesem extrem heißen, aufgewühlten und doch so hoffnungsschwangeren Sommer, hatte ich mich auf den Weg gemacht. Der Hotelbau auf der Kuppe des Berges, errichtet in den späten zwanziger Jahren, ist Bauhaus pur. Der erste Entwurf stammte von Mies van der Rohe.

»Walkürenfelsen« heißt der Platz, wo ich den Sonnenaufgang erwarte. Für viele aus der Gründergeneration des Siedlungsexperiments am Monte Verità war Richard Wagner ein Idol. An dieser Stelle fällt der Berg steil ins Tal der Maggia und nach Locarno ab. Eine schmale Lücke im Baumbestand gibt den Blick frei. Zwischen schlanken Stämmen von Eschen, Eichen, Ahorn erscheint jenseits des Tales ein Bergzug. Noch ist er zart bläulich verschleiert. Morgenkühle, Einsamkeit. Erst ein Streifen Morgenröte, dann steigt der Sonnenball hinter der Kammlinie auf.

So wie am Morgen jenes Augusttages 1917, als Monteveritaner und Gäste hier oben ihr legendäres Sonnenfest feierten, ein pazifistisches Weihefest mitten im Ersten Weltkrieg, ein erotisches Mysterienspiel. Rudolf von Laban und Mary Wigman haben die Performance mit ihrer Tanztruppe in Szene gesetzt. Begonnen hatte sie am Vorabend mit einem »Sang an die sinkende Sonne«, gefolgt von einem pantomimischen Tanzspiel über die »Dämonen der Nacht«. Nun endete es auf dem Walkürenfelsen mit einer Huldigung an die »siegende Sonne«. Kein Zweifel, die Sonnenanbeter des Monte Verità verstanden sich als Keimzelle eines solaren Zeitalters.

Auf meinem kurzen Rückweg zum Hotel macht sich der »*genius loci*« auf Schritt und Tritt bemerkbar. »Labans Tanzhügel« heißt ein Buckel im Gelände. 30 Schritte im Radius, schütterer Grasbewuchs, vom Wurzelwerk umstehender Föhren, Thuja und Palmen durchzogen. Hier übte Labans Truppe, was man später »Ausdruckstanz« nannte: Tanzen ohne Musik, Befreiung der Körper, Flow der Bewegung, begleitet höchstens von archaischen Instrumenten wie Tambourin und Flöte – die Phantasie an die Macht.

Im Freien vor einer ziegelbedeckten Holzhütte ragen die Rohrleitungen einer primitiven Duschanlage auf, daneben Reck und Barren aus Eisenstangen zum Turnen und die verwitterten Steine eines Wassertretbeckens. Was so antiquiert wirkt, war mal avantgardistisch, ist der letzte Überrest des »Licht-und Luftbades« auf dem Monte Verità. Es war Teil der Naturheilstätte und Keimzelle der Nacktkörperkultur. Sie bildete einen Baustein einer umfassenden Gegenkultur. So wie die Ernährung, ebenfalls ein Markenzeichen des Siedlungsprojekts. Vegetarisch oder noch konsequenter »vegetabilisch« (heute sagt man »vegan«). Die sogenannte Lebensreform, der auch die Monteveritaner zugerechnet werden, war durchaus ein schillerndes Phänomen. Einige ihrer Ansätze wurden von völkischen Strömungen vereinnahmt, einige machten sich die Lifestyle-Designer der Großbourgoisie zu eigen (und damit zu Geld). Aber der Kern der sozialreformerischen Monte-Verità-Philosophie war der Mut zum Weniger.

Von der Terrasse des Hotels habe ich ein grandioses Panorama. Der Blick geht nach Süden, hinab auf das Blau des Lago Maggiore und über die umgebenden, in den Himmel strebenden Bergketten. Nicht weit vom Ufer liegen wie zwei grüne Edelsteine die Brissago-Inseln. Ein Boot nähert sich und legt an. Ein weißer Bau spiegelt sich auf dem Wasserspiegel. Er gehört zu dem botanischen Garten, der die größere der beiden Insel bedeckt und berühmt ist für seine subtropische Vegetation. Jenseits beginnt Italien. Eine Konstante dieses Ortes: das überwältigende Landschaftsbild, das Staunen über die Schönheit und Harmonie der südlichen Landschaft.

Auf dieser Bühne inszenierten die Monteveritaner vor über hundert Jahren ihre Visionen vom einfachen Leben. Deren Wahrzeichen war die »Licht-Luft-Hütte«. Heute sind sie nur noch in der Casa Annatta, dem Museum, auf vergilbten Fotografien zu besichtigen. Abseits der Naturheilstätte mit den Gästezimmern und den festen Bauten standen solche Hütten verstreut auf dem Hügel und in den angrenzenden Kastanienwäldern. Sie waren selbstgezimmert, aus Holzplanken, Pfosten und Knüppelholz, nach zwei Seiten offen, durchlässig für Licht und Luft. Ein Raum, Wohn- und Schlafbereich durch einen Vorhang getrennt. Ein Stück Grabeland diente der Selbstversorgung mit Obst und Gemüse. Der kühnste Geist unter den Gründern, Gusto Gräser,

Prophet einer »Wildwelt« und »Erdsternzeit«, ging noch einen Schritt weiter. Er wohnte zweitweise in einer Felshöhle in der Nähe oder flocht sich aus Farnen eine Laubhütte.

Dort hat ihn im Sommer 1907 Hermann Hesse besucht. »Ich habe die Einsamkeit kennengelernt und die Not, ich bin zum ursprünglichen Leben zurückgekehrt«, schreibt er in einem kurzen Text mit dem Titel *In den Felsen. Notizen eines Naturmenschen.* »Ich lebe nackt und aufmerksam wie ein Hirsch in meinem Geklüfte, bin dunkel rotbraun, schlank, zäh, flink, habe verfeinerte Sinne. Ich rieche Erdbeeren von weitem, kenne die Winde, Stürme, Wolkenformen und Wetterzeichen des Landes ... Manchmal schien es mir, als müsse ich erstarren, Wurzeln schlagen und in ein pflanzliches oder mineralisches Dasein zurücksinken ... Ich höre und sehe das Leben der Erde, lebe und atme mit, bin ruhig und bescheiden geworden.« Für Hesse blieb der Monte Verità nur eine kurze Episode. Doch die Begegnung mit Gräser befähigte ihn, die großen Stoffe und Figuren seines späteren Werkes zu formen: den Weisheitslehrer Demian im gleichnamigen Roman von 1919, den Fährmann Vasuveda in *Siddharta*, Leo, den geheimnisvollen Führer in der *Morgenlandfahrt*, Tito, den jungen Wanderer im *Glasperlenspiel*.

So wie Hesse haben viele Avantgardisten den Monte Verità besucht. Der Berg war für sie so etwas wie ein »*living lab*«, ein Reallabor. Die von Gusto Gräser und seinen Brüdern Karl und Ernst entworfene Versuchsanordnung: Erst das Zurück zu den einfachsten Grundformen der Existenz – Sprache, Ernährung, Körpergefühl, Wohnen – ermöglicht den radikalen Neuanfang, der nötig sei. Rational und naturgemäß sollte die neue Lebensweise sein. Erst der Rückgang auf einen Nullpunkt macht den Sprung in ein Neues und Höheres möglich. Das war in seiner kurzen Blütezeit die Logik des Monte Verità. Die Dada-Bewegung, mit dem Berg eng verbunden, zertrümmert die Sprache, um eine Produktion von sprachlichen Neuschöpfungen zu begründen. Künstler nehmen an den geometrischen Grundformen wie Kugel und Kreis, Quadrat und Rechteck neu Maß. Der Tanz wirft die alten Formen ab, regrediert zum ekstatischen Nackttanz, aber daraus geht eine neue Form, der Ausdruckstanz, hervor. Die Scham richtete sich nicht mehr auf die eigene Nacktheit oder auf die sexuelle Orientierung. Vielmehr empfand man selbst das Blumenpflücken oder Bäumefällen, erst recht den Krieg, das gegenseitige Abschlachten der Menschen, als Untat. »Die zeitweilige Rückkehr zu einer scheinbaren Primitivität«, schreibt Hermann Müller, der beste Kenner der Monte-Verità-Kultur, »sollte den Weg zu einer nie gekannten Sensibilität und Empathie öffnen.«

Diese Kulturrevolution erhob radikal Einspruch gegen die damalige – im buchstäblichen Sinn – »imperiale« Lebensweise. Es war eine Absage an eine Lebensform, welche die Eliten der europäischen imperialen Mächte in der zweiten Hälfte des 19. Jahrhunderts etabliert hatten. Ihr Überfluss beruhte auf der rücksichtslosen Ausbeutung der heimischen Arbeiterklasse, der Kolonien – und der Natur. Die Logik des »imperialen« Denkens führte im 20. Jahrhundert zu zwei Weltkriegen. Im 21. Jahrhundert ist ihre Macht nicht gebrochen. Sie führt uns immer wieder und immer näher an den Rand des Abgrunds.

Im Sommer 2020 begannen die Dreharbeiten zu einem Spielfilm, der die Geschichte der Aussteigersiedlung erzählen sollte. Unter dem Titel *Monte Verità – der Rausch der Freiheit* hatte er im August 2021 auf dem Filmfestival von Locarno, also ganz dicht am historischen Schauplatz, Premiere. Der Film raube dem Ereignis Monte Verità jegliche Kraft, bemängelte eine Kritikerin. Ich denke, eine eigene Visionssuche vor Ort vermittelt mehr von dem *genius loci* dieses europäischen Zauberberges. Am besten an einem langen Sommertag, von Sonnenaufgang bis Sonnenuntergang. Zur Nachahmung empfohlen auch allen, die sich für das »Neue Europäische Bauhaus« engagieren.

*

Zwei Begriffe sollten wir klären, um die Logik der imperialen Lebensweise zu durchschauen und den Blick auf die Herausforderungen der Zukunft frei zu bekommen: *Wachstum* und *Ressourcen*. Beides sind Metaphern, genauer gesagt Naturmetaphern. Als solche manipulieren sie unser Denken zutiefst.

Sprechen wir über *Wachstum*. Das ist ein wunderbares Wort. Mit starken Wurzeln in den Tiefenschichten unserer Sprache. Im altsächsischen Idiom erscheint es als *wahsan*, im angelsächsischen als *weaxan*. Beide Sprachformen verfügten über ein Synonym, nämlich das Wort *groian*. Das leitete sich ab von dem altsächsischen *groni*, grün, und bedeutete soviel wie ergrünen, grünen, wachsen und gedeihen. Als sich das Angelsächsische auf der britischen Insel eigenständig weiterentwickelte, wurde irgendwann am Übergang zum Mittelenglisch das ursprüngliche *weaxan* durch die Ableitung von *groian* ersetzt. So bildete sich das *grow* des modernen Englisch. Beiden Vokabeln ist das Bild des Lebendigen, des prallen Lebens eingeschrieben.

Wachstum, *growth*, im heutigen Vokabular der Globalisierung, ist eine Metapher. Sie überträgt eine Anschauung und Vorstellung aus der Sphäre der Natur in die Sphäre der industriellen Produktion und Konsumption. Dort aber geht es um die Ausdehnung der Märkte und die Steigerung der Kaufkraft, die Vermehrung von industriellen Produkten, von Waren – von toten Gegenständen. Was ist so problematisch, um nicht zu sagen verhängnisvoll, an der Übertragung des Wachstumsbegriffs? Das semantische Manöver ist nicht ganz leicht zu durchschauen. Die positive Energie, die wir mit dem Wachstum intuitiv verbinden, überträgt sich auf Prozesse, die dem lebendigen Wachstum diametral entgegenstehen, es potenziell zerstören. Es handelt sich um zwei grundverschiedene Prozesse, die auf dieselbe Stufe gestellt und damit gleichwertig, ja austauschbar gemacht werden. Wirtschaftswachstum, könnte man sagen, ist Anti-Wachstum. Es zerstört Wachstum in der Natur. Doch die Metapher lässt es als etwas Wünschenswertes und vor allem als etwas Naturwüchsiges, als etwas völlig Normales erscheinen. Widerstand gegen Wachstum? Zwecklos. Wachstumskritik? Absurd. Es gibt keine Alternative.

Die ökonomische Wachstumsspirale kennt und akzeptiert keine Grenze. Und das ist der Punkt, an dem die metaphorische Übertragung endgültig scheitert: Dem naturalen Wachstum sind natürliche Grenzen gesetzt. Alle Wachstumsprozesse in der Natur sind endlich. Sie sind nur Phasen im ewigen Zyklus von Werden, Reifen und Vergehen. Wobei das Absterbende und Abgestorbene zur Lebensgrundlage für neues Keimen und Wachsen wird. In diesem Licht lässt sich das gegenwärtige Mantra von Politik und Wirtschaft entzaubern: Wo »Wachstum« grenzenlos und endlos ist und die Ausbreitung zerstörerischer und selbstzerstörerischer Strukturen bedeutet, wird »Produktivität« destruktiv und »Wettbewerbsfähigkeit« zur Macht, andere Existenzen zu vernichten.

Was kommt nach dieser Art von Wachstum? Eine Gesellschaft, die dem »Prinzip Weniger« folgt und weitgehend auf die Produktivität und Regenerationskraft nachwachsender und recyclingfähiger Naturgüter vertraut. Die auf die Kooperationsfähigkeit setzt, also auf das Komplementäre, auf die Inklusion, auf den Zusammenhalt der Gemeinwesen, auf die soziale Phantasie. Ob man das *Postwachstum* nennen sollte? Oder die englische Blaupause *Degrowth* einfach als Fremdwort übernehmen sollte? Ich weiß nicht. Beiden Wörtern bleibt der manipulative Gebrauch von »Wachstum« eingeschrieben. Noch in der radikalen Abgrenzung vollziehen sie ihn nach. Beide Begriffe sind hochgradig abstrakt, ohne Vitalität, schwer vermittelbar. Doch die Gruppen, die an *Degrowth* arbeiten, die Projekte, die in diesen Zusammenhängen gerade entstehen, verdienen, glaube ich, höchste Aufmerksamkeit.

Sprechen wir über *Ressourcen*. Der Gebrauch dieses Wortes hat sich so sehr eingeschliffen, dass kaum noch bewusst ist: Es handelt sich ebenfalls um eine Metapher, nämlich eine Naturmetapher.

Im Deutschen ist der Begriff noch gar nicht so lange allgegenwärtig. Richtig heimisch geworden ist er wohl erst in unserer Gegenwart. Im Englischen dagegen tauchte das Wort »*resource*« in der Bedeutung von »*a country's wealth*«, Reichtum eines Landes, um 1800 auf. Es ist aus dem Französischen entlehnt, wo es bereits seit dem frühen 17. Jahrhundert gebräuchlich war. Auch dieses Wort bezeichnete ursprünglich ein – wunderbares – Phänomen der Natur. Enthalten ist das Wort »source«, das sowohl im Französischen als auch im Englischen »Quelle« bedeutet. Das lateinische Stammwort ist »resurgere«. Es meint »hervorquellen«, »wieder aufquellen«, auch: »sich erneuern«. Zugrunde liegt die Vorstellung von einer Quelle, aus der das Wasser aufsteigt, fließt und dauerhaft nachfließt. Diese naturmetaphorische Dimension des Begriffs ist im modernen, eingeschliffenen Gebrauch des Wortes verschüttgegangen. Heute assoziiert man mit »Ressourcen« in der Regel tote Materie, also mineralische Lagerstätten oder »Biomasse«, monokulturelle Anbauflächen, Plantagen oder die Anlagen für Massentierhaltung. Im aktuellen Gebrauch bezeichnet das Wort immer häufiger auch die finanziellen Mittel, also das Geld.

Im Kontext der Klimakrise hat uns der Ressourcenbegriff in eine besonders böse Falle gelockt: Die Illusion, wir könnten »weiter so« machen, wenn wir bloß die fossilen Energieträger durch erneuerbare ersetzten. Die unbequeme Wahrheit ist: Eine Konsumgesellschaft heutigen Ausmaßes lässt sich mit erneuerbaren Energien und nachwachsenden Rohstoffen nicht aufrechterhalten. Damit wäre die Biosphäre heillos überlastet.

Was wir neuerdings »Ressourcen« nennen, ist und bleibt aber Teil der Biosphäre, der hauchdünnen Schicht des blauen Planeten, in der Leben existiert, und der Lithosphäre, der Erdkruste. In spiritueller Sprache ausgedrückt: Ressourcen sind Teil der Schöpfung. Sie sind, wie es in vielen Kulturen der Welt hieß, »Gaben« – Gaben Gottes oder der Natur. Diese traditionelle Vorstellung wirft weitgehende ethische Fragen auf: Was geben wir eigentlich der Natur zurück, wenn wir ihre »Gaben« als »Ressourcen« extrahieren? Was sind unsere Pflichten, wenn wir unseren Anspruch auf Ressourcen als unser Recht betrachten und mit allen Mitteln durchsetzen? Darf man eine Gabe verschwenden? Zur bloßen »Ware« degradieren? »Gaben« sind das Gegenteil von »Beute«: Beute beruht auf Raub, letztlich auf Gewalt. Das ist die Problematik der »Ausbeutung«. Eine Gabe unterscheidet sich auch von der »Ware«, bei der nur der Tauschwert, letztlich der monetäre Aspekt zählt. Ließe sich das semantische Kraftfeld von »Gabe« erneuern? Können wir »Wachstum« und »Ressourcen« wieder in die Vorstellungen von den Kreisläufen der Natur – Mutter Natur – einbetten?

*

Mehr ist weniger. Die Umstellung der kleinen Gleichung schärft den Blick für die Problematik unserer Epoche. 2020 erregte ein alarmierender Befund aus der Forschung weltweit Aufmerksamkeit: »Global human made mass exceeds all living biomass.« Das Gewicht der weltweiten menschengemachten Stoffmassen überschreitet das Gewicht der von der Natur erzeugten Biomasse. Die Aussage nimmt die Gesamtheit der aktuell genutzten Materialien, vor allem die technischen Infrastrukturen, in den Fokus. Beton, Asphalt, Stahl, Plastik etc. Das Ergebnis: Die Materialmassen, die derzeit von uns auf dem Planeten verbaut und genutzt werden, wiegen schwerer als die von der Biosphäre erzeugte lebende Masse (inklusive uns selbst). Die Müllberge und die schwimmenden Inseln aus Plastikmüll wachsen weiter. Abbau und Raubbau an den Bodenschätzen beschleunigen sich noch. *Mehr ist weniger.* Die Wucht dieser Formel tritt jetzt hervor: Mehr technische Infrastrukturen bedeuten weniger und stärker zerstückelte Räume für die freie Natur, für die Biosphäre. Eine größere Masse an Artefakten auf dem Planeten bedeutet weniger lebende Substanz.

Eine weitere Kennziffer: Die CO_2-Konzentration in der Atmosphäre ist seit 1972 von 327 ppm (*parts per Million*) auf einen historischen Höchststand von 421 ppm angestiegen – damit liegen wir weit über der als relativ sicher geltenden Grenze von 350 ppm. Dieser Anstieg bringt das Klima immer stärker in Turbulenzen. Mehr CO_2 bedeutet weniger Chancen auf ein menschenfreundliches Klima.

Der Erdüberlastungstag ist ein Maß für den ökologischen Fußabdruck der Menschheit. Er gibt an, an welchem Tag im Jahr die von der Natur regenerierbaren Stoffe aufgebraucht sind. Dieses Datum ist vom 10. Dezember (1972) unaufhörlich auf den 28. Juli (2022) vorgerückt. Die, wie man heute sagt, »planetaren Grenzen« der Belastung werden an vielen Stellen längst überschritten. An solchen *tipping points* drohen natürliche Systeme unwiderruflich zu kollabieren.

Eine letzte Kennziffer des *mehr ist weniger*: In den letzten fünfzig Jahren, also innerhalb von nur zwei Generationen, hat sich die Weltbevölkerung annähernd verdoppelt. Die Zahl überschritt 1974 die vier Milliarden. 2020 lag sie bei knapp acht Milliarden. Für 2050 erwartet die UN eine Bevölkerung von annähernd zehn Milliarden Menschen. Gleichzeitig steigen Konsumniveau und Welthandel weiter an. Der Konsumismus als vorherrschende Haltung hat sich in den letzten Jahrzehnten global ausgeweitet. Unter diesen Umständen bedeuten mehr Menschen einen stetig höheren Verbrauch an »Ressourcen«. Und damit weniger Lebensmöglichkeiten für andere Lebewesen, weniger Biodiversität, weniger Regenerationsfähigkeit der Erdsysteme. Das Netz des Lebens droht an entscheidenden Stellen zu reißen.

Die Jagd nach den knapper werdenden Gütern wird heftiger und gewalttätiger. »Geopolitik« rückt wieder in den Mittelpunkt. Der Kampf um den Raum, Lebensraum, letztlich der Krieg erleben ein fatales Comeback. Die Vorzeichen sind ganz unterschiedlich: »*America first*« und ein für alternativlos erklärter »*American way of life*«. »*Pinyin Zhonguó Méng*«, der »chinesische Traum« von erzwungener Harmonie und Hegemonie und die »neue Seidenstraße«. »*Russkkij Mir*«, die »russische Welt« in der Mitte von »Eurasien«. Oft spielen bei diesen Kämpfen auch Kränkungen des Selbstwertgefühls eine Rolle. Krieg ist die Fortsetzung der Geopolitik mit anderen Mitteln. Das Neue und Fatale im 21. Jahrhundert: Mehr »Geopolitik« bedeutet weniger »Erdpolitik«. Weniger Klimaschutz, Artenschutz, weniger Kooperation und »konviviale«, friedliche Formen des Zusammenlebens auf dem blauen Planeten. Geopolitik ist obsolet geworden – und völlig irrational.

Wo sind Gegenstrategien? Die UN-Klimakonferenz von Paris hat 2015 ein – wie man so schön sagte – »ambitioniertes« Ziel formuliert: Beschränkung der Erderwärmung auf 1, 5 Grad, jedenfalls »deutlich unter zwei Grad«. Im selben Jahr hat die UN 17 globale Nachhaltigkeitsziele formuliert. Dieser »Aktionsplan« der Weltgemeinschaft für die Zeit bis 2030 reicht von der weltweiten Bekämpfung der Armut und der Gleichstellung der Geschlechter über die Durchsetzung nachhaltiger Muster von Produktion und Konsum bis hin zum Schutz der Meere, der Ökosysteme und der Artenvielfalt. Ein historischer Durchbruch? Die Widerstände waren zwar mehr oder weniger verdeckt, aber mächtig. Ziele formulieren und dann nichts tun, auf Zeit spielen, hinhalten, Entscheidungen verschleppen, verwässern, bla, bla, bla statt Taten. Sieben kostbare Jahre sind so vergangen. Die Zeit, die noch bleibt, wird extrem knapp. Wo werden klarere, kühnere Lösungsansätze sichtbar?

*

Grenzen wäre in diesem Kontext ein Schlüsselwort. Das Prinzip Weniger ist wohl nur über die Bestimmung von *Grenzen* zu verwirklichen. Genauer gesagt von Obergrenzen, die für alle gleich und gleichermaßen bindend sind. Natürlich ist diese Vorstellung schon lange im modernen Nachhaltigkeitsdenken präsent. Eigentlich begann es sogar damit. Vor fünfzig Jahren wurden die *Grenzen des Wachstums* (*Limits to Growth*) im gleichnamigen Bericht an den *Club of Rome* aufgezeigt, die Unmöglichkeit des exponentiellen Wachstums auf einem endlichen Planeten. Die Begrifflichkeit hat man 2009 neu aufgenommen. Diesmal unter dem Stichwort »planetare *Grenzen*« (*planetary boundaries*), jetzt aus der Perspektive der Biosphäre und der Erdsysteme. Und natürlich drehten sich auch die Beschlüsse des Pariser Klimagipfels von 2015 um die *Begrenzung* der Erderwärmung. In all diesen Bestrebungen geht es wohlgemerkt darum, der Expansion unserer Industrie-Konsum-Zivilisation Einhalt zu gebieten. Die Durchlässigkeit von zwischenstaatlichen *Grenzen* im globalen Dorf steht auf einem anderen Blatt.

Das Wort *Grenze* zu rehabilitieren, es wieder positiv zu besetzen, ist ein schwieriges Unterfangen. Die rhetorische Figur der »Grenzenlosigkeit« wurde in der neoliberalen Ära fast übermächtig – und sehr verführerisch. »Über den Wolken / muss die Freiheit wohl grenzenlos sein«, sang Reinhard May in einem (sehr schönen) Chanson. »*The sky is the limit*« ist eine Parole aus den siebziger Jahren. Das ikonische Bild des schönen, einsamen, zerbrechlichen blauen Planeten ließ sich radikal umdeuten: Die Erde ist ein homogener Raum, begehrenswert, schrankenlos durchlässig, offen für *grenzenlose* ökonomische Expansion und die Globalisierung der Märkte. Mit »*blue marble*« und dem Slogan »*the world in your hands*« warb in den 1990er-Jahren ein Kreditkartenunternehmen. In diesem Geist formulierte der amerikanische Präsident Ronald Reagan, der Ideologe der »Alternativlosigkeit«, eine Kampfansage an den *Club of Rome*: »Es gibt keine *Grenzen* des Wachstums und des menschlichen Fortschritts, wenn Männer und Frauen frei sind, ihrem Traum zu folgen.« Es ist eine Gratwanderung, aber ich denke, die Vorstellung von *Grenzen* wäre heute wieder neu an das Grundbedürfnis nach Sicherheit anzukoppeln. Hilfreich scheint mir ein Ausdruck aus der Erdsystemforschung: »*Safe space*«, ist der »sichere Raum«, den wir haben und in dem wir uns bewegen und frei agieren können, wenn wir die »planetaren *Grenzen*« beachten. Diese *Grenzen* sind tabu. Denn dahinter beginnen die Turbulenzen, droht das Chaos, tun sich die Abgründe auf. Das Verlassen des »*safe space*« hat fatale Folgen.

*

Die Zukunft gehört der kreativen Selbstbeschränkung, der Gestaltung des »safe space« auf dem Heimatplaneten. Aus diesem neuen Denken heraus sind eine Vielfalt von Ideen, Strategien und Modellen auf den Markt der Möglichkeiten katapultiert worden. Nur drei Beispiele:

Dejar el petróleo bajo tierra! Dieses Motto wurde in den ersten Jahren des 21. Jahrhunderts zuerst von indigenen Gemeinschaften in Ecuador formuliert. *Keep the oil in the soil!* Lasst das Erdöl unter der Erde! Es ging um die Verteidigung eines Territoriums im Amazonasbecken vor dem Zugriff internationaler Ölkonzerne. Der Yasuní-Nationalpark ist ein Hotspot der Biodiversität von globalem Rang, Heimat indigener Stämme und gleichzeitig Lagerstätte riesiger Ölvorkommen. Man vermutete, dort ließen sich über 800 Millionen Barrel Öl fördern. Das ist der aktuelle Weltbedarf von zehn Tagen. Deren Verbrennung würde ca. 400 Millionen Tonnen CO_2 freisetzen.

Das Erdöl gar nicht erst fördern, es einfach sein lassen. Damit das Klima schonen, den Regenwald, seine Biodiversität, seine Pracht erhalten, die Lebensweise der indigenen Bevölkerung und deren eigenen Vorstellungen von gutem Leben schützen. Die Idee ist simpel, radikal und genial. Das Projekt war beim ersten Anlauf nicht erfolgreich. Ist es gescheitert? Ich fragte Alberto Acosta, der damals als Minister für Energie und Bergbau die Idee aufgenommen, sich damit identifiziert und beigetragen hat, das Thema international auf die Agenda zu bringen. »Nein«, antwortete er, »die Idee wurde in der Welt installiert. Heute wird die Dringlichkeit, diese größte bekannte Menge an fossilen Brennstoffen im Untergrund zu belassen, zunehmend akzeptiert.« Die geistige Substanz – eine Kultur des bewussten Lassens statt des blinden Machens – ist nicht mehr wegzudenken. Im Juni 2021 beschloss die dänische Regierung, die Ölexploration auf der Arktisinsel Grönland zu beenden. Die Begründung: »Die Zukunft liegt nicht im Öl. Die Zukunft liegt in der erneuerbaren Energie. Wir übernehmen Mitverantwortung im Kampf gegen die Klimakrise.«

Das »Half Earth«-Projekt ist eine weitere radikale Antwort auf den Verlust an Biodiversität, die unter unseren Augen ablaufende sechste »Massenauslöschung« von Arten in der Geschichte der Evolution. Die Forderung lautet: die »Hälfte der Erde« an die Natur zurückgeben. Nur so können wir die Fähigkeit der Ökosysteme, sich selbst zu regenerieren, zu gesunden und das Netz des Lebens zu erhalten, entscheidend stärken. Es ist eine Strategie des Rückbaus von Infrastrukturen, des Rückzugs, der Umkehr der Expansion. Der Evolutionsforscher E. O. Wilson, Schöpfer des Begriffs Biodiversität, schrieb 2016 zur Begründung des »Half Earth«-Projekts: »Wir sollten für immer im Kopf behalten, dass es 3,8 Milliarden Jahre gedauert hat, bis die Biosphäre die schöne Welt, die unser Erbe ist, aufgebaut hatte. Wie eng ihre Arten miteinander verwoben sind, wissen wir nur zum Teil, und wie sie zusammenarbeiten, um ein nachhaltiges Gleichgewicht zu bilden, haben wir gerade erst zu begreifen begonnen.« Und er formuliert ein ganz einfaches moralisches Prinzip: »Fügen wir der Biosphäre keinen weiteren Schaden mehr zu.«

Grenzen bejahen, Selbstbeschränkung bejahen. Wenn unser Planet »um sein Leben kämpft« (E. O. Wilson), wenn die Natur wesentlich mehr Freiräume braucht, wenn die Erdüberlastung mit allen Mitteln reduziert werden muss, stellt sich eine Frage mit neuer Dringlichkeit. Sie ist in den letzten Jahrzehnten auf fatale Weise verdrängt worden. Es ist die Frage nach der Selbstbeschränkung der Weltbevölkerung. Pioniere der Wachstumskritik wie Dennis Meadows, vor 50 Jahren federführend bei dem Bericht an den *Club of Rome*, haben sie zurück auf die Tagesordnung gebracht. Das Ziel ist ein wesentlich dünner besiedelter Planet mit einer intakten Biosphäre, und damit eine auf Dauer bewohnbare Welt. Die Strategie: das Wachstum der Bevölkerungszahl nicht länger als »gegeben« hinzunehmen. Es zum Stillstand zu bringen. Die Zahl über einen schnellen Rückgang der Geburtenraten innerhalb der nächsten Generationen zu senken. Bis hin zu einer Größe, die »nachhaltig« auf dem Planeten existieren und gemeinsam »gut leben« könnte. Das wäre höchstens die Hälfte der heutigen Bevölkerung von acht Milliarden. Als Optimum steht die Zahl zwei Milliarden im Raum. Das war die Größe der Weltbevölkerung etwa im Jahr 1927. Vor knapp hundert Jahren, vor nur vier Generationen.

Das Thema wurde oft von rechter Seite missbraucht. Es darf nicht rassistischen, menschenfeindlichen, demokratiezersetzenden Tendenzen Vorschub leisten. Einen gangbaren Weg zur Senkung der Weltbevölkerung hat – für mich – am schlüssigsten die amerikanische Biologin Eileen Crist skizziert. Der Weg führt über die Stärkung der Menschenrechte. »Überbevölkerung ist ein globales Problem«, schreibt sie in ihrem Buch *Abundant Earth* (auf deutsch *Schöpfung ohne Krone*), »das durch Anstrengungen zur Durchsetzung der Menschenrechte absolut lösbar ist.« Eine Schlüsselfrage sei der »Kampf für die rasche Verwirklichung vollständiger Gleichstellung der Geschlechter« und die weltweite Einführung von Programmen der Familienplanung. Dazu gehört auch das Recht auf Abtreibung, das gerade in den USA und anderswo wieder abgeschafft wird. »Wir haben eine realistische Alternative«, schreibt sie weiter. »Statt immer mehr zu werden … können wir die Weltbevölkerung stabilisieren und allmählich reduzieren und die Deindustrialisierung der Landwirtschaft und des Fischfangs in Angriff nehmen. Wir können uns in diesem historischen Moment für Downsizing und Rückzug entscheiden, für eine zweigleisige Annäherung an eine Lebensweise, die in die Biosphäre integriert ist.« Ihr Plädoyer für eine »ökologische Zivilisation« schließt mit der Zuversicht, dass wir dieser Aufgabe gewachsen sein könnten. Denn es gebe viele Gründe zu der Annahme, dass unter der Oberfläche des menschlichen Herrschaftsanspruchs und der Hybris gegenüber der Natur »ein Meer der zärtlichen Liebe zur lebendigen Welt« liege.

Rückbau, Rückzug, Senkung der Geburtenraten – alles total illusorisch? Nein, all das wird so oder so kommen, behaupten kluge Stimmen im globalen Stimmengewirr. Fragt sich nur, ob »by design«, also durch bewusstes Gestalten und kreatives Handeln, oder »by disaster«, durch Katastrophen von apokalyptischem Ausmaß. So oder so … Noch haben wir die Wahl.

*

Weniger ist jetzt. Das Schlüsselwort heißt »genug«. Es ist das Gegenteil von »zu viel«, aber auch das Gegenteil von »zu wenig«. »Ich habe alles, was ich brauche« ist ein stolzer Satz. Nicht die Höhe des »Einkommens« ist der Maßstab für ein gutes Leben. Wo immer »weniger« nicht einen »leeren Teller« bedeutet, gilt: Mit weniger »auskommen« können, aus einem Minimum an materiellen Gütern ein Optimum an Lebensqualität zu gewinnen, ist die einzig sichere Grundlage für eine autonome Lebensführung.

Was also ist das »Mehr«, das wir erlangen, wenn wir den Mut zum »Weniger« aufbringen? Der Dichter Rainer Maria Rilke, aufgewachsen in der Plüschatmosphäre des späten 19. Jahrhunderts, erschüttert von Krieg und Krisen des frühen 20. Jahrhunderts, aufmerksamer Beobachter von Monte-Verità-Kultur und Bauhaus, hatte ein waches Gespür für diese Zusammenhänge. »Sicherheit«, schreibt er 1916 in einem Brief, »ist vielleicht nur um den Preis der bestimmtesten Einschränkung überhaupt zu erreichen, indem man in einer wohlüberlegten oder erfahrenen

Weltauswahl sich einfriedigt und vergnügt, in einer Umgebung von Bekanntheit und Bedeutung, in der dann eine unmittelbare Selbstanwendung nützlich und möglich wird.«

Die »wohlüberlegte« Selbstbeschränkung aber ermöglicht es erst, die Fülle des Lebens zu erfahren und zu genießen. Eines von Rilkes *Sonette an Orpheus* feiert die Süße eines Apfels, so wie sie im Zusammenspiel von Sonne und Erde entstand und von einem Kind geschmeckt wird. Das Gedicht endet mit der Strophe:

»Wagt zu sagen, was ihr Apfel nennt.
Diese Süße, die sich erst verdichtet,
um, im Schmecken leise aufgerichtet,
klar zu werden, wach und transparent,
doppeldeutig, sonnig, erdig, hiesig –:
O Erfahrung, Fühlung, Freude –, riesig!«

Seinen kategorischen Imperativ aber hatte der Dichter schon 1908 formuliert. Angesicht einer griechischen Skulptur, dem Torso des griechischen Gottes Apollo, den er im Louvre in Paris sah: »Du musst dein Leben ändern.« Klingt sehr zeitgeistig, oder?

Kapitel neun

Das gute Leben für alle

Eine Visionssuche

Das Leben ist gut. Wie es auch sei! Das war der Ausgangspunkt dieses Buchs. Nun, am Ende, die Frage: Was aber ist »das gute Leben«? Oder was könnte es sein? Immer wieder haben wir uns über die Sprache angenähert: Zauber und Fülle des Lebens, blühendes Leben, einfach leben, *rikt liv* – reichhaltiges Leben. Ein Rezeptbuch mit fertigen Lösungen gibt es nicht. Das gute Leben ist eher ein Versuchs- und Experimentierfeld, auf dem jeder und jede einzelne, Gemeinschaften und Gemeinwesen, eine globale Suchbewegung frei agieren und gestalten können.

Visionssuche – *vision quest* – ist eine Praktik in vielen Kulturen der Welt. Sie kreist um die Sinnsuche: Wer bin ich? Wo stehe ich? Womit fühle ich mich verbunden? Wann fühle ich mich lebendig? Was kann ich? Wo will ich hin? Was ist mein Auftrag, meine Berufung? Wie lässt sich ein Lebensthema finden, ein inneres Projekt entwickeln und dieser Linie folgen in der Zeit, die mir noch bleibt? Ein weites Feld, auch ein weites Wortfeld. Bildwelten tun sich auf. Heute, in diesen 2020er-Jahren, müssen sie den aktuellen und den kommenden Schockwellen standhalten können. Sie müssen »resilient« sein. Wo mit der Rede vom »guten Leben« ernst gemacht wird, geht es um die Entfaltung der Potenziale, die dem Leben auf dem blauen Planeten innewohnen. Allem Leben! Ein Wärmestrom wird spürbar. Er könnte uns über die Schockwellen der Gegenwart hinweg tragen. Hier ein paar Planken für ein begriffliches Gerüst, das die eigene Visionssuche unterstützen könnte.

*

Ich erinnere mich an die Radio-Stimme von Willy Brandt. Er verfügte über diese sonore Stimme, die oft knarzig, fast brüchig klang, aber immer ihre Energie behielt und sich jederzeit glaubwürdig zu einem visionären Ton aufschwingen konnte. Der Bundestagswahlkampf 1961 fiel in den Sommer, in dem die Berliner Mauer errichtet wurde. Niemand konnte ausschließen, dass der Kalte Krieg eskalieren würde, womöglich zu einem atomaren Schlagabtausch. Als Regierender Bürgermeister von Westberlin stand Brandt mit an vorderster Front im Kalten Krieg. Doch auf den Plätzen, in den großen Hallen, im Ruhrpott und anderswo forderte der sozialdemokratische Kanzlerkandidat: »Der Himmel über dem Ruhrgebiet muss wieder blau werden!«. Brandt hatte ein Gespür für lebensfreundliche Themen, für Zukunftsthemen. Und er kannte aus seiner Exilzeit in Norwegen und Schweden die skandinavischen Vorstellungen von *välfärd*, Wohlfahrt. Diese umfassten alle Lebensverhältnisse, nicht bloß den materiellen Wohlstand, der die Ära des Wirtschaftswunders im Westen Deutschlands so stark bestimmte. Hellsichtig setzte er »reine Luft, reines Wasser, weniger Lärm« und all die anderen »Gemeinschaftsaufgaben« auf die politische Agenda. Nur Wahlkampfrhetorik? Oder Beginn einer Visionssuche?

Lebensqualität – das Thema hat Brandt bis zum Schluss beharrlich weiterverfolgt. Neben seinem anderen Kernthema: Frieden, Entspannung, Deeskalation von militärischer Konfrontation. Noch sein letzter, triumphaler Wahlkampf stand unter diesem Stern. Das Wahlprogramm: »Mit Willy Brandt für Frieden, Sicherheit und eine bessere Qualität des Lebens« war schon von dem Bericht über die *Grenzen des Wachstums* an den *Club of Rome* beeinflusst:

> Ein mehr an Produktion, Gewinn und Konsum bedeutet nicht automatisch ein mehr an Zufriedenheit, Glück und Entfaltungsmöglichkeiten für den einzelnen. Lebensqualität ist mehr als höherer Lebensstandard. Lebensqualität setzt Freiheit voraus, auch Freiheit von Angst. Sie ist Sicherheit durch menschliche Solidarität, die Chance zur Selbstbestimmung und Selbstverwirklichung, zu Mitbestimmung und Mitverantwortung, zum sinnvollen Gebrauch der eigenen Kräfte in Arbeit, zu Spiel und Zusammenleben, zur Teilhabe an der Natur und den Werten der Kultur, die Chance, gesund zu bleiben oder zu werden. Lebensqualität meint Bereicherung unseres Lebens über den materiellen Konsum hinaus.

Qualität kommt vom lateinischen *qualis* – wie beschaffen, wie gut? Das Wort fragt nach der Summe aller positiven Eigenschaften.

Brandts politischer Kompass blieb auf den Zusammenhalt der Gesellschaft und der internationalen Gemeinschaft eingestellt. Eine Politik der Gerechtigkeit für die Ärmsten und Schwächsten – die, wie man heute sagt: »vulnerablen« Gruppen der Gesellschaft – galt ihm als Quelle eines lebendigen Friedens. In einer Rede vor der UN formulierte er die Vision einer »Weltinnenpolitik«. Sie hatte eine starke ökologische Komponente:

> Mehr und mehr wird man sich der Begrenzungen unseres Weltkreises bewusst. Wir dürfen seine Vorräte – es sei denn, wir wollten uns zum langsamen Selbstmord verurteilen – nicht hemmungslos erschöpfen. Wir dürfen seine biologischen Zyklen nicht weiter vergiften lassen. Es ist wohl kein Zufall, dass der Mensch sich heute, nachdem er seinen Planeten aus der Tiefe des Weltraums gesehen hat, der materiellen und biologischen Bedingtheit der Bewohner dieses doch so kleinen *Raumschiffs Erde* bewusst wird ... Wir müssen nüchtern sehen, dass die Güter dieser Welt nur dann ausreichen werden, unseren Nachkommen eine Existenz zu sichern, die modernen Vorstellungen

> von der Qualität des Lebens entspricht, wenn wir das Bevölkerungswachstum in verantwortbaren Grenzen halten und wenn wir der sozialen Gerechtigkeit in der Welt näher rücken.

Gewiss hat das Wort heute an Strahlkraft eingebüßt. Mit *Lebensqualität* werben Metropolenräume für ihre Einkaufsmeilen und quirligen Startup- und Kultur-Szenen. Fitnessstudios verheißen damit Gesundheit und Wellness. Auch die Hersteller von Hörgeräten oder Treppenliften haben das Wort für sich entdeckt. Lebensqualität, so suggerieren sie, steht in Form von Waren und Dienstleistungen bereit. Man braucht sie nur noch kaufen. Folgerichtig hat der Begriff *Kaufkraft* in der politischen Rhetorik Konjunktur. Ob bei den Apologeten der Konsumgesellschaft oder bei Populisten, die den Abgehängten des Systems ein Zurück in die vermeintliche Sicherheit eines festungsartig abgeschotteten Nationalstaates vorgaukeln. Und dennoch: *Lebensqualität* bleibt wirkmächtig. Wo ernsthaft versucht wird, den »Glücks-Index« einer Gesellschaft zum Maßstab zu erheben, statt Bruttosozialprodukt und Kaufkraft, entfaltet das Konzept weiter seine Tiefenwirkung.

*

Konvivial ist ein weiteres Schlüsselwort in der Rede über das gute Leben. Es begann ebenfalls in der Wendezeit um 1970 seinen Aufstieg. Eine Wortschöpfung von Ivan Illich. Der Theologe und Philosoph wirkte zu der Zeit in Lateinamerika. Seine Stimme kenne ich nur von YouTube. Wer sie noch live erlebt hat, berichtet fasziniert von ihrer Schönheit und Kraft. Und wer sie auf Deutsch gehört hat von ihrem leicht altösterreichischen Charme.

»Ich habe noch den Tonfall im Ohr«, erinnert sich Hermann Graf Hatzfeldt, der zum Kreis um Illich gehörte, »jedes Wort war sorgfältig gewählt, keines war überflüssig oder ungenau. Er modellierte förmlich die Worte beim Sprechen. So anschaulich wie ein Bildhauer. Und fügte sie kunstvoll in Sätze, deren weitreichender Tiefsinn immer wieder aufs Neue überraschte. Er dachte beim Sprechen und sprach beim Denken. Darum sprach er langsam, überlegt, ringend nach dem richtigen Wort, während er in die Runde blickte und den Augenkontakt suchte und gleichsam zum Mitdenken aufforderte. Darum hatte seine Sprache nichts Alltägliches, Konventionelles an sich, sie war anspruchsvoll ›hoch‹, aber zugleich den anderen ansprechend.« *Im Weinberg des Textes* war der Titel eines der vielen Bücher Illichs. Worin beruhte die fruchtbare Kraft seiner Sprache? »Ivan war auf so luzide Weise artikuliert«, sagt Hatzfeldt, »weil er fast manisch jedes Wort als Zeichen für etwas Tieferes unter seiner Oberfläche sah, die Geschichte der Entstehung und Bedeutung von Wörtern zurückverfolgte und den historischen Kontext ihres Gebrauchs bewusst machte ... Ich glaube, er sah im Wandel der Sprache die treibende Kraft für die Missstände der Moderne bis hin zur Digitalisierung. In ihrer Erneuerung sah er ein Mittel zur Wiederherstellung von Konvivialität«.

Dieses Wort, das Illich wieder aufnahm und neu prägte, kommt aus der antiken Kultur. Sein Ursprung liegt in der griechischen Polis-Demokratie. Das »Symposium« oder lateinisch das »Convivium« ist das »Gastmahl«, die Tischgesellschaft, das unbeschwerte, offene Gespräch im gleichberechtigten Zusammensein. Es umfasst den gemeinsamen Genuss von Gaben der Natur, den Blickkontakt, die Augenhöhe, das Teilen. Und nicht zuletzt die *hilaritas*, die gelassene Heiterkeit. Die verbale Form *convivere* bedeutet: zusammen leben, miteinander leben, gleichzeitig leben. Vertraut war Illich auch mit dem spanischen Terminus *convivencia*. Dieser bezeichnet die Phase des relativ friedlichen Zusammenlebens dreier Kulturen im mittelalterlichen Andalusien. Es war die Blütezeit des respektvollen Umgangs und kreativen Austauschs zwischen muslimischen Mauren, spanischen Christen und sephardischen Juden.

Der eigensinnige und streitbare katholische Theologe und radikale Philosoph hat *konvivial* aus der Perspektive der Dörfer und Favelas des globalen Südens neu interpretiert. Dabei hatte Illich tiefe Wurzeln im, wie er sagte, »abendländischen Europa«. Geboren 1926 in Wien, gestorben 2002 in Bremen, einer aus der Generation von Willy Brandt. Die Mutter kam aus einer Familie konvertierter deutscher Juden. Der Vater war katholisch, besaß Weinberge und Olivenhaine an der kroatischen Adria. Ein Studium in Florenz, Salzburg und an der päpstlichen Universität Gregoriana in Rom machten ihn zum profunden Kenner der mittelalterlichen Scholastik. Tätig war er als Seelsorger in den Slums von New York, Puerto Rico und Mexiko, als Vordenker von Subsistenz-Ökonomie und Wachstumskritik.

Schon Anfang der siebziger Jahre – zeitgleich mit dem *Club of Rome*, radikaler als Brandt – stellte Illich das westliche Mantra von Wachstum, Produktivität und Wettbewerbsfähigkeit auf den Prüfstand. Sein Befund: »Eine Gesellschaft, die unter der maximalen Befriedigung der größten Zahl von Menschen den maximalen Konsum industrieller Erzeugnisse versteht, beschneidet die Autonomie des einzelnen auf unerträgliche Weise.« Und: »Das weitere Wachstum muss notgedrungen in einer multiplen Krise enden.« Man könne Menschen nicht auf ein Leben im »Dienste von Maschinen abrichten«. Um aber Alternativen entwickeln zu können, müsse die »Tiefenstruktur unserer Werkzeuge« überprüft und wieder verändert werden. Für dieses Neue wählt Illich den Begriff *konvivial.* »Werkzeuge sind dann *konvivial,* wenn sie jedem, der sie benutzt, die bestmögliche Gelegenheit bietet, die Umwelt mit den Ergebnissen seiner Visionen zu bereichern.«

Für Illich ist *Konvivialität* »individuelle Freiheit, die sich in persönlicher Interdependenz verwirklicht«. Das ist ein radikaler Gegenentwurf zum neoliberalen Begriff von Freiheit, der damals aufkam. Er bringt individuelle Freiheit und »Interdependenz« zusammen. Das ist das Wissen um die wechselseitige Abhängigkeit, die Bereitschaft, sich gegenseitig zu vertrauen, die Fähigkeit, zu kooperieren, in Resonanz zu leben. *Konviviali-*

tät ist auch ein Zurückgehen bis zu der Weggabelung, an der die Menschheit den Irrweg in eine »sklavische Abhängigkeit« vom Industrialismus eingeschlagen hat. Ein Zurückgehen, um von dieser Gabelung aus gangbare Wege in eine andere Zukunft zu suchen. Das *Convivium* ist für Illich »nicht von dieser Welt«. In einem Gespräch hat er 1996 umrissen, was das für ihn bedeutet: An einem gastfreundlichen Tisch »die gleiche Speise teilen«. Der feierliche »Kuss des Friedens« gehört dazu, dann Brot, Wein und Suppe, die Kerze als »beständige Mahnung, dass die Gemeinschaft niemals geschlossen ist«. Denn es gehe darum, ein neues »Wir« zu schaffen. Ist dieses »Wir«, fragt Illich, der Plural von »ich«? Oder ist nicht vielmehr »ich« der Singular von »wir«?

In diesem warmen Licht beginnt das alte Wort – das Fremdwort – *Konvivialität* zu leuchten. Es kommuniziert etwas von dem Gefühl des fürsorglichen, solidarischen Zusammenhalts in der Gesellschaft, das dem traditionellen Wort dafür, nämlich »sozial«, weitgehend abhandengekommen ist. Kein Wunder, dass in unserer Gegenwart der Begriff zur Grundlage der Reflexion über eine mögliche »andere Welt« gemacht wurde. Ein global agierendes Netzwerk von Soziologen und Philosophen veröffentlichte 2013 ein »konvivialistisches Manifest«. Es plädiert für eine »neue Kunst des Zusammenlebens« in einer »post-neoliberalen Welt«, die es ermögliche, »gleichzeitig für einander und für die Natur Sorge zu tragen«. *Konvivialismus,* so heißt es in der 2020 erschienenen Neufassung, ist der Name für alles, »was in den bestehenden oder vergangenen, weltlichen oder religiösen Lehren und Weisheiten zur Suche nach Prinzipien beiträgt, die es den Menschen ermöglichen, zu rivalisieren, um besser zu kooperieren und humanitäre Fortschritte zu machen – im vollen Bewusstsein der Endlichkeit der natürlichen Ressourcen und in der geteilten Sorge um den Schutz der Welt.«

Kling ziemlich abstrakt und elitär? Es drängt sich tatsächlich die Frage auf, wie das Konzept einen »Sitz im Leben« bekommen könnte. Wie ließe es sich »erden«, anschlussfähig machen, mit den »Graswurzeln«, der »Basis« der Gesellschaft verbinden? Nur zwei Beispiele, die ihrem Selbstverständnis nach am »Gastmahl« anknüpfen:

Convivium – so bezeichnen sich seit ihrer Gründung in der norditalienischen Region Piemont im Jahr 1986 die lokalen Gruppen der Slow-Food-Bewegung. Ihr Logo zeigt die Weinbergschnecke, das (essbare) Totemtier der Entschleunigung. Das Convivium nennt sich nach dem Gastmahl, das seine Mitglieder bei ihren Zusammenkünften zelebrieren und das im Zentrum ihrer Aktivitäten steht. Gemeinsam feiern sie das gute Leben, die Lebenskunst. Zum Lebenselixier wird das genussvolle und gemeinsame Essen und Trinken, zubereitet aus überwiegend heimischen, überwiegend ökologischen Produkten. *»Buono, pulito e giusto«*, so der Gründer der Bewegung, der Italiener Carlo Petrini – gut, naturbelassen, fair gehandelt. Wertgeschätzt werden von ihnen gesunde Böden, auf denen gesunde Lebens-Mittel – Mittel zum Leben – wachsen können. Wertgeschätzt wird das traditionelle bäuerliche Wissen, mit dem Lebens-Mittel erzeugt werden. Wertgeschätzt werden das handwerkliche Können, mit dem sie verarbeitet werden, und die Kochkunst, mit der sie zubereitet werden. Zum Kulinarischen tritt das kommunikative Element. Essen ist mehr als Sattwerden. Das gemeinsame Kochen, das Teilen des gleichen Essens, die Tafelrunde, der runde Tisch, das freundliche Gesicht, das heitere, angeregte Tischgespräch – all das gehört mit zu den Ingredienzien. Slow Food ist nicht nur eine Absage an Fast Food, den Kult des Billigen, die Wegwerfgesellschaft. Es ist auch ein radikaler Bruch mit dem Motto »Erst kommt das Fressen, dann die Moral« des Lumpenproletariats in Brechts Dreigroschenoper. Beim Convivium gilt vielmehr das – man könnte sagen – urchristliche oder urkommunistische Prinzip: »Jeder nach seinen Fähigkeiten, jedem nach seinen Bedürfnissen.«

Das »Convivium« für Arme ist die »Tafel«. Den Namen, den sich diese Bewegung gewählt hat, finde ich ziemlich genial. Das

Wort *Tafel* für Tisch löst schon seit dem Mittelalter die Vorstellung des feierlichen, vornehmen, langwährenden Mahls und des geselligen Zusammenseins aus. Ich assoziiere König Arthurs legendären »*round table*«, die ritterliche »Tafelrunde«, in der niemand einen »Vorsitz«, sondern jeder Gast gleichen Status hat. Die »runden Tische« der DDR-Opposition in der Wendezeit um 1989 hat daran angeknüpft. Die heutige Tafel-Bewegung kümmert sich um Menschen in Not, um die »vulnerablen«, verletzlichen Gruppen der Gesellschaft. Sie entstand in Deutschland und anderswo Anfang der neunziger Jahre, als die neoliberale Politik die Schere zwischen arm und reich öffnete. Lebensmittel retten, Menschen helfen, Klima schützen. Mit diesem Aktionsprogramm agiert die Tafel-Bewegung ganz pragmatisch gegen die Wegwerfgesellschaft. Vor allem bei lokalen Supermärkten sammelt sie »überschüssige« Lebensmittel ein. Meist handelt es sich um Waren, deren vermeintliches Verfallsdatum näher rückt. Oder um Obst und Gemüse, das zu krumm gewachsen ist und deshalb in den Regalen liegen blieb. Das ist eine ganze Menge. Von den weltweit erzeugten 265 Millionen Tonnen Lebensmitteln sollen angeblich 18 Millionen Tonnen auf den Müllkippen landen. Was die »Tafeln« davor bewahren können, verteilen sie über ihre Ausgabestellen vor Ort an Bedürftige. Auch hier gilt: Essen ist mehr als Sattwerden. Die Tafel-Bewegung hat den Anspruch, den Betroffenen Halt zu geben, Hilfe zur Selbsthilfe zu leisten. Sie steht für den »nachhaltigen Umgang mit Nahrungsmitteln« und damit für Humanität, Gerechtigkeit und Solidarität.

Lassen sich »Slow Food« und »Tafel« besser vernetzen? Oder – ein anderes Beispiel – »Schrebergarten« und »urban gardening«? Beides ist »öffentliches Gärtnern«. Beides hat vom ursprünglichen Konzept her den Anspruch, Nachbarschaft zu leben, nicht nur ein Stück Grabeland, sondern auch Wärme, Gespräch, menschliche Bezugsfelder zu kultivieren. Oder warum nicht die neuen Terra-Preta-Projekte, die nach uralten

Methoden indigener Völker des Amazonas »schwarze Erde« und neue Fruchtbarkeit herstellen, noch enger zusammenbringen mit dem alten Wissen über Kompost und Humus aus den Klostergärten Europas? Um solche Netzwerke zu knüpfen oder dort, wo sie bestehen, zu stärken, wäre der Gedanke der Konvivialität eine starke Plattform.

*

Empathie ist ein weiteres elementares Wort, wenn wir über das *gute Leben* in allen seinen Spielarten reden. Sie ist eine Ressource, eine Quelle, die wir im 21. Jahrhundert dringender brauchen als seltene Erden oder Algorithmen. Sie ist überlebenswichtig. Doch auch dieser allgegenwärtige Begriff ist bedroht – von inflationärer Verwendung, aktuell auch von der allgemeinen Erschöpfung. Die multiplen Krisen, die sich alle gleichzeitig vor unseren Augen ereignen, lähmen diese so kostbare Einstellung zur Welt. Legen wir also auch in diesem Fall die Tiefenschichten des Wortes frei. Seine Energien können befreiend wirken. Sie könnten uns helfen, den lähmenden Tunnelblick zu überwinden. Eine semantische Archäologie fördert reichhaltige Traditionen ans Licht.

In seiner englischen Fassung – *empathy* – war der Begriff lange Zeit in den Elfenbeinturm der wissenschaftlichen Fachsprache eingeschlossen. Er war ein Terminus der Psychologie. Der bis heute anhaltende Aufstieg in das globale Vokabular begann um 1968. *Empathie* gehört zum Zeitgeist jener Epoche. Wie Lebensqualität und Konvivialität, Ökologie, Nachhaltigkeit und Selbstverwirklichung. Damals begann eine Welle der Globalisierung, die sich nicht auf den Weltmarkt bezog. Im Zeichen von Metaphern wie *global village* entstand ein grenzüberschreitendes Wir-Gefühl. Es herrschte Aufbruchstimmung. Eine neue soziale Mobilität, Flucht- und Migrationsbewegungen vom Land in die Stadt und in andere Länder setzten ein. Starre soziale

Bindungen lösten sich auf. Man wollte – in den Worten Adornos – »ohne Angst verschieden sein«. Man wurde weltoffener. Räumliche Mobilität, soziale Mobilität und innere, mentale Beweglichkeit bedingten einander. Man musste und wollte lernen, beweglicher im Wahrnehmen, Denken und Urteilen zu werden, um auf Fremdes und Fremde zuzugehen und Alternativen für sich selbst zu entdecken.

»Dass ich mich in den anderen hineinversetze … das heißt, dass ich das von ihm Erlebte auch in mir selbst erlebe.« So umriss der deutsch-amerikanische Sozialpsychologe Erich Fromm, der zu der Zeit mit Ivan Illich eng zusammenarbeitete, in seinem 1968 in den USA erschienenen Buch *Die Revolution der Hoffnung* die Grundidee von *empathy*. Sie ist, schreibt er an anderer Stelle, ein intuitiver Akt, »bei dem ich das, was der andere erlebt, dadurch verstehe, dass ich Erfahrungen in mir mobilisiere, die – wenn sie auch nicht die gleichen sind – dieser doch ähneln«. Fromm rückt *Empathie* in die Nähe von *Zärtlichkeit*. In diesem Gefühl, das »frei von Gier« sei, »keine Hast« kenne und »keinen Zweck« verfolge, komme das »einfache Menschsein« zum Ausdruck. Entsprechend bedeute Empathie auch, »dass wir uns von den einengenden Bindungen einer vorgegebenen Gesellschaft, Rasse oder Kultur freimachen und zur Tiefe jener menschlichen Realität vordringen, in der wir alle nichts weiter als Menschen sind«. Unter dem Einfluss von Autoren wie Fromm ist *empathy* in den 1980er-Jahren als Lehnwort nur leicht verändert aus dem Englischen ins Deutsche übernommen worden. Doch an dieser Stelle machen wir eine überraschende Entdeckung: Eigentlich handelte es sich um eine Rück-Übersetzung.

In die englische Sprache kam das Kunstwort *empathy* als Wiedergabe des deutschen Wortes *Einfühlung*. Der Transfer ereignete sich schon 1909. Der britische Psychologe Edward B. Titchener hatte kurz vor der Jahrhundertwende in Leipzig bei der Koryphäe der zeitgenössischen Psychologie Wilhelm Wundt studiert und den Begriff der »Einfühlung« kennengelernt.

Anschließend begann er seine Lehrtätigkeit an einer amerikanischen Universität. Dort bildete er den »*empathy*« aus den beiden altgriechischen Wörtern em = ein und pathein = fühlen. Empathie – Einfühlung. Das deutsche Konzept hat die junge Edith Stein, die später von den Nazis ermordete Philosophin, 1916 definiert. »Einfühlung ist die Erfahrung von fremdem Bewusstsein« und eine »Erkenntnisquelle«. Damit öffnet sich ein weites Bedeutungsfeld, das für eine Sprache der Zuversicht im 21. Jahrhundert wirklich spannend ist.

Es war bereits bei Goethe angelegt. In seinen Erinnerungen *Dichtung und Wahrheit* sprach er von einer »angeborenen« Fähigkeit und Neigung, sich »in die Zustände anderer zu finden, eine besondere Art des menschlichen Daseins zu fühlen und mit Gefallen daran teilzunehmen«. Das Konzept der Einfühlung entwickelte sich in der romantischen Ästhetik, also der Lehre vom Schönen in Natur und Kunst, und ist von dort in die Psychologie gewandert. In der zweiten Hälfte des 19. Jahrhunderts entstand in Deutschland eine komplexe Theorie der Einfühlung. Ein Vordenker war der Philosoph Friedrich Theodor Vischer. Für ihn ist Einfühlung ein Akt oder – genauer – »ein Ineinander von mehreren Akten«. Es beginnt mit der Tätigkeit des Auges, nämlich der Aufnahme des Blickkontakts zu einem »Nicht-Ich«, einem natürlichen Phänomen. Der Blick, beispielsweise auf eine stolz aufragende Tanne oder einen reißenden Gebirgsbach, »folgt den Dimensionen und fasst sie wieder zur Gesamtheit zusammen«. Die Einfühlung geschehe durch die »einfache zentrale Versetzung« des Subjekts »in den Gegenstand und seine plastische Bildung«. Sich »willig in die schöne Vorstellung hineinziehen lassen«, sich »hinüber- und hineinversetzen lassen« – darum geht es bei dieser Bewegung. Sie ist der Akt, »durch welchen sich der Beschauer in das Unbeseelte so hineinversetzt, als ob er mit seiner Lebenskraft und Seele selbst darin sei, sich bewege, hebe, auf- und niederschwinge, ins Weite dehne«. Es sind, sagt Theodor Vischer »Verhältnisse der Einheit in der Vielheit«, die den

»wirklichen Seelenkontakt« ermöglichen. »Ich und Nicht-Ich fließen zu einem rätselhaften Ganzen zusammen.«

Sein Sohn Robert Vischer führte die Denkwege des Vaters fort. Er richtet seinen Blick stärker auf das Feld der zwischenmenschlichen Beziehungen. Einfühlung sei ein Mittel zur Steigerung von »Lebenskraft« und »Lebensschwung«, ein Weg zum Wachstum des Ichs. Das Selbstgefühl des Individuums strebe von selbst aus sich heraus und verlange nach einem »korrespondierenden Gegengefühl«. »Der Mensch erhebt sich erst an seinem Nebenmenschen zu einem wahren Gefühlsleben. Die Naturliebe zur Gattung ist es allein, welche mir eine vollkommene geistige Versetzung ermöglicht; bei ihr fühle ich nicht nur mich selbst, ich fühle zugleich auch das Gefühl eines anderen Wesens.« Der vitale Drang nach »Lust, Selbsterhaltung und Selbstverstärkung« erweitere sich zum »Drang zur Vereinigung mit der Welt«. Vischer entgrenzt das Konzept der *Einfühlung,* koppelt es an *Glück* und an *Sorge*: »Der Glückseligkeitstrieb entdeckt das Wundermittel, sich zu befriedigen, in der Sorge für das allgemeine Wohl der Menschheit.«

Ich und Du – darum geht es. Inspiriert von der Theorie der Einfühlung hat im frühen 20. Jahrhundert der Philosoph und jüdische Religionswissenschaftler Martin Buber das bis heute weltweit wirkmächtige »dialogische Prinzip« entwickelt. Es basiert auf den Grundwort *Ich-Du* und auf dem Grundsatz: »Beziehung ist Gegenseitigkeit«. Auch Bubers Ausgangspunkt ist die Zwiesprache mit der Natur. Sein Hauptwerk »Ich und Du« von 1923 beginnt mit dem Anblick eines Baumes. »Aus Wille und Gnade in einem« könne es »geschehen«, dass das Ich, den Baum betrachtend, »in die Beziehung zu ihm eingefasst« werde. In diesem Moment sei der Baum kein »Es« mehr, sondern ein »Du«: »Alles, was dem Baum zugehört, ist mit drin, seine Form und seine Mechanik, seine Farben und seine Chemie, seine Unterredung mit den Elementen und seine Unterredung mit den Gestirnen, und alles in einer Ganzheit«. In dem Moment, wo das Ich einem Du gegenübersteht, sei dieses »kein Ding unter Dingen und nicht aus Dingen bestehend« mehr, »sondern nachbarnlos und fugenlos ist er Du und füllt den Himmelskreis«. Es wirkt hier das Prinzip der Gegenseitigkeit: »Der Mensch wird am Du zum Ich.« In diesem Sinn ist für Buber auch das geschaffene Werk, das Kunstwerk »Gestalt, die mir entgegentritt«. Sein Credo: »Alles wirkliche Leben ist Begegnung.« Den Begriff der Einfühlung sieht er jedoch skeptisch. Er befürchtet, dieser impliziere die Selbstaufgabe des einfühlenden Subjekts. Er bevorzugt das Wort *Umfassung*. Gemeint ist damit: »Erweiterung der eigenen Konkretheit, Erfüllung der gelebten Situation, vollkommene Präsenz der Wirklichkeit, an der man teilhat.« *Umfassung* meint den »Kontakttrieb«, also das schon im Kind angelegte Begehren. Zunächst nach taktiler, dann optischer »Berührung eines anderen Wesens«. Und immer deutlicher werdend: das Bedürfnis nach »Gegenseitigkeit, die *Zärtlichkeit* meint«.

Für einen heutigen souveränen Umgang mit dem Begriff *Empathie* scheint mir besonders wichtig, die drei Sphären von *Einfühlung* zusammenzubringen: das Leben mit der Natur. Die zwischenmenschliche Beziehung. Der Umgang mit Artefakten: schönen Dingen, Werken der Kunst. Letztlich erfasst *Empathie* auch die spirituelle Sphäre, den Glauben, einschließlich des Glaubens an eine gemeinsame Sache. Erst in diesem umfassenden Verständnis erscheint *Empathie* als Lebenselixier, als Quelle des Glücks in unserem Alltag, als Ressource und Basis des guten Lebens für alle.

Die zugrunde liegende Idee ist universal und in vielen Kulturen der Welt lebendig. *Karuna,* Mitgefühl, ist in der buddhistischen Tradition komplementär zu *prajna*, Weisheit. Es basiert auf der Vorstellung von der Einheit allen Lebens. Es ist die Resonanz auf die Wahrnehmung des Leidens anderer Lebewesen. Der vietnamesische Mönch und Zen-Meister Tich Nhat Hanh definiert es als »den Willen und die Fähigkeit, Leiden zu lindern und zu transformieren.« Ein Gegenstück in der Sprache der südafrikanischen Zulu ist *ubuntu*. Desmond Tutu, der afrikanische Freiheitskämpfer, hat es so umschrieben: »Ich brauche dich, damit ich ich sein kann. Du brauchst mich, damit du du sein kannst.« Sichtbar werden die Umrisse einer »empathischen Zivilisation« (Jeremy Rifkin). Eine Gewissheit: Die Menschen überall auf der Welt sind in ihrer großen Mehrheit empathiefähig. Das ist eine große Quelle von Zuversicht.

*

Erweitern wir den Horizont. Ein Faszinosum ist für mich schon seit langem die alte chinesische Kultur mit ihren Vorstellungen von *Dào, Yáng und Yīn* und kosmischer Harmonie. Was bedeuten sie im Hinblick auf die Möglichkeit eines guten Lebens? Ich bat die Sinologin Gudula Linck um eine Übersetzung einiger elementarer Zeichen, Wörter und Begriffe. Hier ist ihre Antwort:

»Nach chinesischer Sicht ist alles im Kosmos ununterbrochen im Werden, Wachsen und Vergehen. *Dào* 道 ist ein ›perpetuum mobile‹: Der Mensch folgt der Erde, die Erde folgt dem Himmel, der Himmel folgt dem *Dào*, das *Dào* folgt sich selbst. So liegt im ›Von-selbst‹ der Eigensinn des *Dào* als letzter kosmischer Bezug, als äußerste umgreifende Situation. Da ist kein Raum für eine einmalige Schöpfung.

Die erste konkrete Zweiteilung des Kosmos ist die von Himmel (*tiān* 天) und Erde (*dì* 地), Voraussetzung für die *wù* 物, die Wesen und Dinge der Welt. In chinesischen Enzyklopädien ist dem ›Himmel‹ (*Yáng*) alles Klimatisch-Atmosphärische zugeordnet: Wolken, Wind, Schnee, Regen, Tau, Donner, Blitz, Nebel und Regenbogen sowie die Lichtatmosphären Sonne, Mond und Sterne. Zum Eintrag ›Erde‹ (*Yīn*) gehören Berge, Hügel, Felsen, Steine, Ströme, Schluchten und Täler, Seen und Staub. Die Erde als *Yīn* beherbergt sowohl *Yáng* als auch *Yīn*. Denn Berge, Hügel und Felsen samt ihrer ›Auf-Richtung‹ entsprechen dem *Yáng*, Täler und Schluchten, die Richtung ›Abwärts‹ wiederum dem

Yīn. Tiere, die am Boden kriechen oder im Wasser leben, sind Manifestationen von *Yīn*; was sich fliegend oder laufend fortbewegt, ist Manifestation von *Yáng*.

Im Dreiergespann *tiān-dì-rén* 天地人 findet zwischen Himmel und Erde der Mensch (*rén* 人), der sowohl am *Yīn* wie am *Yáng* seinen Anteil hat, einen vermittelnden Platz. Als Teil der kosmischen Ordnung ist er aufgefordert, die Dinge möglichst ›von selbst‹ geschehen zu lassen. Das bedeutet nicht, nichts zu tun: Das ›Nicht-Handeln‹ (*wú-wéi* 無為) verzichtet vor allem auf zweckgerichtetes und absichtsvolles Handeln, erst recht auf Gewalt, um den Dingen ihren Lauf zu lassen. Bei aller Präsenz sich dennoch zurückzunehmen, schont die eigene Lebenskraft, die der Mitmenschen, schont auch Umwelt und Natur.

Zwei weitere Schlüsselbegriffe sind *Qì* und *Shén*. Da geht es um Kraft, Vitalität, fließende Lebensenergie, um ein Feld von Resonanzen und ›Mittendrin-Sein‹. Im alten Bildzeichen von *Qì* 氣 sieht man drei Wolken übereinander schweben: 气. Das Buch Zhuangzi deutet sie als ›wilde Pferde‹, die am Himmel galoppieren, die ›Staub aufwirbelnd‹ dafür sorgen, dass die ›Lebewesen den Atem miteinander tauschen‹: *Qì*-Kraft ist kosmische Lebenskraft und der Atem der Welt, den wir alle miteinander teilen.

Qì, ununterbrochen im Wandel begriffen, pendelt zwischen den beiden Polen Verfestigung (*Yīn*-Qì) und feinster Zerstreuung (*Yáng*-Qì) hin und her. So gesehen, sind die Wandlungen des *Qì* verantwortlich sowohl für die Dynamik der Welt wie für deren Beschaffenheit zwischen sichtbar (Verdichtung) und unsichtbar/gerade noch atmosphärisch spürbar (Zerstreuung). Auch das Empfinden, mit allem in Resonanz zu sein, ergibt sich aus dem *Qì:* Da alles aus *Qì* besteht, ist alles miteinander ›verbandelt, verliebt und verstritten‹. Vor der Zeitenwende um Christi Geburt kommt zum Atmosphärischen der Wolken im Bild des *Qì* das Zeichen für Reis 米 hinzu – 氣, ein Irdisches und Materielles ›sowohl-als-auch‹, denn der Mensch braucht zweifach Nahrung, atmosphärisch und materiell.

Atmosphärische Nahrung, auch im Sinne der Spiritualität, thematisiert das zweite Schlüsselzeichen: *Shén* 神, das Feinste vom Feinsten vom *Qì*. Die linke Zeichenhälfte zeigt fünf Striche 示, in denen die feinstofflichen Einflüsse aus dem Kosmos angedeutet sind. Das rechte Zeichenelement 申 bedeutet: weiten / öffnen / ausbreiten. Auch hier die Aufforderung, die kosmischen Einflüsse mit offenen Armen und geweiteten Sinnen in sich aufzunehmen.

Die alten Bildzeichen von *Yáng* 阳 und *Yīn* 阴 zeigen die Sonnen- und Schattenseite des Berges. Alle nur denkbaren Gegensätze sind damit abgedeckt – der Natur (Tag und Nacht, Sommer und Winter, Berg und Wasser), des Menschen (Mann und Frau, Jung und Alt, Geist und Körperleib, Kopf und Füße, Galle und Leber), Polaritäten im Raum (oben und unten, außen und innen), der Temperatur (Wärme und Kälte), der Formen (rund und eckig) und Farben. Auch Himmel und Erde sind Manifestationen von *Yáng* und *Yīn* und zwischen beiden steht aufgerichtet der Mensch, der als Mikrokosmos auch an beidem partizipiert. Herausgehoben aus dem naturspontanen Wirken hat der Mensch durch bewusstes Tun oder auch Nicht-Tun die kosmische Harmonie immer wieder neu zu realisieren. Die Polarität von *Yīn* und *Yáng* ist ein echtes Gegenspiel, denn sie streiten und überwinden einander. Und dieses Gegeneinander hält ihr Miteinander in Gang. So ist überall Ganzheit und das Bestreben nach Harmonie, aber auch Widerspruch am Werk.«

Erscheinen in dieser Vorstellungswelt, frage ich Gudula Linck, in diesem Kosmos der Zeichen die Umrisse einer anderen Sprache der Zuversicht? »Es ist die Überzeugung«, sagt sie, »dass alles ununterbrochen im Wandel ist. Dass auf Harmonie Widerstreit folgt und umgekehrt. Geht es mir schlecht, lebe ich in der Gewissheit: Auch das geht vorüber! Geht es mir gut, bin ich darauf vorbereitet: Nichts bleibt, wie es war! Eine solche Erwartungshaltung sorgt für eine tiefe Ruhe und Gelassenheit.«

*

Sumak kawsay erschließt noch einen anderen Kosmos von Vorstellungen über das gute Leben: Der Begriff kommt aus dem Quechua, der indigenen Sprache des Andenraumes. Quechua war einmal die Verkehrssprache des Inkareiches. Das Wort bedeutet: enge Naturverbundenheit, starker Gemeinschaftssinn, tiefe Spiritualität als Grundlagen für das *gute Leben*. In der spanischen Übersetzung *buen vivir* ist das Konzept im 21. Jahrhundert weltweit bekannt geworden. Eine wichtige Stimme der indigenen Gemeinschaften Amazoniens ist Patricia Gualinga. Sie will nicht nur ihrem Kichwa-Volk, sondern »allem Leben« des Regenwaldes eine Stimme verleihen. Ich hörte sie zum ersten Mal im Sommer 2019. Die Frau aus Ecuador sprach vor einem kleinen Publikum in einem Kulturzentrum im Ruhrgebiet. Ruhig, gesammelt, mit großem Ernst und natürlichem Stolz. Von sich selbst macht sie nicht viel Aufhebens. Dass sie 2015 am Klimagipfel in Paris teilgenommen hat, hält sie nicht für erwähnenswert. Auch nicht, dass Papst Franziskus sie zur Synode über Amazonien in den Vatikan eingeladen hatte.

Sehr bestimmt formuliert Gualinga ihre Anklage: Dass die Beschlüsse all der Klimakonferenzen an dem *»extractivismo«*, dem Raubbau durch Öl- und Bergbaukonzerne im Amazonasbecken, nicht das Geringste geändert hätten. Wenn sie von der massiven Einschüchterung ihrer Bewegung durch die Staatsgewalt und die Macht der Ölfirmen und Bergbaukonzerne erzählt, ahnt man, dass hinter scheinbar objektiven Wörtern wie »Ressourcen«, »Investitionen« und »Investitionsschutz« nackte Gewalt lauert. Patricia Gualinga ist Teil einer Bewegung von Menschen, die unter Einsatz ihres Lebens den Regenwald verteidigen – die grüne Lunge des blauen Planeten. Wir sprechen routiniert vom »Hotspot der globalen Biodiversität«. In Patricias Muttersprache ist das *kawsak sacha*, auf Spanisch *selva viviente*. Das ist der Wald, aufgefasst als eigenes Lebewesen mit eigenem Bewusstsein und eigenen Rechten. Das schließt die Wasserfälle und Lagunen mit ein, die Berge und tausendjährigen Bäume, die 500 Vogelarten, Jaguare und Anakonda-Riesenschlangen, die unzähligen Insekten, leuchtenden Schmetterlinge, die Heilpflanzen – und die Menschen, die schon immer dort lebten. Im Wald wird die Essenz des Lebens geboren.

Patricia Gualinga stammt aus einer Familie, in der seit vielen Generationen das spirituelle Erbe ihrer Kultur, die Weisheit und das Wissen, besonders gepflegt und weitergegeben wird. Wie viele ihrer Vorfahren war auch ihr Vater *yachak*, ein spiritueller Anführer der Gemeinschaft. So hat sie noch einen engen Bezug zum »Ahnenland« als einer »heiligen Domäne«, wo die »Kinder des Jaguars« leben, das stolze *Volk des Zenits*. »Zenit« – das ist der Höchststand der Sonne. Rituale spielen eine Rolle. Bei einer Tasse *guayusa* – Tee, aus Blättern einer Ilex-Art gebraut – bespricht man frühmorgens die *muskuy*, die nächtlichen Träume. Inspirierend sind die Feste mit Trommeln, Gesängen und Tänzen. Wertschätzung genießen die kunstvolle Keramik, die Herstellung von Blasrohren und anderen Jagdwaffen, die mit Palmwedeln gedeckten Hütten, gebaut aus allem, was *kawsak sacha* so großzügig schenkt. Ein Schlüssel zum Verständnis der indigenen Kosmovision des Andenraumes ist das Wort *pachamama*. Es bedeutet »Mutter Erde« und schließt Raum und Zeit und die Vorstellung, am Universum teilzuhaben, mit ein.

Sarayaku, Patricias Heimatdorf, scheut nicht die Öffnung zur modernen Welt. Die Dorfgemeinschaft verfügt zum Beispiel über eine Internetverbindung. Doch gegen die »Erschließung« ihres Territoriums durch den Bau einer Straße hat die Kichwa-Gemeinschaft erfolgreich gekämpft. Das Dorf ist nach wie vor nur auf dem Flussweg, dem Rio Bobonaza, zu erreichen. Aber inzwischen gewährleisten zwei kleine Flugzeuge in kommunalem Besitz, finanziert aus Entschädigungen für illegale Praktiken der Ölfirmen, die Verbindung zur Außenwelt. Patricia Gualinga tritt als Sprecherin der »*mujeres amazonicas*« für die Gleichberechtigung der Frauen ein. Sie selber hat Umweltmanagement studiert und für das Tourismusministerium Ecuadors gearbeitet.

Im Juni 2022 hörte ich ihre Stimme wieder. Patricia war aus Stockholm zugeschaltet, wo sie an der UN-Umweltkonferenz teilnahm. Sie berichtete von der Notsituation daheim. Covid-19 hatte Sarayaku heimgesucht. Zu allem Übel war der Fluss über die Ufer getreten. Die Überschwemmung hatte Bäume umgerissen. Viele der Hütten standen unter Wasser. Die schmale Holzbrücke, weite Teile der dörflichen Infrastruktur waren zerstört. Die Gemeinschaft hatte sich ohne Hilfe von außen an den Wiederaufbau gemacht. Was gibt ihr Hoffnung? »Stellt euch vor«, sagt sie, »was eine so kleine Gemeinschaft wie Sarayaku schon erreicht hat! Bei den indigenen Völkern ist althergebrachtes Wissen für eine tiefere Transformation da. Wir gewinnen an Stimme. Stellt euch vor, was wir schaffen können, wenn wir überall handeln! Wir laden euch ein, Teil der Transformation zu sein, gemeinsam die Erde zu retten.«

Eine andere markante und weltweit vernehmliche Stimme des *buen vivir* ist die von Alberto Acosta. Er ist als Spross der spanischstämmigen Oberschicht Ecuadors wohlbehütet in einer sehr konservativen, einflussreichen, katholischen Familie in der Hauptstadt Quito aufgewachsen. Den Amazonas-Regenwald erlebte er als Kind nur auf Ausflügen – als großes Abenteuer. Zum Studium ging er 1970 nach Deutschland. Sein Fach war Ökonomie. Sein Ziel: »Helfen, mein Land zu entwickeln.« Seine Karriere führte ihn in das Management der staatlichen Ölgesellschaft und in das Amt des Ministers für Bergbau und Energie. Unter dem Einfluss der indigenen Bewegungen im Land vollzog er in dieser Zeit einen radikalen Bruch. Acosta unterstützte maßgeblich die Forderung *»dejar el petróleo baja tierra!«* (lasst das Erdöl in der Erde). 2008 gelang es unter seiner Führung, die Rechte der Natur – die Rechte von *Pachamama* – in der Verfassung zu verankern. Artikel 71 lautet seitdem »Die Natur oder Pachamama, in der das Leben sich reproduziert und entfaltet, hat das Recht auf ganzheitliche Anerkennung ihrer Existenz und Erneuerung ihrer vitalen Kreisläufe, Strukturen, Funktionen und Entwicklungsprozesse.«

In seinem Buch *Buen Vivir – Vom Recht auf ein gutes Leben* beschreibt Acosta die Ökonomie von *sumak kawsay:* Sie basiere auf einer behutsamen Weiterentwicklung der traditionellen Subsistenzwirtschaft, der lokalen und regionalen Selbstversorgung. Es sind Beziehungsketten, die auf Gegenseitigkeit und Solidarität beruhen: *Ranti-Ranti,* das Prinzip des Gebens und Nehmens. Heute arbeite ich für dich – morgen, oder irgendwann, du für mich. Gabe und Gegengabe sind wichtiger als Waren und Geld. *Makipurarina,* das »Zusammenlegen der Hände« in der Gemeinwesenarbeit ist wichtig. *Makikuna,* die Verpflichtung zur Fürsorge in Notfällen und für die Schwächsten des Gemeinwesens ebenso. Basis für alles ist *sumak allpa,* die »gesunde Erde«, die ökologische Integrität.

Was ist der Kern von *buen vivir*?, fragte ich Alberto Acosta. Seine Antwort: »Harmonie oder Gleichgewicht im Leben des Menschen. Harmonie mit sich selbst, von Individuen in Gemeinschaft, zwischen Gemeinschaften, Völkern und Nationen. Und alle, Einzelpersonen und Gemeinschaften, leben im Einklang mit der Natur.« Eine andere Welt ist möglich? »Die neue Welt«, sagt Acosta, »muss wie ein *Pluriversum* sein. Das ist eine Welt, in die viele Welten hineinpassen. Menschliche Welten und nichtmenschliche Welten. Die Rechte der Natur kommen vor Menschenrechten. Das ist für mich entscheidend.« *Buen vivir,* hatte Acosta mal geschrieben, ist »eingebettet in einen wunderbaren und komplexen Prozess der Wiederverzauberung der Welt«.

Harmonie, Gleichgewicht ... Auf diese Vorstellungen stoßen wir wieder, wenn wir einen letzten Begriff aus dem großen Wortfeld von *gut leben* auf den Prüfstand stellen: Selbstverwirklichung.

*

Selbstverwirklichung? Hmmm. Kaum ein Begriff ist so stark in Verruf geraten. Das Wort ist in den Dunstkreis von Baumarkt-Werbung geraten: Mach dein Ding. Sag es mit deinem Projekt. Geht nicht gibt's nicht. Man assoziiert: Ego-Trip und egoistisches Gen, Ich-AG und Selbstoptimierung. Spaßgesellschaft, Hedonismus, Konsumismus und Work-Life-Balance. Ist das alles? Ist es das wirklich? Höchste Zeit, *Selbstverwirklichung* zu rehabilitieren.

Eine erste Überraschung: Erarbeitet wurde der Begriff auf der Suche nach neuen Wegen zur Behandlung von hirnverletzten Frontsoldaten des Ersten Weltkriegs. Wie der »ungeordnete Organismus wieder einen geordneten Zustand erreicht«, dieser Frage ging der Neurologe Kurt Goldstein nach, dessen Stimme schon in Kapitel 5 anklang. Seine praktische Tätigkeit in Kliniken in Frankfurt und Berlin und seine akademische Forschungsarbeit führten ihn zum Konzept der »Selbstverwirklichung«. In den Symptomen, die Goldstein an seinen Patienten beobachtete, sah er nicht einfach nur Krankheitsbilder, sondern Versuche der Traumatisierten, Auswege aus der Krise zu finden. »Wieder zur Ordnung gelangen«, das heißt ein neues Gleichgewicht, einen neuen Einklang mit der Welt herzustellen, eine möglichst »volle Existenz« in einer veränderten Umgebung wiederzuerlangen. Aus diesen Befunden entwickelt Goldstein einen kühnen anthropologischen Entwurf. Der grundlegende »Antrieb« für das Tun eines »Organismus« sei das Bestreben nach »Verwirklichung seines Wesens«. »Organismus« – darunter versteht Goldstein die Einheit von Körper, Geist und Seele, die Betrachtung des Menschen als ein Ganzes. Aber was heißt eigentlich »verwirklichen«? Es bedeutet »aus der Sphäre der Möglichkeit in die Sphäre der Wirklichkeit treten«. Dieser »Antrieb«, sein Wesen zu verwirklichen, sagt Goldstein weiter, ist nicht nur dem menschlichen, sondern jedem Organismus eigen. »Jedes Geschöpf hat ein besonderes Wesen«, das es zur Entfaltung zu bringen versucht. Das »Selbst« in Selbstverwirklichung bezieht sich auch auf jede Pflanze, jedes Tier. Die Lebewesen »unter dem Gesichtspunkt einer Hierarchie« zu betrachten, ist ihm suspekt. Vielmehr will er ein »Urbild vom Ganzen des Lebendigen« gewinnen. Goldstein denkt ganzheitlich, im Geist der deutschen humanitätsphilosophischen Tradition. Er zitiert Goethes Satz »Im Universum ist nichts oben noch unten«.

Und das wäre die nächste Überraschung: Goldsteins Theorie der Selbstverwirklichung enthält ein ökologisches Weltbild. Jedes »zergliedernde Erkennen und Handeln« stellt sich als »ein Handeln in Richtung gegen die Welt dar, um sie zum Nutzen des Menschen in die Gewalt zu bekommen«. Und mehr noch: »Jede Technik bedeutet eine Vergewaltigung der Natur.« Als Gegenentwurf wählt Goldstein ein eigentlich ganz schlichtes Wort: »hinnehmen«. Aber in diesem Kontext bedeutet es mehr als »sich abfinden«, mehr als »annehmen«. Es gewinnt eine spirituelle Kraft. Die »einfach hinnehmende Betrachtung der Natur« führe zu einem anderen Ziel: »Dies kann, da unser Handeln ja hier nur von dem Wunsch bestimmt werden kann, in sinnvoller Weise zur Erhaltung der lebendigen Welt mitzuwirken, in nichts anderem bestehen, als einem Wesen die ihm adäquate Umwelt zu schaffen, die ihm möglichst volle Existenz ermöglicht.« Das Leben ist gut. Goldstein formuliert: »Sein ist immer positiv; es gibt im Lebendigen nichts Negatives.« In diese Zusammenhänge ist der heute so beliebig gewordene Begriff der Selbstverwirklichung bei seiner ursprünglichen Prägung eingebettet gewesen.

Sein grundlegendes Buch *Der Aufbau des Organismus* schrieb Kurt Goldstein in den Jahren 1933 und 1934. Da war er schon im Exil in Amsterdam. Es erschien 1934 in Den Haag. Bald darauf emigrierte der Autor weiter in die USA. In der englischen Übersetzung kam das Buch 1939 in New York unter dem Titel *The Organism – A Holistic Approach* heraus. Nach dem Krieg gehörte Kurt Goldstein zu den Mitbegründern der »*humanistic psychology*« in den USA. Dort arbeitete Abraham Maslow seit Anfang der 1950er-Jahre mit ihm zusammen und übernahm von ihm den Begriff der »Selbstverwirklichung«, brachte ihn in das globale Vokabular ein, simplifizierte ihn dabei aber auch.

Maslows Standardwerk *Motivation und Persönlichkeit* war schon in den fünfziger Jahren in kleinen Kreisen berühmt. 1970 kam eine Neuausgabe heraus und erreichte endgültig den Zeitgeist. Bei Maslow steht die Selbstverwirklichung ganz oben in einer Rangfolge von fünf Bedürfnissen. Man hat sie später in Form einer Pyramide abgebildet. Die Basis bilden die das physische Überleben sichernden Bedürfnisse: Nahrung, Wasser und Luft, ein Dach über dem Kopf, die Befriedigung der sexuellen Triebe. Sind diese angemessen erfüllt, rückt das Streben nach Sicherheit und Geborgenheit in den Vordergrund. Es folgt die Stufe, auf der die soziale Akzeptanz des Individuums durch seine Umwelt höchste Bedeutung erlangt. Hier geht es um ein Netz liebevoller zwischenmenschlicher Beziehungen, um Zuneigung, Zugehörigkeit zu einer Gemeinschaft und um deren Zusammenhalt. Im Anschluss daran wird der Wunsch nach Herausbildung eines stabilen Selbstwertgefühls mächtig. Respekt und Wertschätzung durch andere rücken in den Vordergrund. Schönheit und das Interesse an Wissen und Erkenntnis kommen ins Spiel.

Ganz oben an der Spitze der Pyramide steht das Bedürfnis nach Selbstverwirklichung. Es wird zu einer wesentlichen Triebkraft von Fühlen, Denken und Handeln und kann sogar alle anderen Bedürfnisse zurücktreten lassen. Es bezieht sich auf das zutiefst humane Streben nach einem erfüllten Leben. Mit Nietzsches Motto »Werde, der du bist« umreißt Maslow die Bedeutung des neuen Begriffs. Ein Musiker müsse Musik machen, ein Künstler malen, ein Dichter schreiben, um im Einklang mit sich selbst zu leben. Selbstverwirklicher seien Menschen, die sich und ihre Umwelt mit allen Schwächen und Stärken präzise wahrnähmen und grundlegend akzeptierten. Sie verfügten über innere Autonomie und ein stabiles Gemeinschaftsgefühl, über eine große Offenheit und die Fähigkeit, die Fülle des Lebens wahrzunehmen und zu genießen. Sie seien von überzogenen Scham- und Schuldgefühlen unbelastet und vom Urteil anderer unabhängig. Sie seien jedoch fähig, tiefe Bindungen zu anderen Menschen und zur Natur einzugehen. Der Widerspruch zwischen Selbstbezogenheit und Selbstlosigkeit verschwinde. Selbstverwirklicher widmeten ihr Leben der vollständigen Entwicklung und Ausschöpfung ihrer Anlagen, Möglichkeiten und Potenziale. Fremden und unbekannten Erscheinungen würden sie nicht mit dem Gefühl der Furcht und der Abwehr, sondern mit Neugier, Staunen und Ehrfurcht begegnen. Sie seien problemzentriert und an Lösungen interessiert. Das Geheimnisvolle, das Neue, das Fremde würde sie anlocken und begeistern. Sie folgten der inneren Stimme und einer Berufung, die in der Regel von außen, aus der Gesellschaft komme. Das Streben nach Exzellenz, nach Gipfelerfahrungen und dem Erlebnis des Einklangs mit Natur und Kosmos seien wesentliche Elemente von Selbstverwirklichung.

Alle fünf Ebenen seiner Pyramide erfassen wohlgemerkt Grundbedürfnisse, *basic needs,* die jeder Mensch verspürt. Aber eine aufsteigende Linie führt von den niedrigeren zu den »Metabedürfnissen«. Der Aufstieg zur Stufe der Selbstverwirklichung ist – nach Maslow – niemals allen möglich. Für die Gestaltung einer »*good society*« ist jedoch entscheidend, dass jeder die gleiche Chance bekäme, sich von der Fixierung auf die materiellen Bedürfnisse zu lösen und Zugänge zur jeweils höheren Stufe zu öffnen. Hier liegt das dynamische Prinzip in Maslows Hierarchie der Bedürfnisse. Im menschlichen Organismus und im menschlichen Geist existiert eine Tendenz zum inneren Wachstum, zur Verwirklichung aller seiner Fähigkeiten, zu Gipfelerfahrungen. Erst diese Art Wachstum »über sich hinaus« ermögliche Reichtum des inneren Lebens und tieferes Glück. Im Lichte dieser Psychologie hängt das *gute Leben* eben nicht vom Konsum eines immer größeren Quantums an Waren ab. Entscheidend seien vielmehr die sinnstiftenden immateriellen Güter, Aktivitäten und Ziele. Armutsbekämpfung sei viel mehr als nur die Beseitigung eines Mangels an Gütern und Dienstleistungen. Neu in den Fokus kommt: Die Vielfalt kultureller Ausdrucksformen und Identitäten zu erhalten und allen Menschen Möglichkeiten zu eröffnen, sich für ein höherwertiges und sinnerfülltes Leben zu entscheiden.

Maslows Pyramiden-Modell und die Idee der Selbstverwirklichung wirken bis heute. In der therapeutischen Praxis, in der Szene der Unternehmungsberatung, aber auch in der politischen Debatte, etwa um ein bedingungsloses Grundeinkommen bzw. -auskommen. Sie beeinflussten nicht zuletzt das Modell der »Work-Life-Balance«, die Suche nach einer Balance zwischen Job und Freizeit, Arbeit und restlichem Leben. Mach dein Ding. Sag es mit deinem Projekt ... Auch die Sprache der Konsumwerbung zehrt von starken Sehnsüchten nach dem *guten Leben*.

*

Es lohnt sich, ein altes Modell zu vergegenwärtigen, das heute wieder helfen könnte, die Idee eines *guten Lebens für alle* auf eine andere Plattform der Reflexion zu heben. Es ist ebenfalls tief von der humanitätsphilosophischen Tradition des 19. Jahrhunderts geprägt. Formuliert hat es Karl Marx. Ich meine seine Unterscheidung zwischen dem »Reich der Notwendigkeit« und dem »Reich der Freiheit«.

In einer berühmten Passage aus dem dritten Band des *Kapital*, niedergeschrieben um 1865, hat er die beiden Reiche skizziert: »Das Reich der Freiheit beginnt in der Tat erst da, wo das Arbeiten, das durch Not und äußere Zweckmäßigkeit bestimmt ist, aufhört, es liegt also der Natur der Sache nach jenseits der Sphäre der eigentlichen materiellen Produktion.« Bei dem Reich der »Notwendigkeit« geht es um die Ökonomie, um alle Aktivitäten zum Zweck der Selbsterhaltung, der Versorgung mit dem Notwendigen, der »Notdurft«, wie man damals sagte. Das ist das Unentbehrliche, das, was die »Not wendet«. Das altsächsische Wort *nôd* ist sehr nahe an dem angelsächsischen *neád*, im modernen Englisch *need*. Auch Marx meint an dieser Stelle die *basic needs*. Die Freiheit in der Sphäre, wo der »Stoffwechsel mit der Natur« stattfindet, ist begrenzt. Man sollte sie, wie er sagt, »rationell« gestalten, also möglichst naturverträglich und fair, unter menschenwürdigen Bedingungen, vor allem »mit dem geringsten Kraftaufwand«. Denn die Beschränkung dieser Sphäre macht es erst möglich, das »Reich der Freiheit« auszuweiten. In dieser Sphäre geht es um das, was das Menschsein ausmacht, das, was für den einzelnen in sich selbst Bedeutung hat. Hier geht es um den inneren »Antrieb« (Goldstein), die »intrinsic motivation« (Maslow), das, was man als seine Berufung, seine Bestimmung erkannt hat oder ahnt. Ein erfülltes, bejahenswertes Leben, das die spirituelle Sphäre miteinschließt – das, an was man zutiefst glaubt – für alle!

So gesehen ist das *Reich der Freiheit* keine bloße Zukunftsutopie. Es hat seinen Platz mitten im Leben. Es ist eine »andere Welt«, die hier und jetzt schon möglich ist. Sie beginnt in den WOW-Momenten des Alltags, den Phasen des Flow, des Bei-sich-Seins, in der Erfahrung von Glanz, von Zärtlichkeit. Sie erscheint in der Praxis von Konvivialität und den Projekten der Selbstverwirklichung. Sag es mit deinem Projekt? Ein »Projekt«, so definierte der Romantiker Friedrich Schlegel den Begriff, »ist der subjektive Keim eines werdenden Objekts« und damit ein »Fragment aus der Zukunft«. Es ist das, was du so weit und so gut wie dir möglich verwirklichst, in der Zeit, die du hast. Was du weitergibst und was von dir bleibt.

Das *gute Leben für alle* ist eine radikale Hoffnung, eine lebendige Vision. Sie macht Lust auf ein Leben, das weit ausgreift.

*

In dem Roman *Lord Jim* des polnisch-britischen Schriftstellers Joseph Conrad taucht eine Figur namens Stein auf. Eine schillernde Figur, eine gescheiterte Existenz, ein Deutscher, Veteran der Revolution von 1848 wie Karl Marx, ein Abenteurer, den es in die Tropen, an den Rand des britischen Empires verschlagen hat. Das Vermächtnis aber, das er formuliert, eignet sich zum Wahlspruch: »Es gibt nur einen Weg … Dem Traum folgen, und wieder dem Traum folgen und so ewig – *usque ad finem*.« Bis zum Ende.

Epilog

Tools der Zuversicht

Im Mai 2022, als Milla gerade mal wieder zu Gast bei uns war, sendete die Wetter-App eine Unwetterwarnung. Sturmtief Emmelinde würde am Nachmittag unsere Region überqueren. Wir machen den Garten sturmfest. Der Himmel verdunkelt sich. Wind kommt auf. Wir holen Millas Hochsitz raus auf die überdachte Terrasse, nehmen sie in unsere Mitte, reden von dem, was auf uns zukommt. Es wäre das erste »richtige« Gewitter ihres Lebens. Da, ein leichter Blitz. Milla, pass auf, 21, 22, 23. 24, 25, 26 ... gleich donnert's. Ganz in der Ferne ein undeutliches Grummeln. Ah, das Gewitter ist noch weit weg. Die ersten Tropfen fallen. Wieder ein Blitz. 21, 22, 23, 24, 25 ... Wieder ein fernes Donnern. Zieht das Gewitter vorüber? Als es nach dem nächsten Blitzen wieder gefühlt endlos dauert und der Donner schwach ausfällt, streckt sich Milla in ihrem Sitz, zeigt in den Himmel und ruft nach draußen: »Lauter!« Doch nur der Regen plätschert noch ein Weilchen. Dann ist alles vorbei. Emmelinde ist nach Osten abgezogen. Im Garten füttert der Trauerschnäpper wieder seine Brut. Kletterrose und Glockenblume leuchten, vom Regen benetzt, prächtiger als vorher.

Es hätte auch anders kommen können. Abends höre ich in den Nachrichten, nur hundert Kilometer weiter östlich habe sich aus dem Sturmtief heraus ein Tornado entwickelt. Innerhalb von Minuten hat die Windhose Gerüstteile emporgerissen und durch die Luft gewirbelt, Dächer abgedeckt, Bäume entwurzelt, Scheiben zerschmettert, Autos demoliert. Ich höre zu und sehe Bilder ... aus der Stadt meiner eigenen Kindheit! Das Freibad, Erinnerungsort meiner Kindersommer – von umgestürzten Bäumen blockiert. Eine Allee aus Kastanien an meinem Schulweg – unpassierbar. Meine Penne, die Kirche, wo ich konfirmiert worden bin – beschädigt. Ein extremes Wetterereignis, mitten im Mai, ging plötzlich unter die Haut. An diesem Tag hat eine Station auf Hawaii in der Erdatmosphäre eine CO_2-Konzentration von 421,7 ppm gemessen. Höchststand.

Und trotzdem: Den Moment mit Milla kann mir niemand mehr nehmen. Wie ist es mit ihr? Schaffen viele solcher Momente des Zusammenseins und der Geborgenheit in der Summe für ihr Leben ein Momentum, das tragfähig ist und bleibt?

*

Vergiss das Beste nicht ist ein Märchen, eigentlich eher eine Sage. Eine von vielen Varianten erzählt die Geschichte im Kyffhäuser, dem kleinen, kompakten, sagenumwobenen Gebirgsstock im nördlichen Thüringen: Ein armer Schäfer findet am Wegrain eine wunderschöne Blume, steckt sie an seinen Hut, um sie nach Hause zu tragen und seiner Braut eine Freude zu bereiten. So zieht er mit seiner Herde weiter. Als er an einer Felswand vorüberkommt, tut sich plötzlich mit furchtbarem Getöse der Fels auf. Er betritt die Öffnung und findet sich in einer Höhle wieder, deren Boden von lauter kleinen, golden glänzenden Steinen bedeckt ist. Er legt seinen Hut ab, merkt nicht, dass sich dabei die Blume löst, und beginnt, so viel wie möglich von den Goldbröckchen aufzusammeln. Als er schon fast nicht mehr kann, ertönt aus dem Inneren der Höhle eine Stimme: »Vergiss das Beste nicht!« Ihm wird unheimlich. Er rafft noch ein paar schöne Stücke mehr zusammen, greift seinen Hut und flüchtet Hals über Kopf aus der Höhle. Noch einmal ermahnt ihn die Stimme: »Vergiss das Beste nicht!« Doch da bricht um ihn herum der Fels zusammen – und hat sich nie wieder geöffnet. Der Schäfer hatte das Beste vergessen: die Wunderblume, die ihm immer wieder aufs Neue den Zugang zu den Schätzen ermöglicht hätte.

Wunderblume – *blaue Blume*? Haben sie eine gemeinsame Wurzel? Die Topografie der Sage und die Biografie von Novalis, der das berühmte Symbol der Romantik kreierte, sprechen dafür. Als er Ende 1799 seinen Roman *Heinrich von Ofterdingen* zu schreiben begann, hielt er sich in dem thüringischen Städtchen Artern auf. Es liegt nahe am Kyffhäuser, dem Schauplatz der Geschichte von der Wunderblume. In einer der Traumsequenzen des ersten Kapitels, die von der *blauen Blume* handeln, beschreibt der Dichter den Blick von einem »hohen Berg« über die Goldene Aue, dem Vorland des Kyffhäuser, hinüber zu den »dunklen Bergen« des Harzes. Diese Blickachse lässt sich heute noch nachvollziehen. Neuerdings führt der Novalis-Wanderweg von Artern zum Steilhang des Kyffhäusers hinauf. Er endet an diesem Aussichtspunkt, direkt neben dem Eingang zur Unterburg. Ich bin in dieser Landschaft schon öfter gewandert. Im Sommer, als die Wegwarte blau am Wiesenrain leuchtete. Im Spätherbst, als der Zug der Kraniche den Himmel über der Goldene Aue verzauberte.

Die berühmteste Variante des Märchens von der Wunderblume kommt aus der arabischen Literatur. Sie ist in den Märchen aus tausendundeiner Nacht enthalten. *Iftha ya simsim – Sesam öffne dich!* So lautet das Zauberwort, mit dem sich der arme Holzfäller Ali Baba Zugang zur Schatzhöhle der 40 Räuber verschafft. Hier ist Sesam die Wunderpflanze. Sie schließt ihre Samen fest in der Fruchtkapsel ein. Wer sie ernten will, muss den Moment abwarten, wenn sie sich selbst öffnet. Ist man zu früh, lässt sich die Kapsel nicht öffnen, kommt man zu spät, sind die Samen vom Winde verweht. Die *Sesamstraße*, die berühmte, der frühkindlichen Bildung gewidmete TV-Serie, bezog von dem arabischen Zauberspruch ihren Namen.

Sesam öffne dich ist ein Passwort. *Wunderblume* und *blaue Blume* sind Symbole. In allen Varianten enthält die kleine Erzählung diese Botschaft, diese Weisheit: Die Optionen offenhalten –

darauf kommt es vor allem an. *Option* – das ist viel mehr als das »Vorkaufsrecht« aus dem Jargon des Aktienhandels. Es ist das lateinische Wort *optio,* und das bedeutet gleichzeitig Wahl und Wunsch, Wahlfreiheit und die Möglichkeit, auch in Zukunft immer noch das Wünschenswerte wählen zu können. Die Optionen auf eine lebbare, wünschenswerte Zukunft offenzuhalten, ist die Essenz von Nachhaltigkeit. Nicht die »Ressourcen« selbst sind das Wichtige. Sich zu sorgen, dafür zu sorgen, sorgfältig darauf zu achten, dass die Zugänge zu den Quellen des guten Lebens und des Glücks nicht verschüttet werden und versiegen, sondern dauerhaft erhalten bleiben, darum geht es.

Wir brauchen die geistigen Tools, die Werkzeuge, die Zugänge öffnen zu den immateriellen „Ressourcen" der Existenz. Ohne diese Werkzeuge bleiben die Zugänge verschlossen. Deswegen sind sie selbst so kostbar. Der *sense of wonder,* das Sensorium für den Zauber der Welt, ist so ein Tool. Einfühlungsvermögen, *Empathie,* und Vorstellungskraft, Imagination, sind weitere wertvolle Werkzeuge. Ohne die Grund- und Passwörter einer Sprache der Zuversicht bleiben deren Potenziale wirkungslos.

*

Auch *Tagträumen* ist ein Tool der Zuversicht. Es ist *ein* besonderer Bewusstseinszustand, eine Art leichte Trance mitten im Ablauf des Alltags. Für einen Moment, vielleicht auch länger, bekommt das Unbewusste mehr Raum, übernimmt die Regie. Das Rationale tritt zurück, Möglichkeitsräume öffnen sich. Das Innere ordnet sich selbst. Man kommt in eine neue Balance. Hinterher fühlt man sich erholt. Tagtraumphasen sind eine häufige Erscheinung. Oft setzen sie ein, wenn die Aufmerksamkeit durch die aktuelle Situation nicht oder nur wenig gebunden ist. Bei monotonen Aktivitäten oder Bewegungsabläufen. Bei Routinearbeiten zum Beispiel oder beim Joggen und Wandern, auch in Zeiten von Langeweile.

Tagträumen galt lange als eine Form von illusionärem Denken und unproduktivem Grübeln. Die Gefahr sei groß, dass man sich darin verliere und es zum Ersatz für das Handeln mache. Drängende Probleme würden nicht bearbeitet, sondern verschärft. In der modernen Kreativitätsforschung entdeckte man jedoch die fruchtbaren Seiten dieses Phänomens. Tagträume werden von äußeren oder inneren Impulsen spontan angeregt. Ein Wort, eine Melodie, ein Geruch kann sie auslösen. Sie können visuell, auditiv oder sprachlich geprägt sein. Sie bestehen aus einer nicht bewusst gesteuerten Abfolge von mentalen Bildern. Sie bilden sich aus Erlebnismaterial, Gedankensplittern und Erinnerungsbruchstücken, Assoziationen und Fantasien. Im Vergleich zu nächtlichen Träumen sind Wachträume eine aktive Form von Imagination. Sie sind stärker auf das, was einen gerade umtreibt, ausgerichtet. Sie beschäftigen sich mit offenen Fragen und ungelösten Problemen, vor allem aber mit langfristigen Wünschen und Zielen. Tagträume sind vor allem Zukunftsdenken. Man nimmt Kommendes spekulativ vorweg. Wunschbilder werden ausgemalt. Da möchte ich hin. Handlungsoptionen durchgespielt. So komme ich da hin. Das Unbewusste hat schon selbstständig an Lösungen gearbeitet. Plötzlich hat man eine gute Idee. Jedes unserer Ziele kann zur Quelle von Visionen werden. Tagträumen kann Zielsetzungen konkretisieren, die Lust wecken, daran zu arbeiten, den Willen und die Zuversicht stärken, sie zu verwirklichen. Tagträumen und Projektemachen ist kein Widerspruch. Der Traum ist der Bruder, die Schwester der Tat. *Act now!*

*

Handeln kommt von *Hand*. Dieser Zusammenhang ist heute weitgehend verblasst. Die Vorstellung, etwas mit den Händen zu berühren, zu betasten, daran zu arbeiten, Hand anzulegen, handzuhaben – all das war in dem Wort *handeln* ursprünglich präsent, trat aber im Laufe der Wortgeschichte zurück. Dem englischen Wort *act* – vom lateinischen *agere* – fehlt dieser Hintergrund ganz. Er ist aber noch in dem Wort *handle* (handhaben, behandeln) enthalten: »*handle with care*.« Die Hand ist ein Wunderwerk der Natur und der Evolution. Unser ursprünglichstes Werkzeug. Ein Zusammenspiel aus 27 Knochen und 33 Muskeln, zahlreichen Sehnen, Bändern und Gelenken. Versehen mit Tausenden von Sinneszellen, unglaublich komplex, hochsensibel, kommunikativ. Die sprachliche Nähe von *Hand* und *handeln* ist ein Faszinosum.

Der *Handabdruck* ist ein relativ neues Symbol im globalen Diskurs über Nachhaltigkeit. Es kam auf, als alle Welt vom ökologischen *Fußabdruck* sprach, dem Druck der globalen Industrie- und Konsumgesellschaft auf die Ökosysteme. Urheberin des neuen Ausdrucks war Srija, ein damals zehnjähriges indisches Mädchen. Während einer Umweltbildungsveranstaltung für Kinder im indischen Hyderabad im Jahr 2005 fand sie das ständige Reden über den *foot print* schrecklich negativ. Sie meldete sich zu Wort und erhob Einspruch. In der folgenden Diskussion entstand die Idee, nicht mehr allein auf den belastenden, zerstörerischen Fußabdruck zu starren, sondern den Blick auch auf den kreativen und konstruktiven *Handabdruck* zu richten. Das ist die Spur, die jeder und jede hinterlässt, der mit *Hand anlegt* und etwas in die Welt setzt, das nachhaltig wirkt, also geeignet ist, Klima und Ökosysteme zu schützen und zu heilen. Die neue Metapher zielt auf eine Stärkung des Selbstwertgefühls. Ja, du bist Teil des Problems. Du bist aber auch Teil der Lösung. Du hast die Wahl. *Save the planet!* Die Redensart »du hast es selbst in der *Hand*«, heute allgegenwärtig und entsprechend abgenutzt, trifft etwas Wesentliches: Sie ist Ausgangspunkt von Selbstermächtigung.

*

In unseren Wörtern sind Wissen und Weisheit der Vergangenheit gespeichert. Und zwar so, dass es im Heute wieder erscheinen und für die Zukunft fruchtbar gemacht werden kann. Unser Vorrat an elementaren Wörtern und Schlüsselbegriffen ist ein Tool, das uns immer wieder neu den Zugang öffnet zu dem, was wirklich zählt, zu dem ureigenen *Projekt*, zur eigenen Bestimmung und zu einer größeren, kollektiv geteilten Vision. Unser Wortschatz, besonders unsere Grundwörter befähigen uns erst, Projekte zu entwerfen, zu kommunizieren und in die große Suchbewegung einzubringen. »Vergiss das Beste nicht!« Diese Tools sollten wir sorgfältig auswählen. Wir sollten ihre Tiefenstruktur kennen und ihre Wirkung verstehen. Wir sollten sie pfleglich behandeln, immer wieder neu schärfen, den Bestand ergänzen. Den *Toolkit*, den Werkzeugkasten, in dem wir sie aufbewahren, sollten wir sehr gut sichern. In prekären Zeiten könnte er sich als *survival kit* erweisen, als Werkzeugkasten, der dazu dient, zu überleben. Und anderen dabei zu helfen, selbst zu überleben.

»Die Gegenwart ist aufgeladen mit Vergangenheit – und geht schwanger mit der Zukunft.« (Leibniz) Nichts bleibt wie es ist. Was wird, taucht schon auf. Die Zukunft hat schon begonnen. Einen achtsamen Blick auf das richten, was geschieht, und dann das, was davon wünschenswerte Zukunft enthält, begleiten, fördern, zum Durchbruch verhelfen – ein solches Handeln wäre wirklich nachhaltig. »*Love creation*«, sagt Jaron Lanier, Virtual-Reality-Pionier und Künstler. Lasst uns die Schöpfung lieben. Und, möchte ich ergänzen, selbst etwas kreieren und mit Zuversicht in die Welt setzen.

Zitierte und weiterführende Literatur

Acosta, Alberto (2015): Buen Vivir. Vom Recht auf ein gutes Leben. München: oekom.

Acosta, Alberto, Kothari Ashish: (2019): Pluriverse. A Post-Development Dictionary. New Delhi: Tulika Books.

Adorno, Theodor W. (2001): Minima Moralia. Reflexionen aus einem beschädigten Leben. Frankfurt am Main: Suhrkamp.

Benjamin, Walter (2010): Über den Begriff der Geschichte. Gesamtausgabe Bd. 19. Berlin: Suhrkamp.

Bennett, Jane (2001): The Enchantment of Modern Life. Attachements, Crossings and Ethics. Princeton: Princeton University Press.

Bosselmann, Klaus (2016): The Principle of Sustainability. Transforming Law and Governance. London: Routledge.

Bosselmann, Klaus (2015): Earth Governance: Trusteeship of the Global Commons. Cheltenham: Edward Elgar Publishing.

Calvino, Italo (2012): Sechs Vorschläge für das nächste Jahrtausend. Frankfurt am Main: Fischer.

Carson, Rachel (1998): The Sense of Wonder. New York: HarperCollins.

Crist, Eileen, H. Bruce Rinker (2010): Gaia in Turmoil. Climate Change, Biodepletion and Earth Ethics in an Age of Crisis. Cambridge, Massachussetts: MIT Press.

Crist, Eileen (2020): Schöpfung ohne Krone. Warum wir uns zurückziehen müssen, um die Artenvielfalt zu bewahren. München: oekom.

Fang Fang (2020): Wuhan Diary. Tagebuch aus einer gesperrten Stadt. Hamburg: Hoffmann und Campe.

Folkers, Manfred, Niko Paech (2020): All you need is less. München: oekom.

Papst Franziskus (2015): Laudato si. Die Umwelt-Enzyklika des Papstes. Freiburg im Breisgau: Herder.

Papst Franziskus (2020): Wage zu träumen. Mit Zuversicht aus der Krise. München: Kösel.

Fromm, Erich (1968): Die Revolution der Hoffnung. In: Erich Fromm: Gesamtausgabe Band IV, hrsg. von Rainer Funk. München: dtv.

Goehler, Adrienne (2020): Nachhaltigkeit braucht Entschleunigung braucht Grundein/auskommen. Berlin: Parthas.

Goethe, Johann Wolfgang (2006): Johann Peter Eckermann, Gespräche mit Goethe in den letzten Jahren seines Lebens. In: Goethe, Sämtliche Werke. Münchner Ausgabe, Bd. 19. München: btb.

Goldstein, Kurt (2014): Der Aufbau des Organismus. Einführung in die Biologie unter besonderer Berücksichtigung der Erfahrung an kranken Menschen. Paderborn: Wilhelm Fink.

Granin, Daniil, Ales Adamowitsch (2018): Blockadebuch Leningrad (1941–1944). Berlin: Aufbau.

Grimm, Jacob und Wilhelm (1984): Deutsches Wörterbuch, Band 1–33. München: dtv.

Grober, Ulrich (1998): Ausstieg in die Zukunft. Eine Reise zu Ökosiedlungen, Energiewerkstätten und Denkfabriken. Berlin: Ch. Links.

Grober, Ulrich (2006): Vom Wandern. Neue Wege zu einer alten Kunst. Frankfurt am Main: Zweitausendeins. (als Taschenbuch: 2011, Rowohlt).

Grober, Ulrich (2010): Die Entdeckung der Nachhaltigkeit. Kulturgeschichte eines Begriffs. München: Antje Kunstmann.

Grober, Ulrich (2016): Der leise Atem der Zukunft. Vom Aufstieg nachhaltiger Werte in Zeiten der Krise. München: oekom.

Hägglund, Martin (2019): This life. Why Mortality Makes Us Free. London: Profile Books.

Hickel, Jason (2022): Weniger ist mehr. Warum der Kapitalismus den Planeten zerstört und wie wir ohne Wachstum glücklicher werden. München: oekom.

Illich, Ivan (1998): Selbstbegrenzung. Eine politische Kritik der Technik. München: C. H. Beck.

Illich, Ivan (2006): In den Flüssen nördlich der Zukunft. Letzte Gespräche über Religion und Gesellschaft mit David Cayley. München: C. H. Beck.

Kelley, Kevin W. (1989): Der Heimatplanet. Frankfurt am Main: Zweitausendeins.

Kerouac, Jack (1976): On the Road. London: Penguin Books.

Kerouac, Jack (1972): The Dharma Bums. London: Grafton Books.

Konvivialistische Internationale (2020): Das zweite konvivialistische Manifest. Für eine Post-neoliberale Welt. Bielefeld: transcript.

Latour, Bruno (2018): Das terrestrische Manifest. Berlin: Suhrkamp.

Lear, Jonathan (2020): Radikale Hoffnung. Ethik im Angesicht kultureller Zerstörung. Berlin: Suhrkamp.

Linck, Gudula (2017): Yin und Yang. Die Suche nach Ganzheit im chinesischen Denken. Freiburg / München: Karl Alber.

Linck, Gudula (2018): Ruhe in der Bewegung. Chinesische Philosophie und Bewegungskunst. Freiburg / München: Karl Alber.

Linck, Gudula (2022): Inmitten von Qi. Freiburg / München: Karl Alber.

Lovelock, James (2021): Das Gaia-Prinzip. Die Biographie unseres Planeten. München: oekom.

Lowenhaupt Tsing, Anna (2018): Der Pilz am Ende der Welt. Über das Leben in den Ruinen des Kapitalismus. Berlin: Matthes & Seitz.

Næss, Arne (1989): Ecology, community and lifestyle. Outline of an Ecosophy. Cambridge: Cambridge University Press.

NASA History Division (1968): Apollo 8 Flight Journal: online.

NASA History Division (1972): Apollo 17 Flight Journal: online.

Novalis (1999): Heinrich von Ofterdingen. Reinbek: Rowohlt Taschenbuch.

Online Etymology Dictionary: online

Paech, Niko (2012): Befreiung vom Überfluss. Auf dem Weg in die Postwachstumsökonomie. München: oekom.

Pfeifer, Wolfgang (1995): Etymologisches Wörterbuch des Deutschen. München: dtv.

Poole, Robert (2008): Earthrise. How Man First Saw the Earth. New Haven and London: Yale University Press.

Redecker, Eva von (2020): Revolution für das Leben. Philosophie der neuen Protestformen. Frankfurt am Main: S. Fischer.

Rifkin, Jeremy (2010): Die empathische Zivilisation. Wege zu einem globalen Bewusstsein. Frankfurt am Main: Campus.

Robinson, Kim Stanley (2921): Das Ministerium für die Zukunft. München: Wilhelm Heyne.

Röhrich, Lutz (2003): Lexikon der sprichwörtlichen Redensarten. Freiburg im Breisgau: Herder.

Rorty, Richard (1992): Kontingenz, Ironie und Solidarität. Frankfurt am Main: Suhrkamp.

Schanze, Helmut (2018): Erfindung der Romantik. Stuttgart: J. B. Metzler.

Stein, Edith (2010): Zum Problem der Einfühlung. Gesamtausgabe Band 5. Freiburg im Breisgau: Herder.

Steiner, Dieter (2014): Rachel Carson. Pionierin der Ökologiebewegung. Eine Biographie. München: oekom.

Thunberg, Greta (2018): Ich will, dass ihr in Panik geratet. Meine Reden zum Klimaschutz. Frankfurt am Main: S. Fischer.

Trommer, Gerhard (2019): Niemandland. Leibhaftig, einsam, fern und wild – Naturerfahrungen zwischen Metropole und Wildnis. Rangsdorf: Natur + Text.

Urisman Otto, Alexandra, Roger Turesson (2021): Gretas Weg. Stationen einer bewegenden Reise. Hamburg: Hoffmann und Campe.

Wilson, E. O. (2016): Die Hälfte der Erde. Ein Planet kämpft um sein Leben. München: C. H. Beck.

Danksagung

Ein vielfältiges, vielstimmiges Buch zu verfassen, war meine Idee, als ich anfing. In Zeiten der Pandemie gestaltete sich das oftmals schwierig. Vieles an Kontakt konnte leider nur online oder am Telefon stattfinden. Aber ich zehrte von intensiven Begegnungen und Gesprächen über lange Jahre hinweg: unter vier Augen, in der Dynamik einer Gruppe, beim Wandern in der freien Natur. Allen, mit denen ich mich über das work-in-progress, seine Themen, Klippen, Details austauschen durfte, bin ich unendlich dankbar. Ganz besonders zu Dank verpflichtet fühle ich mich:

Alberto Acosta, Klaus Bosselmann, Annika Christof, Nils Faarlund, Wolfgang Fleckenstein, Roland Günter, Hanna Grober, Martin Held, Christoph Hirsch, Roland Kant, Laura Kohlrausch, Anna Rosa Krau, Gudula Linck, Liz Lorenz-Wallacher, Hermann Müller, Ignacio Ramonet, Gerhard Trommer, Ulrike Wegener … Und schließlich: Danke, Jo! Ohne deinen starken Rückhalt wäre alles nichts.

Über den Autor

© Tilmann Goehler

Den Publizisten und Buchautor Ulrich Grober beschäftigt die Verknüpfung von kulturellem Erbe und Zukunftsvisionen. Er schrieb für DIE ZEIT, taz, greenpeace magazin, Psychologie heute, Deutschlandradio, WDR, RBB und viele andere Medien. Seine *Entdeckung der Nachhaltigkeit* gilt als Standardwerk, ebenso sein Buch über *Die Kunst des Wanderns*. Bei oekom erschienen ist *Der lange Atem der Zukunft*. Seine Vortragstätigkeit führte ihn quer durch Deutschland und in die europäischen Nachbarländer.